Gunnar Heinsohn und Otto Steiger

Eigentumsökonomik

AF538240

Gunnar Heinsohn und Otto Steiger

Eigentumsökonomik

Metropolis-Verlag
Marburg 2008

Bibliografische Information Der Deutschen Bibliothek

Die Deutsche Bibliothek verzeichnet diese Publikation in der Deutschen Nationalbibliografie; detaillierte bibliografische Daten sind im Internet über <http://dnb.ddb.de> abrufbar.

Metropolis-Verlag für Ökonomie, Gesellschaft und Politik GmbH
Bahnhofstraße 16a, D-35037 Marburg
http://www.metropolis-verlag.de
Copyright: Metropolis-Verlag, Marburg 2006
Zweite durchgesehene Auflage 2008
Alle Rechte vorbehalten

ISBN 3-89518-717-9

Inhalt

Zur zweiten Auflage

Der Tod Otto Steigers (12. Dezember 1938 – 17. Januar 2008) hat seiner Familie den liebevollen Versorger und mir den nächsten Freund genommen. Wir trafen uns 1968 in Berlin. 1974 haben wir erstmals gemeinsam gelehrt. Seit 1977 haben wir bei 180 Publikationen kooperiert und dafür etliche tausend Stunden zusammen gesessen. Die Arbeit an der Eigentumsökonomik hat mit einem Briefwechsel zwischen Bremen und dem israelischen Eilath begonnen, wo ich im Winter 1976 weilte. Otto Steiger wunderte sich darüber, dass seine Zunft immer noch nicht verstehe, was Geld ist. Ich war überrascht, dass die Entstehung des Eigentums unbegriffen war. Beide Rätsel gleichzeitig zu lösen, erwies sich deshalb als der gebotene Weg, denn wo Eigentum fehlt, gibt es auch kein Geld.

Wir sahen in diesem Zugang auch eine Chance, die eigentumsfeindliche Bewegung unserer Studentenzeit nicht einfach stumm hinter uns zu lassen. Denn sie war Teil eines globalen Projektes, dessen Hochmütigkeit und ungeheuerliche Blutversessenheit immer auch ökonomisch gerechtfertigt wurde.

Wir wussten allerdings, dass man vor dem Versagen des Marxismus auch bei Klassik und Neoklassik keine Zuflucht findet. Die herrschenden Wirtschaftstheorien sind verloren in der bloß physischen Sphäre des Besitzes. Dort meinen sie Geld als ein Standardgut entdecken zu können, mit dem dann Tauschakte von an sich geldfernen Produzenten erleichtert würden. Eine so imaginierte „Realwirtschaft“ gibt es nirgendwo. Das Wirtschaften – so lautete deshalb meine Vorarbeit aus dem Jahre 1982 – kann nur in der tauschfremden und nichtphysischen Welt des Eigentums verankert werden. Über ein Vierteljahrundert hinweg haben unsere Überlegungen dann zu *Eigentum, Zins und Geld* (1996) sowie zur hier neu aufzulegenden Arbeit von 2006 geführt.

Die *Eigentumsökonomik* muss seit 2008 ohne Otto Steiger ihre Reichweite unter Beweis stellen und gerade jetzt wird nach ihr auch gefragt (Heinsohn 2008b, 2008c). Denn an der Wiege der 2008er Finanzkrise stehen schwerwiegende Verletzungen der Zentralbankregeln. Da wir die Ratlosigkeit der zuständigen Theoretiker gegenüber dem Eigenkapital, dem Geld, dem Zins und den guten Schuldnersicherheiten lebhaft vor Augen hatten (dazu mehr unten in Kapitel III.6), schwebte uns ein *Central Bank Watch*-Institut vor, das alle Zentralbanken für die Einhaltung ihrer Regeln unter Beobachtung nehmen sollte. Das elementare Band zwischen Eigentum und Geld sollte nicht mehr zerrissen und das Wirtschaften nicht mehr aus schlichter Ahnungslosigkeit zerstört werden.

Aber solche Fürsorge für die Währungen wird wohl noch Zeit brauchen. Denn mitten in der Krise erhält etwa Paul Krugman den Nobelpreis für Ökonomie, obwohl er im Jahre 2003 die Vaterschaft des Eigenkapitals der Zentralbank für das von ihr emittierte Geld für irrelevant erklärt (Krugman/Obstfeld 2003, S. 486 f., mehr dazu unten in Kapitel III.6). Zugleich bleibt Ben Bernanke auf dem Chefposten der *Federal Reserve*, obwohl er mit der Verstiegenheit verblüfft, dass eine Zentralbank nicht bankrott gehen können (Bernanke 2003). Ihm bleibt die essentielle Basis ihres durchaus verlierbaren Eigentums für die Besicherung des Geldes und die Nachhaltigkeit der Kreditnetze dunkel. In dieser Finsternis verirrt sich auch Joseph Stiglitz, Nobelpreisträger von 2001, der auf Fragen nach der Überwindung der Krise das Fluten der Wirtschaft mit runtergezinstem Zentralbankgeld ausdrücklich lobt – und das sogar für den gewöhnlichen Lauf der Dinge (*normal circumstances*; Stiglitz 2008, 32; mehr dazu unten in Kapitel II.3a und IV.3).

Eine Bank muss Zins verlangen, weil sie bei Ausleihungen ihr Eigentum belastet, also temporär die Freiheit darüber verliert und nur noch die Besitzseite ihres Vermögens nutzen kann. Für den immateriellen, aber essentiellen Verlust von Eigentumsprämie bei Eigentumsbelastung muss sie entschädigt werden. Zentralbanken sind Geschäftsbanken für das gesamte Bankensystem mit der Betonung auf Geschäft und System. Auch sie blockieren beim geldschaffenden Verleihen Eigenkapital und müssen für diesen zeitweiligen Dispositionsverlust mit Zins (Diskont) kompensiert werden. Bei Geschäften mit einer einzelnen Bank muss eine Zentralbank immer die gesamte Branche im Auge behalten. Wenn ein solches Haus zwischen Schalterschluss und Schalteröffnung weder durch Eigentumsverkauf noch durch Eigentumsverpfändung flüssig werden kann, tritt die Zentralbank als letztinstanzlicher Verleiher und sogar als Käufer auf und versorgt die Bank wieder mit Geld. Allerdings muss sie bei einer illiquiden Geschäftsbank einen erhöhten Zins fordern und darf niemals mit einer Zinssenkung quer durch den Garten operieren. Alle aus Tüchtigkeit liquiden Banken, die bei so einem Schnäppchen nicht zugriffen, stellten sich ja umgehend schlechter als die angeschlagene Konkurrenz. Sie nehmen das „billige“ Geld dann ebenfalls, obwohl durch diesen Schritt keine Unternehmen in zusätzliche Verschuldung und Verpfändung gelockt werden können. Denn die verschulden sich, wenn sie durch Innovationen und Erweiterungen ihr Überleben in der Konkurrenz sichern müssen und nicht weil es gerade günstigen Zins gibt. Also ist das „billige“ Geld jenseits der Warenproduktion anzulegen, denn refundiert und – wie immer gering – verzinst werden muss es schon. Also geht es jetzt in sämtliche Anlageklassen mit Erträgen oberhalb des Billigzinses. Das bläht deren Preise, bis ihre dabei relativ sinkenden Erträge auf oder gar unter den Billigzins fallen und so die Blasen platzen lassen. Leute, die diese Zusammenhänge nicht Tag und Nacht bedenken, gehören weder auf Lehrstühle für Ökonomie noch in verantwortliche Positionen bei Zentralbanken.

Und doch will man Köpfe wie Bernanke, Krugman und Stiglitz auch verteidigen. Lehrer, die ihrer hohen Begabung etwas anderes als neoklassische Imaginationen hätten vorsetzen können, hatten sie schließlich nicht. Und mit ihnen laufen weltweit tausende, ja zehntausende Ökonomen in denselben Schuhen. Der Systemkrise des Weltfinanzsystems entspricht also eine Systemkrise der akademischen Ökonomie.

Die *Eigentumsökonomik* hofft auf Köpfe, die eine frische Neugierde für das Funktionieren unseres Systems entwickeln. Auch in seinen besten Verkörperungen muss es krisenhaft bleiben (dazu mehr unten in Kapitel IV.3). Und doch ist keine Alternative sichtbar, für die man seine drei Säulen Leben, Eigentum und Freiheit niederhauen wollte.

Gunnar Heinsohn, Bremen, November 2008

Vorwort

Eigentumsökonomik ersetzt die im Mai 2002 bei Metropolis in Marburg erschienene *Eigentumstheorie des Wirtschaftens versus Wirtschaftstheorie ohne Eigentum: Ergänzungsband zur Neuauflage von «Eigentum, Zins und Geld»*. Diese Schrift umfaßte 133 Seiten und wurde in einer Höhe von 550 Stück veröffentlicht. Sie war im Frühjahr 2005 vergriffen.

Die Erstausgabe von *Eigentum, Zins und Geld* erschien im Juni 1996 bei Rowohlt. Das Werk war – trotz einer für wirtschaftstheoretische Abhandlungen hohen Auflage von 3.000 Exemplaren – bereits im Juni 1999 vergriffen. Eine zweite, durchgesehene Auflage erschien bei Metropolis im Mai 2002 in einer Höhe von 800 Exemplaren. Im November 2004 ist im selben Verlag die dritte, nochmals durchgesehene Auflage veröffentlicht worden.

Seit 1996 sind zahlreiche Einzel-Kritiken und drei Sammelbände zur Eigentumstheorie von Zins und Geld erschienen. In der Fortentwicklung des Ansatzes haben wir, wie schon im Ergänzungsband von 2002 sowie in Heinsohn/Steiger 2000a und 2006b, den Einwänden unserer Kritiker Rechnung getragen. Mit der *Eigentumsökonomik* liegt jetzt eine verbesserte, präzisierte und pointierte Fassung von *Eigentum, Zins und Geld* vor.

Ein Verzeichnis aller uns bekannt gewordenen Kritiken und Rezeptionen der Grundlegung von 1996 und der Ergänzung von 2002 findet sich im Debattenverzeichnis im Anhang dieses Buches. Die Lektüre von *Eigentum, Zins und Geld* empfiehlt sich allerdings weiterhin, da sie wirtschaftshistorisch und theorienkritisch sehr viel detaillierter angelegt ist als die bewußt knapp gehaltene *Eigentumsökonomik*. Ihre erweiterte englische Fassung ist unter dem Titel *Property, Interest and Money: Foundations of Economic Theory* in Vorbereitung. Sie soll bei Routledge in London veröffentlicht werden.

Wie in der zweiten und dritten Auflage von *Eigentum, Zins und Geld* (2002 und 2004) erscheinen Zitate aus der fremdsprachigen Literatur auch in der *Eigentumsökonomik* im Original in den Fußnoten.

Obwohl Einwände mehr Erkenntnis bringen können als Zustimmungen, erlauben wir uns, an dieser Stelle einmal eine Würdigung zu zitieren, die Haupt- und Ergänzungsband gemeinsam rezensiert: «Mit ihrem 1996 veröffentlichten Buch ‹Eigentum, Zins und Geld› ist den Autoren etwas gelungen, was man gemeinhin als einen ‹großen Wurf› bezeichnet, möglicherweise sogar ein ‹Jahrhundertbuch›. Inzwischen liegt die zweite Auflage vor, wie bei ‹Klassikern› üblich, mit umfänglichen Vorworten und Vorreden versehen, einem Register sowie einer sorgfältig ausgearbeiteten Seitenkonkordanz. ... Die Lektüre des Buches ist nicht einfach. Sie setzt nicht nur umfassende Kenntnisse der Geschichte der ökonomischen Theorie voraus, was noch angeht, nein, sie verlangt auch die genaue Kenntnis der Auseinandersetzungen der letzten zwei Jahrzehnte zu diesen Fragen. ... Aber das Buch ist, im Unterschied zu vielen anderen wirtschaftstheoretischen Abhandlungen, auch ein Lesevergnügen und Bildungsakt, denn die Autoren verstehen es ganz hervorragend, mit den Quellen umzugehen, Beispiele zu formulieren und überraschende Schlußfolgerungen zu präsentieren» (Busch 2003, S. 86 und 88).

Für die sorgfältige Durchsicht des Textes sowie die Erstellung des Personen- und Sachregisters danken wir Nadine Kröger (Universität Bremen).

Gunnar Heinsohn und *Otto Steiger*
Bremen, den 10. Dezember 2005

I Besitz und Eigentum: Güternutzung *versus* Wirtschaften

Die *Eigentumsökonomik* widmet sich der wirtschaftstheoretischen Kernfrage nach dem Verlust, der durch *Zins* ausgeglichen werden muß.[1] Ihre Antwort unterscheidet sich grundlegend von den bisher vorgelegten Zinstheorien der großen ökonomischen Schulen. Sie akzeptiert weder einen temporären Profitverlust (Klassik) noch einen temporären Konsumverlust (Neoklassik) noch einen temporären Geldverlust (Keynesianismus) als Ursache des Zinses.

Der Zins entsteht vielmehr aus dem temporären Verlust der Verfügung über *Eigentum* bei der kreditären Schaffung von *Geld*. Er entsteht nicht aus der Verfügung über *Besitz*. Der zinsbegründende Verlust resultiert aus der Aufgabe eines immateriellen Ertrages von Eigentum, der *Eigentumsprämie*.

Worin unterscheiden sich Eigentum und Besitz? Diese Frage ist in den herrschenden ökonomischen Schulen niemals gestellt worden. Für die Eigentumsökonomik hingegen ist sie zentral. Das Vorhandensein von Besitz ohne Flankierung mit Eigentum bedeutet die bloße *Beherrschung* von *Gütern* und *Ressourcen* nach bestimmten *Regeln*, nicht jedoch von Rechten. Tritt Eigentum zum Besitz hinzu, dann werden aus beherrschten Gütern und Ressourcen *bewirtschaftete*, in Geld denominierte Größen – *Waren* und *Vermögen*. Sowohl Waren als auch Vermögen sind immer

[1] Angeben zu können, «warum der Zinssatz positiv ist», ist bereits für John Maynard Keynes (1934, S. 455 f.) die forschungsleitende Aufgabe bei der Beantwortung der Frage, warum Sachkapital knapp ist. Keynes hat sie zwei Jahre später in der *General Theory* kühn, aber vergeblich – worauf in Kapitel II, Abschnitt 3a noch einzugehen ist – mit dem Verlust der Liquiditätsprämie auf Geld zu beantworten versucht.

Original: «The essential question for enquiry is ... why the rate of interest exceeds zero.»

In *Eigentum, Zins und Geld* (Heinsohn/Steiger 1996) ist diese Fragestellung erstmals zum Thema gemacht worden.

Eigentum *und* Besitz. Sie haben also eine Eigentums- und eine Besitzseite. Beide Seiten können von ein und derselben, aber auch von unterschiedlichen Personen wahrgenommen werden.

Die Eigentumsseite von Waren und Vermögen wird durch die *Rechte* ihres Eigentümers bestimmt, sie zu *verkaufen*, zu *belasten* und zu *verpfänden* sowie sie für *Vollstreckung* bereitzuhalten. Die ökonomisch bedeutendsten Rechte sind die auf Belastung zur Geldschaffung und auf Verpfändung für die Erlangung von Kredit. Waren und Vermögen unterscheiden sich dabei im Grad ihrer Belastbarkeit. Nur das Vermögen ist immer belastbar, während Waren nur in Ausnahmefällen so eingesetzt werden können.

Die Besitzseite von Waren und Vermögen wird durch die *Rechte* ihres Besitzers bestimmt, der mit ihrem Eigentümer nicht identisch sein muß. Sie legen fest, wer Waren und Vermögen, wann, wo, wie, gegen wen und in welchem Umfang *physisch nutzen* darf. Anders als Eigentum an Waren und Vermögen kann ihr Besitz weder verpfändet noch verkauft noch vollstreckt werden. Solche nicht-physischen Operationen sind dem Eigentum vorbehalten.

Erst die Rechte aus Eigentum ermöglichen Operationen, die dem Wirtschaften die Grundlage geben: (i) *Belastung* zur kreditären Schaffung von Geld gegen Zins; (ii) *Verpfändung* für das Leihen von Geld als Kapital; (iii) Übertragung durch *Verkauf* und Verpachtung/Vermietung sowie (iv) *Vollstreckung*. Wo Eigentumsrechte geschaffen werden, verwandeln sie traditionelle, nicht ökonomisch bestimmte *Regeln* über Besitz an Gütern und Ressourcen in Besitzrechte an Waren und Vermögen. Wiewohl man Besitz von Eigentum scharf trennen muß, sind seine *Rechte* – anders als die herkömmlichen Regeln – dem Eigentum unterworfen.

Die Vorstellung des Verlustes einer immateriellen Prämie gibt es auch in den drei dominierenden ökonomischen Schulen. In der *Klassik* kompensiert der Zins den Verzicht auf Profitmöglichkeit unter Berücksichtigung des dabei anfallenden Risikos. Er entsteht, wenn ein «Geldkapitalist» das Risiko eines «Unternehmerkapitalisten» nicht selbst eingeht, sondern diesem Geld zur Investition in Produktionsmittel leiht. Der Zins ist dann die Differenz zwischen der Prämie der Profitmöglichkeit der Investition und der Risikoprämie des sie tätigenden Unternehmers. In der *Neoklassik* kompensiert der Zins den Verzicht auf den Konsum von Gegenwartsgütern, weil sie, als nicht verliehene, eine höhere Prämie tragen als der Konsum von Zukunftsgütern. Im *Keynesianismus* entschädigt der

Zins für die aufgegebene Liquiditätsprämie des Geldes. Die Prämie des Geldes bedeutet dabei die Potenz des Geldes, jederzeit Forderungen bedienen zu können.

Für die Eigentumsökonomik gleicht der Zins weder den temporären Verzicht auf Profitmöglichkeit noch Gegenwartskonsum noch Liquidität aus. Alle drei, eine immaterielle Prämie voraussetzenden Verzichtsvarianten sind in der ökonomischen Wirklichkeit durchaus vorhanden. Sie leisten aber keine Erklärung des Zinses. Der Zins ist kein Güterzins für nicht selbst investierte (Klassik) bzw. nicht konsumierte Güter (Neoklassik), sondern immer ein Geldzins. Das erkannt zu haben, bringt Keynes über Klassik und Neoklassik hinaus. Er übersieht allerdings, daß Geld erst gegen Zins verliehen werden kann, nachdem es gegen Zins geschaffen worden ist. Es ist dieser Geldschaffungszins, den die Wirtschaftstheorie erklären muß.

Geld wird aber nicht allein gegen Zins geschaffen, sondern setzt eben dafür und zuvor die Belastung von Vermögen, also Eigentumstiteln voraus. Solange es unbelastet ist, trägt Eigentum den immateriellen Ertrag der Eigentumsprämie. Anders als in den ökonomischen Schulen mit ihrer in Geld eingekleideten Güterleihe tritt für die Eigentumsökonomik der zinsgebärende Prämienverlust nicht durch den Akt des Verleihens, sondern durch Belastung ein. Der Belastung fällt Vermögen anheim, wenn Geld als anonymisierter Anspruch auf Eigentumstitel eines Gläubigers, heute der Notenbank, in einem Kreditkontrakt geschaffen wird. In diesem Vertrag wird der Geldschaffer zu einem Gläubiger, der Eigentumsprämie verliert und sich diesen Verlust vom Schuldner durch Zins ausgleichen läßt.

Mit der Belastung von Vermögen eines Gläubigers bei der Geldschöpfung und dem Aufbringen des Zinses für die Geldschuld sind wir mitten im *Wirtschaften*. Es erwächst aus der Aktivierung von Eigentum, also weder aus dem Einsatz vorgegebener Ressourcen noch von vorgegebenem Geld. Der *Besitz* wird zwar nur mit Geld bewirtschaftbar, ohne Eigentum aber gibt es dieses Geld nicht und entsprechend auch keine Wirtschaft. Das Wirtschaften entsteht erst, wenn dem ewigen, eine bloße materielle Reproduktion ermöglichenden und auch schon im Tierreich existierenden Besitz physischer Ressourcen und Güter durch *Rechtsakt* Eigentumstitel hinzugefügt werden, die diese Sachen in Waren und Vermögen verwandeln. Deshalb geht bei der Abschaffung des Eigentums nicht nur seine Prämie unter. Auch das *Wirtschaften* hört auf, und die bloße Produktion kehrt zurück.

1 Wirtschaften im Unterschied zu bloß materieller Reproduktion

Eine Wirtschaftstheorie, die diesen Namen verdient, fehlt, weil die Ökonomen – anders als die Rechtsgelehrten der römischen Antike – zwischen Besitz und Eigentum nicht zu unterscheiden wissen. Da sie sich für diese fundamentale Differenz nicht einmal interessieren, können sie auch nicht merken, daß sie lediglich mit Besitz umgehen, selbst wenn sie ihn fälschlich als Eigentum bezeichnen. Insbesondere die Neoklassiker glauben an einen ewigen *homo oeconomicus*, der seit dem Faustkeil des Neandertalers, einem bloßen Besitz, immer schon und auf gleiche Weise zum Wirtschaften angetrieben worden sei. Sie sind überzeugt, im Tauschparadigma das Prinzip gefunden zu haben, unter dem der permanent Nutzen maximierende und nur durch die Knappheit der Ressourcen eingeschränkte Gütertauscher evolutionär am Ende all das hervorbringt, was Wirtschaften ausmacht. Wie für den Lauf der Planeten wollen sie überall und ewig geltende Gesetze auch für den wirtschaftenden Menschen aufstellen, den sie mit einem lediglich Güter nutzenden Besitzer verwechseln. Dieser mit großem Stolz verfolgte *Universalismus* kann Gültigkeit eben nur für Besitz beanspruchen, der bei der Reproduktion von Lebewesen in der Tat von Anfang an unverzichtbar ist.

Ein derartiger Universalismus leistet aber nichts für das Begreifen des Eigentums, das von Menschen geschaffen und immer als Recht kodifiziert ist. Erst die Ersetzung des Tauschparadigmas durch das Eigentumsparadigma – 1982 zuerst als Privateigentums-Paradigma des Geldes formuliert (G. Heinsohn 1984, S. 120) – macht, und dies ist das Vorhaben der Eigentumsökonomik, Wirtschaftstheorie möglich.

Unsere Gattung kennt nicht nur eine, sondern drei idealtypische Systeme,[2] die bis heute ihre materielle Reproduktion ganz unterschiedlichen

[2] In Abänderung von *Eigentum, Zins und Geld*, wo wir im Anschluß an Polanyi 1944a (deutsch 1944b) und 1957 von drei *Gesellschaft*sformen sprechen, reservieren wir den Begriff der Gesellschaft als ein kontraktkonstituiertes System allein für das Eigentumssystem; dazu sowie zu der Erkenntnis, daß es Recht nur in der Eigentumsgesellschaft geben kann, siehe Niemitz 2006.

Regeln unterwerfen. Reproduktion heißt dabei Produktion, Verteilung, Konsumtion und – bisweilen – Akkumulation von Gütern. Die drei Systeme sind:

1. Das *Reziprozitäts*system des *Stammes* regelt Produktion, Verteilung und Konsumtion für seine nicht freien Mitglieder gemeinschaftlich nach gegenseitig verpflichtender *Sitte*. In dieser Solidarität müssen alle der Reproduktion dienenden Transaktionen altruistisch ausgerichtet sein. Unabhängige juristische Instanzen, kodifiziertes Recht also, mit dem ein solches Verhalten einklagbar wäre, gibt es nicht.

2. Das *Befehls*system der *Herrschaft* (Feudalismus/Sozialismus) regelt Produktion, Verteilung, Konsumtion und – sporadische – Akkumulation durch Zwangsmechanismen, die in kodifizierter Form denn auch ganz explizit als *Willkür* bezeichnet werden. Über Befehl erzwingt die herrschende Kaste *Abgaben* von unfreien Untertanen. Sie legitimiert ihre Position religiös/ideologisch verbrämt durch eine die *Loyalität* der Untertanen sichernde Versorgung bei Notzeiten aus Vorräten, die diese zuvor abzuliefern haben. Der Staatssozialismus mit seinen verbindlichen zentralen *Plänen* liefert eine moderne Variante der Herrschaft. Wiederum gibt es kein unabhängiges Recht, mit dem gegen die Herrschenden vollstreckt werden könnte.

3. Das System des *Eigentums* als *Gesellschaft* von *Freien*. Sie beseitigt die herkömmlichen Regelwerke der Sitte und der Willkür der reinen Besitzsysteme durch *rechtswirksame Kontrakte*. In der abendländischen Tradition wird diese Revolution an den Athener Theseus mit seinem «Staat ohne König» oder an Romulus gebunden, der bei der Aufteilung feudaler Güter zur legendären *Roma quadrata* gleich große Flurstücke per Los an die Mitrebellen verteilt. Die Eigentumsgesellschaft steuert Produktion, Verteilung, Konsumtion und Akkumulation durch das, was in den beiden anderen Systemen nicht vorhanden ist: belast- und verpfändbares *Eigentum, Zins und Geld.*

Reine Besitzsysteme sind als Überlebenssicherungssysteme zugleich *soziale* Netze, wenn auch auf niedrigem materiellen Niveau. Die ökonomischen Operationen der Eigentumsgesellschaft dagegen schaffen aus sich heraus kein soziales Netz. Gleichwohl erlauben ihre Erträge eine Sozialpolitik mit einem ungleich höheren materiellen Niveau. Jenseits des Krieges ist die typische *Krise* der Besitzsysteme eine system*exogene*

Hunger- oder Erntekrise, die nicht intern gelöst werden kann und im Extrem zu Untergang (Stamm) oder Aufstand (Herrschaft) führt. Die typische Krise der Eigentumsgesellschaft ist die system*endogene* mangelnde Fähigkeit oder Bereitschaft zur Belastung von Vermögen. Sie ist nur bedingt intern lösbar. Aufgrund dieser sozial-institutionellen Differenzen tendieren Besitzsysteme dazu, ihren Besitz (Territorien) zu vergrößern und sind daher immer zu *Kriegen* bereit. Dagegen ist die Eigentumsgesellschaft, die sich durch ein bloßes Mehr an Besitz keinen zusätzlichen Reichtum schaffen kann, immanent *friedlich* (siehe näher Steiger 2005a, 170 f.).

Die Differenz zwischen Reziprozitäts- und Befehlssystemen einerseits sowie der Eigentumsgesellschaft andererseits ist prinzipieller und nicht gradueller Natur. Ökonomie hat nur die Eigentumsgesellschaft. Weil Stämme wie auch Feudalismus und Sozialismus die Institution des Eigentums nicht kennen, können sie nur über *Besitz* verfügen und sind auf die bloße Nutzung von Gütern und Ressourcen beschränkt. Sie verharren daher *qua* Sitte bzw. Befehl in ihrer bloßen *Beherrschung* zur materiellen Reproduktion. Diese erschöpft sich in Anweisungen zur Transformation von Ressourcen in Güter, ihrer Produktion einschließlich Vorratshaltung und gelegentlicher Akkumulation sowie ihrer Distribution und Konsumtion. Die Beherrschung führt lediglich zu mehr oder weniger effizienten Transaktionen von Ressourcen und Gütern, nicht aber zu ihrer *Bewirtschaftung*. Die Güterknappheit, die in der Neoklassik das Wirtschaften überhaupt erst begründen soll (Annahme der Ausstattung mit knappen Ressourcen), ist gerade in diesen beiden System augenfällig und dennoch können sie sich nicht zum Wirtschaften bequemen. Das Verständnis der Systeme ohne Eigentum benötigt deshalb keine Theorie über das Wirtschaften. Eine soziologische Analyse reicht vollkommen aus, um die Aufrechterhaltung und Auswirkung unterschiedlicher Loyalitätsbezüge und Befehlsmechanismen für die Ressourcennutzung zu erklären.

2 Materielle Reproduktion im Besitzsystem

Stamm und Herrschaft sind reine Besitzsysteme. *Eigentum* kennen sie nicht, was führende ökonomische Ethnologen wie Bronislaw Malinowski, Richard Thurnwald und Marshall Sahlins, immer wieder betont haben. «Ein besonders schwerer Irrtum wäre es, das Wort Eigentum mit der sehr bestimmten Konnotation zu gebrauchen, die ihm in unserer Gesellschaft zukommt» (Malinowski 1922b, 153).[3] In der Tat, «das Recht auf Privat-Besitz ... tangiert nicht die materiellen Grundlagen der Reproduktion. ... Ein Anspruch auf Privat-Eigentum, auf gesonderte Grundstücke innerhalb des [Stammes-] Gebietes wird allgemein nicht anerkannt» (Thurnwald 1932, S. 186 f.).[4] Mit ihrem *homo oeconomicus*, wissen die ökonomischen Völkerkundler, geht die Neoklassik bei Mitgliedern einer Stammesgemeinschaft in die Irre: «Der Jäger, ist man versucht zu sagen, ist ein ‹nicht-ökonomischer Mensch›. Zumindest für seine Nichtsubsistenzgüter gilt das glatte Gegenteil der Standardkarikatur, die auf Seite eins aller *Grundlagen der Wirtschaftswissenschaft* unsterblich geworden ist. Seine Bedürfnisse sind gering und seine Mittel (im Verhältnis dazu) reichlich. Folglich ist er ‹verhältnismäßig frei von materiellem Druck›, hat ‹kein Verständnis für Besitz› [und] zeigt ‹ein unentwickeltes Verständnis für Eigentum› » (Sahlins 1974, S. 13).[5]

So scharfsinnig alle drei Forscher die Abwesenheit von Eigentum in Stammessystemen hervorheben, so hilflos bleiben allerdings auch sie bei der Wahl ihrer Terminologie. Zwischen den Begriffen Eigentum (*ownership* oder *property*) und Besitz (*possession*) wird beliebig hin- und hergesprungen. Man hält die beiden Termini für so austauschbar, daß man sie für die bloße Auflockerung des Schreibstils abwechselnd einsetzen zu können glaubt. Im unfreiwilligen Ergebnis wird damit den Stämmen aber auch der Besitz abgestritten, den sie sehr wohl haben.

Neben dem Eigentum kann die ökonomische Ethnologie auch den aus Tausch abgeleiteten *Markt* und das *Geld* in Stämmen nicht finden: «Es gibt keinen regulären Markt folglich keine Preise, folglich keinen etablierten Austauschmechanismus und folglich keinen Raum für eine Wäh-

[3] Original: «It is especially a grave error to use the word ownership with the very definite connotation given to it in our own society» (Malinowski 1922a, S. 116 f.).

[4] Original: «This right of private possession ... does not affect the elementary necessities of life. ... A claim to the private ownership of special pieces of land within the ‹clan› district is generally not recognized.»

[5] Original: «The hunter, one is tempted to say, is ‹uneconomic man.› At least as concerns nonsubsistence goods the reverse of that standard caricature immortalized in any *General Principles of Economics*, page one. His wants are scarce and his means (in relation) plentiful. Consequently he is ‹comparatively free of material pressures,› has ‹no sense of possession,› [and] shows ‹an undeveloped sense of porperty›.»

rung – *schon gar nicht für Geld*» (Malinowski 1935b, S. 65; unsere Hervorhebung; siehe dazu näher G. Heinsohn 2005 und 2008a).[6]

Eine Güterleihe existiert im Stamm durchaus, aber der Rückfluß verliehener Güter ist weder garantiert noch gar mit *Pfändern* gesichert. Die Römer, die sich ihrer Stammesvergangenheit noch erinnern, wissen zwischen dem Zins (*fenus*) – nach dem *ius civile* im Kreditkontrakt ihrer Eigentumsgesellschaft – und dem zinslosen Bedürftigkeitsdarlehen der Nachbarhilfe (*mutuum*) – nach dem *ius gentium* der Stammesgemeinschaft – zu unterscheiden. Dort findet sich denn auch nichts, was einem Zins oder gar einem Sicherheitspfand entsprechen könnte. Daher fordern nicht einmal Rinderzüchter von ihren Stammesgenossen die Kälber der verliehenen Tiere als Entgelt für einen entgangenen Milch- oder Fleischkonsum: «Bemerkenswert ist, daß hier wie dort weniger Gewicht auf Zins und Zinshöhe gelegt wird. Das Interesse konzentriert sich auf das geliehene [Vieh-] Kapital» (Laum 1965, S. 60).

Bei all diesen eindeutigen Befunden kann nicht verwundern, daß die ökonomische Ethnologie den berühmten Gütertausch als Vorbedingung des Geldes nicht zu verifizieren vermag: «Reiner Gütertausch – im strengen Sinne eines geldlosen Markttausches – ist in Gesellschaften aus Vergangenheit und Gegenwart, über die wir zuverlässige Informationen besitzen, niemals ein quantitativ nennenswertes oder gar beherrschendes Muster für ökonomische Transaktionen gewesen. / Geldloser Markttausch stellte keine evolutionäre Stufe ... vor dem Beginn eines geldvermittelten Markttausches dar» (Dalton 1982, S. 185/188).[7] In Stammesgemeinschaften, wie Polanyi (1944b, S. 79) schon vier Jahrzehnte früher weiß, «ist der Profitgedanke ausgeschlossen, Schachern und Feilschen sind verpönt, großzügiges Geben wird als Tugend betrachtet, die angebliche [von Adam Smith postulierte] Neigung zu Tausch, Tauschhandel und Tauschgeschäften tritt nicht in Erscheinung».[8] Soweit Geld in Stäm-

[6] Original: «There is no regular market, hence no prices, hence no mechanism of exchange – still less for money» (Malinowski 1935a, S. 45).

[7] Original: «Barter, in the strict sense of moneyless market exchange, has never been a quantitatively important or dominant model of transaction in any past or present economic system about which we had hard information. / Moneyless market exchange was not an evolutionary stage ... preceding the arrival of monetary means of market exchange.»

[8] Original: «In such a community the idea of profit is barred; higgling and haggling is decried; giving freely is acclaimed as a virtue; the supposed propensity to barter,

men überhaupt angetroffen wird, stammt es durchweg aus dem Kontakt mit Eigentumsgesellschaften (Pryor 1977, S. 166).[9]

Ganz wie Märkte und Geld fehlen in den Stämmen auch Geldpreise. Selbst die im Tauschmodell von Klassik und Neoklassik eindeutig bestimmbaren *relativen Preise*, die Austauschraten oder Werte der Güter, sucht man vergeblich: «*Die Eigentümlichkeit des primitiven Tausches besteht in der Unbestimmtheit der Tauschraten.* In unterschiedlichen Transaktionen wechseln ähnliche Güter in unterschiedlichen Proportionen die Hand» (Sahlins 1974, S. 281; unsere Hervorhebung).[10] Und schon gar nicht gibt es die Möglichkeit, den Wert einzelner Güter miteinander zu vergleichen: «In der Tat läßt die enge Bandbreite austauschbarer Gegenstände sowie die Unbeweglichkeit des traditionellen Sittensystems *für irgendeinen freien Tausch keinen Raum*, in welchem ja der Vergleich mehrerer Güter in einem einheitlichen Standard erfolgen müßte. ... Bedeutender noch ist überdies unsere Erkenntnis ..., daß der Charakter des Tauschs es nicht erlaubt, einen Gegenstand als Geld auszuwählen. Zweifelsohne werden bestimmte Sachen ... sehr häufig und auch gegen eine breite Skala von Gegenständen getauscht. Ökonomisch gesehen könnten

truck, and exchange does not appear. The economic system is, in effect, a mere function of social organization» (Polanyi 1944a, S. 49).

[9] Im Kontakt *zwischen* Eigentumsgesellschaften und Stammesgemeinschaften können sich Stammesgenossen durchaus darauf einstellen, bereits im ersten Jahr mit Glasperlen oder Stahlklingen versorgt zu werden und dafür erst im nächsten Pelze oder Kautschuk abzuliefern. Man könnte sagen, daß sie Gläubiger-Schuldner-Beziehungen verstehen, wenn sie ihnen angeboten werden. Dieses Verständnis darf aber nicht – wie Alain Parguez und Mario Seccareccia (2000, S. 101-103) aus der postkeynesianischen Schule des *Money Circuit Approach* gegen frühere Arbeiten der Eigentumsökonomik glauben machen wollen –, mit Gläubiger-Schuldner-Kontrakten *innerhalb* von Stammesgemeinschaften verwechselt werden. Schon gar nicht werden in diesen Besitzsystemen Pelze oder Kautschukballen – wie die Autoren meinen – als «kollektives Eigentum» (*collective property*) gehandhabt. In diesem Falle müßten diese Güter ja Besitz- und Eigentumsseite haben und eben diese Unterscheidung versuchen die beiden Postkeynesianer erst gar nicht.

Vergleiche als Antithese zu Parguez und Seccareccia im gleichen Band, in dem ihr Beitrag erschienen ist, Heinsohn/Steiger 2000a sowie die Kritik ihrer Schule aus Sicht der Eigentumsökonomik bei Augusto Graziani 1997; siehe auch die Unterstützung der Eigentumsökonomik durch Graziani 2006.

[10] Original: «The characteristic fact of primitive exchange is indeterminacy of the rates. In different transactions, similar goods move against each other in different proportions.»

sie uns als Wertmaßstab dienen, aber sie werden von den Eingeborenen nicht als solcher betrachtet oder zu diesem Zweck gebraucht» (Malinowski 1921, S. 14; unsere Hervorhebung).[11]

Im Befehlssystem hat man genauso intensiv nach Geld, Zins und Kredit sowie Markt und Preis gefahndet wie im Reziprozitätssystem. Nach Sicherheitspfändern allerdings hat man nicht einmal gesucht. Das Ergebnis ist genauso ernüchternd. Der mykenisch-griechische Feudalismus beispielsweise, berühmt für seine mächtigen Burgen und die reiche Verwendung von Gold und Silber, hat keinerlei Vorstellung von all den ökonomischen Operationen, die in den späteren griechischen Stadtstaaten so allumfassend werden und den Wirtschaftshistorikern bis heute rätselhaft sind: «Die Art und Weise, in der Kredite eine so mächtige Maschine wurden, bleibt ein Geheimnis» (Starr 1977, S. 183).[12] Was wir von der materiellen Reproduktion Mykenes «zu erkennen vermögen, ist einzig und allein die Aktivität des Palastes, der – wenn etwas zu tun ist – den Untertanen des Königs Produkte und zweifellos auch manches andere abpreßt, aber auch Rationen und Material aushändigt. Dabei notiert man exakt, was empfangen oder ausgegeben wird und werden sollte. ... *Nichts deutet auf Geld oder auf einen Standard hin, mit dem Werte hätten verglichen werden können; die Gegenstände werden jeweils für sich gezählt, gewogen oder gemessen.* Auch gibt es keinen direkten Hinweis auf Fernhandel, der ja irgendeine Art von Austausch beinhaltet haben müßte; und wir können mit gutem Grund annehmen, daß der Palast, der so vieles kontrolliert, auch diesen kontrolliert hätte» (Andrewes 1967, S. 29; unsere Hervorhebung).[13] Schon die antiken Schriftsteller haben ja gewußt,

[11] Original: «In fact, the narrow range of exchangeable articles and the inertia of custom leave no room for any free exchange, in which there would be a need for comparing a number of articles by means of a common measure. ... Moreover, what is more important still, we see ... that the character of the exchange does not admit of any article becoming money. Certain things, no doubt, ... are frequently exchanged, and against a wide range of articles, and in economic considerations they may serve us as measures of value, but they are not regarded or purposely used as such by the natives.»

[12] Original: «The manner in which loans became so mighty a machine is mysterious.»

[13] Original: «What we see of the economic system is the activity of the palace; which exacts produce and no doubt much else from the king's subjects, and doles out rations and materials when something has to be done with exact notes of what has been received or issued, and what should have been. There is no reference to

daß erst nach dem Sturz des mykenischen Feudalismus auch das Gold für Münzgeld verwendet wird, wie die berühmten Verse des Lukrez (99-55 v.u.Z.) belegen: «Später erst [nach der Burgenherrschaft] kam das Privateigentum mit dem Gold [Geld], welches die Starken und Schönen der früheren Ehre leicht beraubte» (*De rerum natura*, V: 1113-1114).

Das Inkareich, mit einer Nord-Süd-Ausdehnung von mehr als 4000 km, unterscheidet sich in seinen feudalen Strukturen vom mykenischen System kaum: «Die herrschende Schicht ist der Stamm der Inkas. Die Masse des Volkes ist verpflichtet, neun Monate für den Staat zu arbeiten, drei Monate ist sie frei, um den eigenen Lebensunterhalt zu schaffen. *Es gibt keinen Individualbesitz* [hier als Eigentum zu lesen] *an Grund und Boden, daher weder Reichtum noch Armut.* Alles Land ist entweder Tempel-, Staats- oder Gemeindeland. Für Kranke und Schwache sorgt die Gemeinde. Es gibt ... keine individuelle Freiheit oder Freizügigkeit». Obwohl der Inkastaat «reich an Gold und Silberschmuck ist», und deswegen Beute der Konquistadoren wird, kennt er weder Geld noch Märkte. Ein entwickeltes Straßensystem und die Zucht von Tragtieren dienen nicht etwa der Förderung eines Handels, sondern werden zum Transport von Truppen sowie der Abgaben geschaffen, die ein mobiler Beamtenapparat mit Hilfe eines Knotenzahlensystems registriert (Stange 1960, S. 708 f.).

Im untergegangenen Staatssozialismus – das am höchsten entwickelte Befehlssystem – ist ganz besonders hoffnungsvoll nach dem Umgang mit Eigentum, Zins und Geld sowie Preisen und Märkten geforscht worden, da sie als Begriffe durchaus Verwendung finden. Die aber sind nichts als Worthülsen. Ihnen entsprechen keinerlei ökonomische Operationen, wie sie in den Eigentumsgesellschaften angetroffen werden. Man hat sich lediglich an Imitaten versucht. Die Termini «Staats- oder Volkseigentum» etwa suggerieren die Existenz von Eigentum, stehen aber lediglich für riesige Besitzagglomerate. Titel, die man belasten, verpfänden, teilen, verpachten und verkaufen kann und in die man sich bei ausbleibender «Schuldentilgung» Vollstreckung gefallen lassen muß, gibt es nicht. Ent-

anything outside the palace system, and it may well be that this covered the whole country. There is no suggestion of money, or of any standard by which values might be compared, items just being counted, weighed, or measured as they stand. Nor is there any direct reference to foreign trade which must have involved some kind of exchange; and we may reasonably suspect that the palace, which controls so much, would control this also.»

sprechend werden Grundbücher und Katasterämter – soweit noch aus der Eigentumsgesellschaft vorhanden – höchst nachlässig geführt, wie in der DDR, oder gleich ganz abgeschafft, wie bereits 1953 in der Tschechoslowakei.

Die Herrscher in der Sowjetischen Besatzungszone Deutschlands (SBZ) verstehen bei ihrer sogenannten Bodenreform gleich nach dem Zweiten Weltkrieg noch, daß Eigentum nicht etwa dem Volk oder dem Staat übergeben werden kann, sondern all seiner wesentlichen Eigenschaften entledigt werden muß. Was den Eigentümern genommen wird, gelangt in den «Volkseigentumsfonds», dessen Bestand für die Einzelnen des sozialistischen Kollektivs ausdrücklich «unantastbar» ist. Eine Ausnahme bildet der «Bodenreformfonds», aus dem landwirtschaftliche Flächen (5-8 ha) der ehemaligen Großgrundeigentümer (über 100 ha) an Kleinbauern und Landarbeiter verteilt werden. Die «Bodenreformer» wissen genau, daß diese Landempfänger ausschließlich Besitz-, also nur Nutzungsrechte erhalten. Sämtliche Eigentumsoperationen werden daher ausdrücklich verboten. So heißt es in Artikel VI der Bodenrechtsverordnung (BRVO) vom 3. September 1945 des Landes Sachsen-Anhalt: «Die auf Grund dieser Verordnung geschaffenen Wirtschaften [*sic*] können weder ganz noch teilweise geteilt, verkauft, verpachtet oder verpfändet werden» (Grün 1998, S. 541).

Mit dem «Wirtschaften» des zugeteilten Landes ist keineswegs die Aktivierung von Eigentum, sondern ein persönliches Nutzungsrecht gemeint, das aber gleichzeitig eine Pflicht darstellt, wie wir sie aus den Befehlsbeziehungen zwischen Leibeigenen und adligen Herren kennen. Wer diesem Gebot nicht nachkommt – das gilt auch für einen etwaigen Erben –, der verliert sogar sein Besitz- bzw. Nutzungsrecht. Das Land fällt an den Bodenreformfonds zurück, der die Nutzungsrechte dann landwirtschaftlichen Produktionsgenossenschaften (LPGs) zuweist, in denen selbst jede individuelle Nutzung durch die Genossen von vornherein ausgeschlossen ist. Es erfolgt mithin lediglich eine Umwandlung von Individual-*Besitz* in Kollektiv-*Besitz* – und nicht etwa von Privat-*Eigentum* in Staats- oder Volks-*Eigentum*.

Im sogenannten Bodenreformurteil des Bundesgerichtshofs (BGH) vom 17.12.1998 (V ZR 200/97) haben hohe Juristen eben den Sachverstand gezeigt, der den Analysen des Sozialismus durch die herrschenden ökonomischen Schulen so entschieden abgeht: «Durch die Verfügungsverbote [der Verpfändung, der Teilung und des Verkaufs], das Verbot der

Verpachtung und das Gebot zur Bewirtschaftung [*sic*] war das Eigentum an den Grundstücken aus der Bodenreform seiner Bedeutung als Eigentum im Sinne des Bürgerlichen Rechts im wesentlichen entkleidet» (BGH 1998, § 2.1.C, S. 8). Den Richtern fehlt allerdings die Einsicht, daß es Eigentum in einem anderen Sinne als dem des bürgerlichen Rechts nicht gibt. «Entkleidetes» Eigentum ist bloßer Besitz.

Dem Fehlen von Eigentum entspricht im Sozialismus die Abwesenheit von Geld, Zins, Kredit und von Eigentumsverpfändung als gute Sicherheiten. Was «Staatsbank» und «Geschäftsbanken» genannt wird, ist nichts anderes als das System einer sogenannten Monobank, in dem die «Geschäftsbanken» untergeordnete Abteilungen der «Staatsbank» sind. Diese hält keine Vermögenswerte, mit der sie die von ihr herausgegebenen «Banknoten» regulieren oder somit geldpolitisch tätig sein kann. Die Aktiva der Staatsbank sind nichthandelbare «Verpflichtungen» öffentlicher Haushalte und Betriebe. Diese «Titel» stellten mithin Forderungen auf überhaupt nichts dar, da weder in Betriebe noch in öffentliche Haushalte vollstreckt werden kann. Die Aktiva sind auch nicht in gute Sicherheiten umwandelbar, die irgend jemand für einen Kredit hätte einsetzen oder gar auf einem Markt verkaufen können. Der «Kredit» der Staatsbank an die Betriebe und öffentlichen Haushalte ermöglicht lediglich einen Zugang zu Gütern, deren Produktion im zentralen Staatsplan anbefohlen ist. Zur Umsetzung des Plans räumt die Staatsbank Betrieben und öffentlichen Haushalten kreditär Sichtguthaben ein, aus denen dann die Bevölkerung Löhne und Transfers in Form von Banknoten erhalten können. Diese Noten und Sichtguthaben werden als «Geld» bezeichnet. Sie sind als Willkür-Geld aber lediglich unspezifizierte *Gut*scheine für die zentral geplanten *Güter*mengen. Wenn die Gutscheine für Güter ausgegeben werden und dadurch bei den Betrieben landen, müssen sie wieder bei der Staatsbank abgeliefert werden. Durch diese Abgabe tilgen die Betriebe ihre Kredite.

Was man im Sozialismus «Zins» nennt, ist bestenfalls ein Instrument zur Kontrolle darüber, daß die Betriebe plangemäß Güter produzieren, wodurch das Gutschein-Geld zu ihnen und damit für die Ablieferung bei der Staatsbank zurückkehrt. Mißlingt diese angeordnete Prozedur, geschieht den Betrieben nichts. Lediglich die Prämien für Direktoren und Werktätige können gekürzt werden, was auch als «Strafzins» empfunden wird. Auf Sparkonten der Werktätigen kann ein willkürlich festgelegter, aber nicht garantierter Zins gutgeschrieben werden. Dieser Zins fällt zudem unregelmäßig und minimal, meist unter einem Prozent, aus. Denn dieser zusätzlich zurückgeforderten Gutscheinmenge entspricht kein Planprodukt.

Dem Fehlen von Eigentum, Geld und Zins entspricht im Sozialismus die Abwesenheit von Märkten und Preisen. Ein System administrativer Preise sorgt dafür, daß im Grundversorgungsbereich den Produzenten Preise zugestanden werden, die von den Verbrauchern im Laden aber nicht erbracht werden müssen. Der daraus resultierenden Gefahr eines Überhangs an Geld-Gutscheinen wird dadurch begegnet, daß begehrte Güter des gehobenen Bedarfs in Spezialläden zu einem wesentlichen höheren Preis in die Auslage kommen, als sie den Betrieben zugestanden werden.

3 Bewirtschaftung von Besitz in der Eigentumsgesellschaft

Der Besitz von Gütern und Ressourcen bleibt auch in der Eigentumsgesellschaft für die materielle Reproduktion zentral. Allerdings sind Güter und Ressourcen jetzt Waren und Vermögen. Die Eigentumsgesellschaft unterscheidet sich nun von den reinen Besitzsystemen dadurch, daß in ihr Eigentumstitel zu den *Regeln* über die Verfügung von Besitz hinzutreten und die herkömmlichen Regelwerke dabei in Besitz*rechte* verwandeln. Die Eigentumstitel sind immer Eigentums*rechte*, die vom unabhängigen Gerichte überwacht werden. Nur durch sie lassen sich die Regeln der Sitte und des Befehls zur Beherrschung des Besitzes – wer was, wann, wo, gegen wen, wie und in welchem Umfang nutzen darf – in genauso justiziable Besitzrechte transformieren

Da das *Recht* auf Besitz nur in Beziehung zum Eigentumsrecht existieren kann, gibt es mithin keinen Besitzer *per se*. Entweder sind Eigentümer und Besitzer ein und dieselbe Person oder der Eigentümer räumt anderen das Besitzrecht an seinem Eigentum ein. Zu jedem Eigentumstitel gehört mithin ein Besitztitel, aber nur die Besitztitel in Eigentumsgesellschaften gehören auch zu einem Eigentumstitel. Mithin gibt es auch keinen Eigentümer *per se*.

Da der Eigentumstitel von den traditionellen Besitzregeln über die physische Nutzung zu unterscheiden ist, kann eben auch in Systemen ohne Eigentum produziert werden. Für eine solche Nutzung von Besitz braucht es nicht einmal menschliche Lebewesen. Auch Bienen, Ameisen, Biber und andere Lebewesen der Fauna können produzieren, konsumieren, verteilen und den Besitz verteidigen. In engen Grenzen gilt das sogar für die Welt der Pflanzen.

Eigentumstitel – wie auch die von ihnen zu Rechten transformierten Besitzregeln – aber gibt es nur unter Menschen. Diese Titel werden nicht physisch genutzt, sondern durch Belastung mit einer legalen Forderung aktiviert – zur Schaffung von Geld, zur Besicherung eines Kredits, zur Vollstreckung, zum Verkauf sowie zur Verpachtung und Vermietung.

Grund und Boden liefern ein treffliches Beispiel, um die Differenz zwischen der Nutzung eines Besitztitels und der Aktivierung eines Eigentumstitels zu illustrieren. In allen drei Systemen – Stamm, Feudalismus/Sozialismus und Eigentumsgesellschaft – kann die Verfügung über den Besitz einer Feldmark zum Pflügen, Einsäen und Ernten genutzt werden, also zur Hervorbringung eines greifbaren Ertrages. Gewirtschaftet wird bei dieser Nutzung der Ackerkrume jedoch nicht. Mit ihr wird lediglich durch Nutzung von Besitz produziert. Zu einer wirtschaftlichen Verwendung des Ackers kommt es erst, wenn ein Bauer in der Eigentumsgesellschaft die Besitzseite seiner Feld*mark* dynamisch-ökonomisierend nutzen muß, weil er die Eigentumsseite dieses Vermögens für die Beschaffung von Geld, z. B. Deutscher *Mark*, in einem Kreditkontrakt *belastet* und dabei eine Zinszusage gemacht hat. Es ist die Kapazität der Belastbarkeit des Eigentums, die eine bloße Sache zu Vermögen transformiert und den Acker wertvoll macht.

Das Besitzrecht in der Eigentumsgesellschaft unterscheidet sich dramatisch von den Nutzungsregeln in den beiden Besitzsystemen. Während dort der Besitz von Ressourcen und Gütern lediglich beherrscht werden kann, wird der Besitz in der Eigentumsgesellschaft durch Vermögensbelastung in die Bewirtschaftung gezwungen. Dadurch wird die Nutzung des Besitzes grundlegend verändert: Aufgrund von immer monetären Kontrakten werden bloße Ressourcen und Güter erst zu Vermögen und Waren. Sie alle treten entsprechend immer als monetäre Größen, also als Geldsummen im Prozeß des Wirtschaftens auf.[14] Das Vermögen hat also

[14] Zu monetären Größe werden auch Produktionsmittel, die jetzt als *Sachkapital* den Wirtschaftsprozeß insofern bestimmen, als mit ihrem Einsatz in der Produktion die per Kredit eingegangene Tilgungs- und Zinsverpflichtung für den *Geldvorschuß Kapital* erlangt werden muß.

immer eine nutzbare Besitzseite und eine belastbare Eigentumsseite. Waren haben ebenfalls eine benutzbare Besitzseite, während ihre Eigentumsseite bereits für den Verkauf aktiviert ist. Selbstredend kann auch Vermögen – also das jederzeit belastbare Eigentum – verkauft werden, wobei Eigentumsseite und Besitzseite gleichzeitig übertragen werden.

Wirtschaften bedeutet dabei mehr als die Erzielung von Effizienz oder Optimalität. Schließlich können in jedem System Menschen, aber auch andere Lebewesen, die Ressourcen so verschwendungsarm einsetzen, wie es ihnen vorstellbar ist, oder – wie die Neoklassik das Wirtschaften definiert – das Optimum alternativer Verwendungsmöglichkeiten knapper Mittel entsprechend individueller Präferenzen suchen.[15] Wo solche überall in Fauna und Flora zum Überleben notwendige Optimierungsprozesse jedoch zum zentralen Axiom des wirtschaftenden Menschen, des *homo oeconomicus*, verabsolutiert werden, verfehlt die ökonomische Theorie ihren Gegenstand.

Die Wirtschaft ist kein System vorteilssuchender Verhaltensweisen unter Knappheitsbedingungen für einen immer weiter von irgendwelchen Fesseln zu befreienden Menschen. Vielmehr folgt Wirtschaften allein aus dem Eigentum, das jeden Menschen innerhalb seiner Reichweite – ob nun altruistisch oder egoistisch gesinnt – zwar vor Zwingherren schützt, dafür aber zur Beachtung seiner Gesetze zwingt.

Die Institution des Eigentums führt nicht nur – und erstmals überhaupt – zu ökonomischen Gesetzmäßigkeiten (*economic rules*), sondern auch zu Rechtsstaatlichkeit (*rule of law*) und Freiheit des Individuums (*life, liberty and property*).[16] So wie Freiheit nicht ohne Rechtsstaatlichkeit und Rechtsstaatlichkeit nicht ohne Freiheit zu denken ist, so kann Wirtschaft nicht ohne Freiheit *und* Rechtsstaatlichkeit existieren. Ein bloßes Konglomerat von Besitzregeln führt weder zu Wirtschaft noch zu Frei-

[15] Auch in der Eigentumsgesellschaft gibt es Besitzseiten, die kein Gegenstand des Wirtschaftens sind und dennoch optimiert werden – wie etwa durch Verkürzung der hausfraulichen Wege in der Küche. Sie erscheinen deshalb nicht in den statistischen Gesamtrechnungen, weil die allein wirtschaftlichen Größen vorbehalten sind. Das mag Anhänger der Losung «Lohn-für-Hausarbeit!» verbittern, macht aber ökonomisch allen Sinn.

[16] Siehe John Locke (1690a, deutsch 1690b). Zivilrechtliche Auslotungen der Eigentumsökonomik haben Wolfgang Theil (2000 und 2001), Hans-Ulrich Niemitz (2000 und 2006) sowie Steiger (2005a) vorgelegt. Siehe ganz ähnlich Heribert Illig (1996), Rolf Steppacher (1999) und Jean Beaufort (2001).

heit noch zu Recht. Für Wirtschaft, Rechtsstaatlichkeit und Freiheit liefert also erst die Eigentumsverfassung das Unterfutter (siehe ausführlicher Steiger 2005a).[17]

Die übliche Dichotomie der Ökonomen, Freiheit, Recht und Wirtschaft an die natürliche Figur des privaten *Individuums* zu binden, die Abwesenheit oder Unvollkommenheit dieser Trinität aber der juristischen Figur des *Kollektivs* anzulasten, lebt vom Nichtunterscheiden zwischen Besitz und Eigentum. Entsprechend verfehlen die Ökonomen mit dem falschen Gegensatz von *Privat*eigentum und *Staats*eigentum die richtige Dichotomie zwischen Eigentum und Besitz, die beide rein äußerlich bei einzelnen oder vielen liegen können. In Wirklichkeit wird der Einzelne des Besitzsystems in der Eigentumsgesellschaft zum Privaten und das Kollektiv zu einer Vertragsgemeinschaft von Freien.

In der nachstehenden Übersicht wird die Trennlinie zwischen den beiden Besitzsystemen und der Eigentumsgesellschaft dargestellt. Was unterscheidet Systeme, die bloß zu materieller Reproduktion fähig sind, von einem System mit Wirtschaft?[18] Es ist das immaterielle Eigentumsrecht, das allein traditions- oder machtmäßig bestimmte materielle *Besitzregeln* in ebenfalls immaterielle *Besitzrechte* verwandelt, so daß aus den herkömmlichen Gütern und Ressourcen Waren und Vermögen werden. Ein vom Eigentumsrecht unabhängiges Besitzrecht gibt es somit nicht. Das Eigentumsrecht am Vermögen führt dann zu dessen Fähigkeit der Belastung und Verpfändung als Voraussetzung für die Schaffung des Geldes einer Notenbank und damit zum Wirtschaften. Auf Seite 27 f. wird in der zweiten Spalte diese für die Eigentumswirtschaft grundlegende Operation umrissen und dann in Kapitel III näher dargestellt.

[17] Das behauptet mittlerweile nicht mehr nur die Eigentumsökonomik, sondern – mit unterschiedlichen Akzentsetzungen – auch Tom Bethell (1998 und 2008), Richard Pipes (1999 und 2008) und Hernando de Soto. Letzterer bezieht sich dabei ausdrücklich auch auf die Eigentumsökonomik; vgl. de Soto 2000, S. 54-58 und 218 sowie deutsch 2002, S. 77-81 und 266. Siehe auch de Soto 2008, T. Betz 2008, U. Heinsohn 2001 und 2008 sowie Steiger 2006d, 2006e, 2006g.

[18] Siehe dazu die instruktiven Darstellungen der Eigentum0sökonomik bei Rainer Grünewald 2001.

Die Trennlinie zwischen Besitzsystemen und der Eigentumsgesellschaft

Besitzsysteme mit ***bloßer Reproduktion***	**Eigentumsgesellschaft mit** ***Wirtschaft***
Besitz ist die Basis materieller Reproduktion in Fauna und Flora sowie in menschlichen Systemen der *Reziprozität* (Stammes-*Gemeinschaft*) und des *Befehls* (feudale/sozialistische *Herrschaft*), in denen Eigentum nicht existiert. *Lediglich* Besitz ist vorhanden. Ihre informellen bzw. willkürlich gesetzten Regeln bestimmen, wer *Güter* und *Ressourcen* wann, wo, wie, gegen wen und in welchem Umfang *physisch nutzt,* sowie ihre Substanz und Form ändert.	**Eigentum** ist die Basis materieller Reproduktion in der Eigentums-*Gesellschaft* («Kapitalismus», «Marktwirtschaft», «Geldwirtschaft»), in welcher die Regeln des Besitzes in Besitzrechte transformiert werden. Eigentum existiert *zusätzlich* zum Besitz.
Besitzregeln organisieren die nicht rechtlich kodifizierte materielle Nutzung oder Kontrolle von Gütern und Ressourcen einschließlich ihrer Erträge und Übertragung. Übertragung bedeutet hier nicht Verpfändung, Verkauf und Verpachtung / Vermietung, sondern nur Geschenke, Zuteilungen und – in Grenzen – Erbe. Aus sich heraus führen diese Regeln nicht zum Wirtschaften mit Zins und Geld als seinen augenfälligsten Merkmalen. Ironischerweise verwendet die neoklassische Theorie der Eigentumsrechte (Neue Institutionenökonomik) den Begriff «Eigentumsrechte» für bloße Besitzregeln. Diese Regeln können *individuell* – exklusiv – und kollektiv wahrgenommen werden.	**Eigentumsrechte** sind immer *kodifizierte* Forderungstitel. Sie erlauben ihren Inhabern die *immateriellen* (nicht-physischen) Operationen des *Wirtschaftens*: (i) *Belastung* zur kreditären Schaffung von Geld gegen Zins; (ii) *Verpfändung* für das Leihen von Geld als Kapital; (iii) Übertragung einschließlich *Verkauf und Verpachtung/Vermietung* und (iv) *Vollstreckung*. Eigentumsrechte verwandeln Besitzregeln in justiziable **Besitzrechte**. Daher werden die individuell wahrgenommenen Besitzregeln zu *privaten* Rechten. Eigentumsrechte transformieren Ressourcen in *Vermögen* mit nutzbarer Besitzseite und aktivierbarer Eigentumsseite. Sie transformieren zugleich Güter in *Waren* und Produktionsmittel in *Sachkapital*.

Besitzsysteme mit ***bloßer Reproduktion*** (Forts.) -- **Steuerung der materiellen Reproduktion bei Besitz** (Produktion, Distribution, Konsumtion und gelegentlich Akkumulation)	**Eigentumsgesellschaft mit** ***Wirtschaft*** (Forts.) -- **Steuerung der materiellen Reproduktion bei Eigentum** (Produktion, Distribution, Konsumtion und Akkumulation)
Angeborene Instinkte (Tierreich). Sitte und Reziprozität (Stammes-Gemeinschaft) und Befehl (feudale/sozialistische Herrschaft) als *traditions*- bzw. *macht*bestimmte Regelwerke zwischen *Unfreien*. Unabhängige Gerichte fehlen. Belastbare Titel, Vermögen und Verbindlichkeiten, Zins, Geld und Kapital, Kredit und Banken, Preise und Märkte *fehlen* genauso wie der vorteilssuchende *homo oeconomicus*. Die Regeln der Reziprozität (Stamm) oder des Befehls (Adel, Politbüro) bestimmen die Produktion von Gütern und ihre Verteilung auf individuellen Konsum, kollektive Vorratshaltung und (in Grenzen) für kollektive Investition in Produktionsmittel. Daher verlangen Vorratshaltung und *Akkumulation vorab gesparte Güter*, also ein geringeres Niveau des individuellen Konsums. Gütertausch ist eine vernachlässigbare Größe. Soweit er überhaupt stattfindet, geschieht das für Steigerung der *Reputation* und/oder die Festigung der *Loyalität*. Eine intertemporale *zinslose* Güterleihe zur Abwendung von individuellen Notlagen kann vorkommen, unterliegt aber verbindlicher Gegenseitigkeit.	Kontrakte über Kredit, Verkauf, Verpachtung/Vermietung und Arbeit bilden ein *rechtlich* bestimmtes Netzwerk zwischen *Freien* auf *Märkten*. Unabhängige Gerichte ersetzen traditions- und machtbestimmte Regelwerke. Die Kapazität des Eigentums zur Belast- und Verpfändbarkeit ist sein immaterieller Ertrag: die *Eigentumsprämie*. Durch Belastung von Eigentumstiteln bei der Schaffung von Geld als notifizierter anonymer Anspruch auf Eigentumstitel der Notenbank (*Noten-Geld*) in einem Kreditkontrakt, geben sowohl Gläubiger als auch Schuldner Eigentumsprämie auf. Dieser Verlust bedeutet die zeitweilige Aufgabe der Freiheit, Eigentum belasten, verpfänden oder verkaufen zu können. Die Verpfändung von Schuldnereigentum sichert die Forderungen des Gläubigers und damit die *Zirkulationsfähigkeit* der Noten. Die Belastung von Gläubigereigentum, von *Eigenkapital*, erlaubt das Herausziehen nicht refundierter Noten aus der Zirkulation und steht für ihre *Einlösung* bereit.

Besitzsysteme mit *bloßer Reproduktion* (Forts.) --- **Steuerung der materiellen Reproduktion bei Besitz** (Produktion, Distribution, Konsumtion und gelegentlich Akkumulation) (Forts.)	**Eigentumsgesellschaft mit *Wirtschaft*** (Forts.) --- **Steuerung der materiellen Reproduktion bei Besitz** (Produktion, Distribution, Konsumtion und Akkumulation) (Forts.)
Generelle Notlagen werden durch Austeilen von Rationen aus freiwillig vereinbarter (Stammes-Gemeinschaft) oder anbefohlener (feudale Herrschaft) Vorratshaltung abgewendet. Besitzsysteme sind gezwungen, wenn auch auf geringem materiellen Niveau, ein *soziales Netz* für ihre Mitglieder zu knüpfen.	Der Verlust der Eigentumsprämie des Gläubigers wird mit *Zins*, derjenige des Schuldners mit der Potenz des Geldes ausgeglichen (*Liquiditätsprämie*). Sie besteht in der Eigenschaft, Käufe oder Auslösungen von Eigentum endgültig machen zu können, weil das Geld selbst einen Anspruch auf Eigentum seines Schaffers impliziert. Während des Kreditzeitraumes nutzen Gläubiger und Schuldner die Besitzseite der belasteten Eigentumsseite ihres Vermögens weiter. Da Geld ein *Derivat der Eigentumsseite von Vermögen* und nicht von seiner Besitzseite ist, kann *Akkumulation ohne vorheriges Sparen* stattfinden. Ein soziales Netz kann die Eigentumsgesellschaft *nicht* aus dem Eigentum heraus knüpfen.

Vorher müssen wir uns aber in Kapitel II erst noch der Frage widmen, wie und warum die drei großen Schulen in der Geschichte der Nationalökonomie – Klassik, Neoklassik und Keynesianismus – die Institution des Eigentums verfehlen, Zins und Geld nicht erklären und so zum Grund des Wirtschaftens nicht finden können.

II Die Blindheit der großen ökonomischen Schulen vor dem Eigentum

Die Unfähigkeit der Ökonomen zur Unterscheidung zwischen Besitz und Eigentum hat sie an der Erkenntnis gehindert, daß nur in der Eigentumsgesellschaft gewirtschaftet werden kann. Eben dieser Mangel ist dafür verantwortlich, daß eine genuine Wirtschaftstheorie immer noch fehlt. Dieses Urteil mag überheblich klingen. Es hat jedoch bei Harold Demsetz, einem der Begründer der Theorie der Eigentumsrechte oder Neuen Institutionenökonomik, Unterstützung gefunden, wobei er sich die Eigentumsgesellschaft zu «Kapitalismus» verdunkelt: «Obwohl sich unsere theoretischen Konzepte über den Kapitalismus in dem Maße verbessert haben, in dem die herrschende Wirtschaftslehre sich entwickelt hat, sind sie niemals zu einer Theorie des Kapitalismus herangereift» (Demsetz 1998, Sp. 144a).[19]

Während die Eigentumsökonomik den Ökonomen eine gänzliche Vernachlässigung der Institution des Eigentums nachweist, klagt die Institutionenökonomik darüber, daß Klassik und Neoklassik den «Eigentumsrechten», bzw. was sie dafür halten, nicht genügend Aufmerksamkeit geschenkt haben: «Was hat die herrschende Wirtschaftstheorie denn 200 Jahre lang gemacht, außer den Kapitalismus zu studieren? Von Adam Smith und David Ricardo bis hin zu Alfred Marshall und Léon Walras haben die Ökonomen sich angestrengt, die Mikro- und Makrooperationen des Preissystems zu verstehen. Das System der Eigentumsrechte kommt nur implizit in der sich herausbildenden Theorie vor. Die Theorie setzt die Grundlegung des Kapitalismus durch Eigentumsrechte stillschweigend voraus. Sie erforscht aber nicht die Bedeutung der recht-

[19] Original: «Although our theoretical ideas about capitalism have improved as mainstream economics developed, they have never matured into a theory of capitalism.»

lichen Abmachungen, die mit dem Eigentum verknüpft sind» (Demsetz 1998, Sp. 144a).[20]

Die Eigentumsökonomik nimmt Demsetz' Frage auf und prüft genauer, was die Ökonomen beim Studium des Kapitalismus in den letzten 200 Jahren tatsächlich getrieben haben. Um sie zu beantworten, sind die drei großen Theorieschulen der Nationalökonomie dieser Zeit kurz anschauen: Klassik, Neoklassik und Keynesianismus. Dabei wird die Schule des Merkantilismus vorerst nicht deshalb zurückgestellt, weil man sie seit der Klassik als «vorwissenschaftlich» geringschätzt, sondern weil dort zumindest im Bereich des Eigentums bereits wichtige Einsichten für das Wirtschaften formuliert worden sind. Diese Richtung findet ihre Vollendung in dem bis auf den heutigen Tag vernachlässigten James Steuart und seinem Werk *An Inquiry into the Principles of Political Oeconomy* (1767).[21]

Die Eigentumsökonomik betrachtet mit den drei etablierten Schulen ein und dasselbe Wirtschaftssystem. Alle räumen ausdrücklich ein, daß es Geld und Zins gibt und diese elementaren Größen auch erklärt werden müssen. Alle verwenden überdies in der einen oder anderen Weise den Terminus *Eigentum*. Gleichwohl hat sich gezeigt, daß die drei dominierenden Schulen die konstitutive Rolle des Eigentums für das Wirtschaften nicht einmal zu sehen, geschweige denn zu klären vermögen. Sie gleichen dem Fisch, der das Wasser erst versteht, wenn er aufs Land geworfen wird. Die einzigartige Qualität des Eigentums, belastbar und verpfändbar und dafür auch Gegenstand der Vollstreckung zu sein, entgeht allen drei Richtungen. Bei Zins und Geld müssen sich denn auch alle theoretisch verabschieden.

[20] Original: «What has mainstream economics been doing for 200 years if it has not been studying capitalism? From Adam Smith and David Ricardo to Alfred Marshal and Léon Walras, economists directed their efforts toward understanding micro and macro operations of the price system. The property rights system, however, is only implicitly involved in the theory that emerged. This theory ... takes the property rights foundation of capitalism for granted. It does not investigate the role of property rights arrangements.»

[21] Für eine erste ausführliche Diskussion Steuarts im Sinne der Eigentumsökonomik, der in Heinsohn/Steiger 1996 noch nicht berücksichtigt worden ist, vgl. Stadermann/Steiger 1999a, S. 19-49, 2001, S. 45-86 und 2006a.

1 Die klassische Ökonomik

«*Privateigentum*» steht im Zentrum der Klassik. Es gibt kaum einen stärker betonten Begriff in den klassischen Schriften als dieses – mal als Segen gepriesenes, mal als Fluch verteufeltes – Element des «Kapitalismus». Adam Smith kann sich eine Gesellschaftsform ohne die Existenz von Eigentum nicht vorstellen – nicht einmal «in ihrem frühen und rohen Zustand» eines «Stammes von Jägern» (Smith 1776, S. 47).[22] In einem weiter fortgeschrittenen Zustand verwandele sich dieses Element lediglich von einem «Gemeineigentum» in ein individuelles oder «Privateigentum». Profit und Grundrente seien seine spezifischen Charakteristika und träten als neue Einkommensquellen neben einen immer schon existierenden Lohn, der als *Reproduktionslohn* unterstellt wird: «Sobald bestimmte Personen Kapitalgüter in ihren Händen akkumuliert haben, werden einige von ihnen sie dazu verwenden, fleißige Leute zu beschäftigen. Sie werden sie mit Werkzeugen und Unterhaltsmitteln versehen, um aus dem Verkauf ihrer Arbeitsprodukte einen Profit zu schlagen. ... Sobald aller Grund und Boden eines Landes *Privateigentum* geworden ist, lieben es die Grundherren – wie alle anderen Menschen auch – zu ernten, wo sie nicht gesät haben, und sie fordern eine Rente selbst für den natürlichen Ertrag von Grund und Boden» (Smith 1776, S. 48 f.; unsere Hervorhebung).[23]

Die Klassik konzentriert sich auf eine Betrachtung des «*Privat*eigentums», das ihr als private Herrschaft – im Unterschied zur kollektiven Herrschaft eines ursprünglichen «*Gemein*eigentums» – über physische Ressourcen erscheint, die eine Ausbeutung derer ermöglicht, denen der Ressourcenzugang versperrt ist. Am «Privateigentum» interessiert die Klassik mithin die *Macht* zur Aneignung, die im Prinzip jeder Mensch sofort nutzen würde. Da aber nach dem Zerfall des «Gemeineigentums» nicht alle Menschen «Privateigentum» erworben hätten, könnten nur ei-

[22] Original: In the «early and rude state», like in a tribal «nation of hunters.»

[23] Original: From «common property» to individual or «private property»: «As soon as stock has accumulated in the hands of particular persons, some of them will naturally employ it in setting to work industrious people, whom they will supply with materials and subsistence, in order to make a profit by the sale of their work. ... As soon as the land of any country has all become private property, the landlords, like all other men, love to reap where they never sowed and demand a rent even for its natural produce.»

nige wenige seinen Herrschaftsvorteil ausspielen. Einer natürlichen Gier der menschlichen Gattung folgend beuteten deshalb die Privateigentümer die Eigentumslosen aus, woraus dann insbesondere Karl Marx seinen theoretischen Honig zieht. Die Klassik insgesamt liefert also keine ökonomische Theorie, sondern eine soziologische Lehre in Form einer *Theorie der Herrschaft* über Güter und Ressourcen. Vorgefundene ökonomische Kategorien – vor allem «Privateigentum», Profit und Rente – sollen aus diesen Herrschaftsbeziehungen erklärt werden.

An der Geschichte ihres immer schon als *homo oeconomicus* aufgefaßten Menschen interessiert sich die Klassik für eine Evolution der Herrschaft über Ressourcen. Beim Eigentum, das als Gemeineigentum von Anfang an existiert haben soll, herrschten alle, so daß Einkommen nur als Lohn für Arbeit entstehen könne. Auf der entwickelten Stufe hingegen herrschten die Klassen der Privateigentümer, die «Kapitalisten» (David Ricardo 1817) und die Grundherren, so daß die Aneignung von Profit und Rente möglich werde. Auf beiden Stufen wird aber nur die Nutzung von Ressourcen und Gütern betrachtet: auf der ersten die Nutzung durch alle gemeinsam, auf der zweiten durch die herrschenden Klassen. Es geht beim Privateigentum der Klassik also um *Besitz* und keineswegs um Eigentum, dessen Begriff allerdings – und dann in durchaus imponierender Wortgewalt – irreführend für Besitz verbraucht wird. Der Begriff Besitz hingegen ist in der Klassik unbekannt. «Kapitalismus» (Marx 1867) – verstanden als eine *Herrschaftsverfassung* – liefert denn auch das Etikett für ihre Sicht der Wirtschaftsverfassung.

Die Wirtschaft erscheint der Klassik als eine *Real-Tauschwirtschaft*. In ihrer Rohform präge die Tauschwirtschaft bereits das Urstadium des Gemeineigentums. Sie entspringe der «Neigung des Menschen» (Smith 1776, S. 13), seine ihm zur Verfügung stehenden Güter und Ressourcen zu eigenem Vorteil zu tauschen.[24] Der Tausch bringe die Arbeitsteilung als gewaltige Produktivkraft hervor, die nur durch die Ausdehnung des Marktes begrenzt werde. Dabei erscheint der Markt eher als beiläufiger Ort für die Erfüllung des Primärinteresses der Reproduktion des Kapitals mit Überschuß, das heißt einer Herrschaft der Kapitalisten über die Produktionsmittel, die zum Profit führe. Auf dem Markt erscheine der Wert der Arbeit als «natürlicher Preis» (Smith), der die Tauschwerte oder relativen Preise aller Waren bestimmen soll und um den die tatsächlichen

[24] Original: The «propensity in human nature ... to truck.»

Marktpreise lediglich schwankten. Da diese Arbeitswerttheorie – immerhin das Herzstück der Klassik – auf ihrer *Annahme* eines Reproduktionslohnes fußt, wird der natürliche Preis aber nicht erklärt, sondern schlicht vorausgesetzt (Stadermann/Steiger 2001, S. 95 f.). Wir werden noch sehen, daß die Neoklassik bei ihrer grenznutzentheoretischen Erklärung der relativen Preise einem ähnlichen Mißgeschick anheimfällt.

Als *Geld* fungieren für die Klassik Münzen, die aus einem vorhandenen Bestand an Edelmetallen – also bereits produzierten Gütern – geschlagen würden. Sie werden also nicht im Kredit geschaffen und nach seiner Tilgung auch nicht wieder vernichtet. Obwohl einzelne Klassiker – wie insbesondere Ricardo (1817, S. 365) – wissen, daß Geld nur gegen gute Sicherheiten und für marktübliche Zinsen verliehen wird, bleibt auch für ihn die kreditäre Schaffung von Banknoten oder Papiergeld ohne Auswirkung auf den Umfang der Wirtschaftstätigkeit. Verpfändung von oder gar Vollstreckung in gute Sicherheiten werden denn auch für ihn niemals zum Thema. Entsprechend kommt die Angst, selbst eines vermögenden Kapitalisten, sein verpfändetes Eigentum durch Vollstreckung zu verlieren, nicht vor.

Der Reichtum der kapitalistischen Gesellschaft wird nach Ricardo (1817, S. 365) allein durch den vorhandenen Bestand an «Kapitalgütern» (Produktionsmittel) bestimmt. Wiewohl die Klassik Papiergeld und die mit ihm verbundenen bankmäßigen Operationen kennt und auch sieht, daß die Papiergeldmenge nicht unbedingt in Edelmetall einlösbar sein muß, wird Geld als aktive Größe, die den Produktionsprozeß über den Kredit überhaupt erst hervortreibt, nicht ins Auge gefaßt. Die Klassik fordert lediglich, daß die Papiergeldmenge entsprechend dem Wert eines zum Geldstandard erklärten Edelmetalls, beispielsweise Gold, reguliert wird, um Inflation und Deflation zu vermeiden. Der über Papiergeld laufende Kredit diene mithin allein zur besseren Mobilisierung des als Umlaufkapital angesehenen Bestandes an Edelmetall sowie zur Senkung von Transaktionskosten, die beim Gebrauch des Metalls selbst anfallen würden. Kurz gesagt: Für die Klassik dient Geld ausschließlich der Tauscherleichterung. Es gilt als besonderes Gut für die Lösung des Problems der Nichtübereinstimmung von Gütertauschwünschen. Als Recheneinheit wird dieses Gut als universaler Wertmesser für jeglichen Handel aufgefaßt.

Auch dem *Zins* gesteht die Klassik eine wirtschaftstreibende Funktion nicht zu. Auf der Stufe des «Gemeineigentums» gebe es ihn noch nicht.

Er erscheine erst auf der Stufe des «Privateigentums» mit den herrschaftsbasierten Einkommensarten Grundrente und Profit. Dabei hat der Zins mit ihrem Gütertauschmittel Geld nichts zu tun. Er wird lediglich als Derivat des Profits aufgefaßt. Dieser entstehe als Ertrag des gesparten Gütereinkommens, das in Form von Kapitalgütern akkumuliert werde, also bei deren Nutzung anfalle. Die Erlangung des Profits ist mithin an eine privateigentümliche Verfügungsmacht über Kapitalgüter gebunden. Die Kapitalisten – als Herren der Produktion –, die ihren Geldvorschuß für die Kapitalgüter erst noch leihen müssen, hätten den «Geldleuten» – Ricardos (1817, S. 89) «moneyed class» – als Herren über die Geldbestände einen Teil ihres Profits als Zins zu überlassen, weil diese nicht selbst ins Risiko der Akkumulation gehen, sondern nur verleihen wollen. Den durch Zins auszugleichenden Verlust verankert die Klassik also im Verzicht der Geldleute auf eigenes Profitmachen.

Die Klassiker wissen, daß *Kredit* zu ihrer Zeit über die Diskontierung von guten Handelswechseln (*real bills*) vonstatten geht. Der Wechsel wird bei ihnen jedoch nicht als durch das Vermögen ihrer Indossenten gesicherter Titel analysiert, sondern als ein Besitztitel auf bereits produzierte Güter, gegen die der Wechsel in der Tat emittiert wird. Diese Vorstellung führt zu der von Adam Smith begründeten *real bills*-Doktrin der Banking-Schule, nach der eine Überemission von Banknoten nicht stattfinden könne, weil der Kredit in Form des – von einem Produzenten-Verkäufer ausgestellten – Wechsels zu einer Emission von Banknoten in gleicher Höhe führe. Sie seien also immer durch die bereits produzierten Waren des Verkäufers gesichert. Der Irrtum dieser Sichtweise, die sogenannte *real bills fallacy*, liegt nicht in erster Linie – wie in der Literatur verkürzt behauptet wird – in der Gleichsetzung von (Wechsel-) Kredit und Geld. Der entscheidende Fehler liegt vielmehr – worauf insbesondere Joseph Schumpeter aufmerksam gemacht hat – darin, daß die Banknotenemission immer für erst noch zu produzierende Güter erfolgt. Bei der Frage nach dem Warum dieses offensichtlichen Vorschusses der Banknoten gegenüber noch zu produzierenden Gütern verfällt Schumpeter dann allerdings auf die Idee der Geldschaffung für innovative Produktionsideen «aus *Nichts*.[25] / ... Vielmehr ist es da völlig klar, daß Kauf-

[25] Auch Ralph Hawtrey (1932, S. 131) verwendet die Formulierung «create currency ... out of nothing», weil Gold für die Deckung nicht unbegrenzt zur Verfügung steht. Er vergißt aber nicht, daß die Geschäftsbanken selbst in einer Krisensituation

kraft geschaffen wird, der zunächst keine *neuen* Güter entsprechen. ... Nicht nur über die vorhandene Geldbasis, sondern auch über die vorhandene Güterbasis ladet das Kreditgebäude aus» (Schumpeter 1926, S. 108 f./147).

Ungeachtet seiner Zurückweisung einer Güterbasis des Geldes ist gegen Schumpeter aber einzuwenden, daß die Suche der Klassik nach einem Besicherungsanker für die Geldemission keineswegs töricht ist. Lediglich die Beschränkung dieser Suche auf die Güterwelt führt zu einem törichten Ergebnis. Geld ist ja gerade nicht durch Besitztitel auf Güter gesichert, sondern durch Eigentumstitel, die jenseits und zusätzlich zum Güterbesitz existieren. Schumpeter und die Klassik unterliegen darüber hinaus einem gemeinsamen Irrtum: Ein Handelswechsel ist nicht wegen eines ihm zugrunde liegenden Warengeschäfts in Geld verwandelbar. Eine Gütermenge findet in diesem Vorgang keinerlei Berücksichtigung. Es ist allein das Vermögen sämtlicher Akzeptanten des Wechsels einschließlich des Bezogenen, also des Warenkäufers, mit dem für die Wechselsumme gehaftet wird.

2 *Die neoklassische Ökonomik*

Die Neoklassik kümmert sich um die Differenz zwischen Besitz und Eigentum genauso wenig wie die Klassik. Sie glaubt das Eigentum zu fassen, wenn sie von *Eigentumsrechten – property rights* – spricht. Diese vermeintlichen Eigentumsrechte definiert sie aber ganz eindeutig als Besitzrechte, wobei ihr das Kunststück gelingt, den Begriff Besitz tunlichst zu vermeiden. Das läßt sich sehr schön am frühen Neoklassiker Irving Fisher zeigen: «Was bedeutet es, *Eigentümer* von Reichtum zu sein? Wir antworten: das Recht darauf, ihn zu *nutzen.* Ein solches Recht wird Eigentum genannt oder genauer ein *Eigentumsrecht.* / Das Recht einer Person an der *Nutzung* eines Gegenstandes des Reichtums kann als seine Freiheit, beschränkt nur durch Gesetz und Gesellschaft, definiert werden, sich an der *Indienstnahme* dieses Gegenstandes zu erfreuen» (Fisher 1906, S. 18/20; unsere Hervorhebungen).[26]

nur gegen gute Sicherheiten, die nicht derselben Begrenzung unterliegen, bei der *Bank of England* Noten erhalten dürfen.

[26] Original: «But what is meant by owning wealth? We answer: to have the right to use it. To have a right is called property or, more explicitly, a property right. / The

2a Die reine Neoklassik

Die Allgemeine Gleichgewichtstheorie als modernste Fassung der Neoklassik unterscheidet sich in der Fehldeutung von Eigentum als Besitz nicht von Fisher. Das kann an ihrem führenden Vertreter Gérard Debreu gezeigt werden, der «Privateigentumswirtschaften» als «Ökonomien, in denen die Konsumenten die *Ressourcen als Eigentum haben* und die Produzenten kontrollieren», definiert (Debreu 1959, S. 78).[27] In den Worten «Ressourcen als Eigentum haben» bedeutet «Eigentum haben» nichts anderes als «besitzen», denn in Debreus Modell verleiht der Verkauf der Ressourcen durch die Konsumenten an die Produzenten letzteren das Recht, sich am physischen Nutzen der Ressourcen zu erfreuen.

Ähnlich wie die Klassik analysiert auch die Neoklassik die Wirtschaft als eine *Real-Tauschwirtschaft*. Anders als die Klassik sieht sie den Markt jedoch als das strategische Zentrum, in dem individuelle Optimierungsentscheidungen realisiert würden. Aus diesem Grund interessiert die Neoklassik sich nicht für verschiedene Entwicklungsstufen der Herrschaft über Ressourcen, sondern für eine *Marktverfassung*. Ja, sie hat den Begriff *Marktwirtschaft* weltweit als regelrechtes Markenzeichen durchsetzen können.

Auf dem neoklassischen Markt gibt es anders als in der Klassik keine «natürlichen» Preise. Die Tauschwerte der Waren werden also nicht durch ihre Arbeitswerte bestimmt, sondern durch ihre Grenznutzen, genauer: das Verhältnis ihrer Grenznutzen. Die Neoklassik überwindet den Widerspruch zwischen Tausch- und Gebrauchswert einer Ware in der klassischen Wert- und Preistheorie, indem sie zeigt, daß ein im Gebrauch wertvolles Gut – wie etwa Wasser – einen nur niedrigen Tauschwert hat, da für ein Individuum der Gebrauch seiner letzten Einheit, sein Grenznutzen, gering ist, weil es reichlich vorhanden ist. Umgekehrt hat ein im

right of a person to the uses of an article of wealth may be defined as his liberty, under the sanction of law and society, to enjoy the services of that article.»

[27] Original: «Economies where the consumers *own the resources* and control the producers.»

Die Verwendung des englisches Begriffs «ownership», der sowohl Eigentum als auch Besitz bedeuten kann, trägt durchaus zur Verwirrung Debreus bei. Eigentlich wäre «own the resources» mit «die Ressourcen als Eigentum/Besitz haben» zu übersetzen. Da der Autor aber auf den Nutzung der Ressourcen abhebt, wäre eine Übersetzung mit «die Ressourcen als Besitz haben» die angemessenere.

Gebrauch minderwertiges Gut – wie etwa Brillanten – einen hohen Tauschwert, da der Gebrauch seiner letzten Einheit sehr begehrenswert ist, weil es knapp ist. Der relative Preis von Wasser zu Brillanten soll sich also über das Verhältnis ihrer jeweiligen Grenznutzen bestimmen, indem die Individuen mit ihren Anfangsbeständen ihren Gesamtnutzen entsprechend ihren Präferenzen maximieren. Dabei wird elegant übersehen, daß diese Optimierung nur für Leute möglich ist, denen die Preise bereits bekannt sind. Die Neoklassik erklärt also die Preise nicht über das Verhältnis der Grenznutzen, sondern die Individuen passen bei der Optimierung ihre Grenznutzenrelationen an die ihnen vorgegebenen relativen Preise an (Stadermann/Steiger 2001, S. 221-251; vgl. bereits Heinsohn/Steiger 1996, S. 49).

Das neoklassische *Geld* ist, ganz wie das klassische Geld, wiederum ein besonderes Gut. Anders als in der frühen Neoklassik wird es aber heute nicht mehr mit Edelmetall – also einer produzierten Ware – gleichgesetzt, sondern als ein in sich fast wertloser Stoff verstanden, der dem wirtschaftlichen Prozeß äußerlich bleibe (*outside money*). Dieser Stoff sei ein Bestand an sogenanntem unbesicherten Zeichengeld (*fiat money*), der von einer – als monetäre Behörde betrachteten – Zentralbank in Form von Banknoten sowie Guthaben bei der Zentralbank, dem sogenannten Zentralbankgeld oder monetärer Basis, herausgegeben und von ihr durch Offenmarktoperationen kontrolliert werde. Dabei wird angenommen, daß diese Operationen im wesentlichen aus dem Kauf und Verkauf von Staatsschuldtiteln bestehen, die ebenfalls als der Wirtschaft äußerlich angesehen werden (Axilrod/Wallich 1992, Sp. 75a). Bisweilen wird das Zentralbankgeld umstandslos als Staatsschuldtitel definiert (Milton Friedman 1992, Sp. 252b).

Die Belastung des Vermögens eines Gläubigers bei der kreditären Schaffung des Geldes wird niemals Gegenstand der neoklassischen Analyse. Unerkannt bleibt auch – genau wie in der Klassik –, daß doch erst durch diese Geldschaffung eine Produktion entstehen kann, die nicht durch einen vorhandenen Bestand an Gütern und Ressourcen beschränkt wird. Deshalb kann Geld als aktive Größe, die den Wirtschaftsprozeß treibt, nicht einmal ansatzweise in Erwägung gezogen werden.

Die Neoklassik interessiert an der Geldschaffung allein, daß die Produktion nicht durch Inflation oder Deflation gestört wird. Die Produzenten sollen also von der Zentralbank mit einer angemessenen Geldmenge ausgestattet werden, die dem «wohlgeregelten Papiergeld» der Klassik nicht unähnlich ist. Geld soll also *neutral* sein. Den Vorteil des Geldes sieht die Neoklassik – wiederum nicht anders als die Klassik – im wesentlichen darin, daß es die Transaktionskosten des Tausches zur Optimierung knapper Güter senkt. Als intrinsisch wertloses Standardgut oder *numéraire* soll es die Bestimmung der relativen Preise aller anderen Güter ermöglichen. Im «best entwickelten Modell» der neoklassischen Realtauschwirtschaft, «der Arrow-Debreu-Version eines walrasianischen Allgemeinen Gleichgewichts», ist die Existenz eines «intrinsisch wertlosen Geldes» weder erforderlich noch wünschenswert. Da gleichwohl die Existenz des Geldes von niemandem bezweifelt werden kann, bildet es die «ernsthafteste Herausforderung» (Frank Hahn 1982, S. 1) der Neoklassik.[28]

Selbst dem Monetarismus – als dominierende neoklassische Geldtheorie – ist das unstrittig umlaufende Zeichengeld unheimlich. Sogar sein Begründer, Milton Friedman, betrachtet es als bislang «unerforschtes Terrain». Das System, in dem dieses Geld geschaffen wird und welches er «Papiergeldstandard» nennt, habe nichts mehr gemein mit jener Gewißheit des Goldstandards, als «das Angebot von Edelmetall als langfristiger Anker» für das Geldsystem fungiert habe (Friedman 1992, Sp. 251b f./262a;[29] vgl. auch Friedman/Schwartz 1986, S. 45). Friedman kann bei seiner Suche nach einem modernen Anker gar nicht fündig werden, weil er sich ihn nur als einen Güterbestand oder eben Besitz vorzustellen vermag. Die Suche nach Eigentumstiteln für die Geldverankerung kann er dann auch nicht mehr aufnehmen. Überdies versteht er nicht, daß Gold keineswegs als Bestand besonderer Güter, sondern lediglich als eine Variante von Eigentum das Geld gesichert hat, die auch früher schon durch andere Vermögenswerte, wie vor allem gute Handelswechsel, ersetzt werden konnte.

[28] Original: «The most serious challenge that the existence of money poses to the theorist is this: the best developed model of the economy cannot find room for it.»

[29] Original: «Since 1971 ... high-powered money consists solely of fiat money – pieces of paper issued by the government (*sic*)… . Such a worldwide fiat (or irredeemable paper) standard has no precedent in history. The ‹gold› that central banks still record as an asset on their books is simply a grin of a Cheshire cat that has disappeared. … The current system is so new that it must be regarded as a state in transition. Some substitute is almost sure to emerge to replace the supply of species as a long-term anchor for the price level, but it is not clear what that substitute will be. / We are in unexplored terrain.»

Was ist nun für die Neoklassik der Verlust, der mit *Zins* kompensiert werden muß? Wie antwortet also sie auf die Kernfrage der Wirtschaftstheorie? Der neoklassische Zins wird – wiederum nicht anders als in der Klassik – mit dem Geld in keinerlei genetische Verbindung gebracht. Er wird allerdings nicht als Entschädigung für den Verzicht eines Geldkapitalisten auf eigenen Profit erklärt. Vielmehr soll der Zins – entsprechend der neoklassischen Zeitpräferenztheorie – als Ausgleich für den Verlust dienen, den ein Konsument dadurch erleidet, daß er auf den Gegenwartskonsum seines Einkommens an Gütern, den er höher schätzt als den Zukunftskonsum, verzichtet. Für dieses *Sparen* fordere der verzichtende Konsument eine Prämie. Diese könne er allein dadurch realisieren, daß er das Gesparte in einem Güter-Kreditkontrakt, der in Geld lediglich eingekleidet wird, gegen Zins an einen Unternehmer verleihe, der seinerseits durch Investition in Kapitalgüter mehr produziere, als er geborgt habe. Der Zins mutiert in der Neoklassik somit zum «Kapitalzins» genannten *Profit*, der also durch die in Produktivität von Kapitalgütern verwandelte Sparsamkeit ermöglicht werde.

Keynes' Attacke in der *General Theory* (1936) auf die neoklassische Zinstheorie mit seiner eigenen Erklärung des Zinses aus der Unsicherheit über die Höhe zukünftiger Zinssätze ist von der Neoklassik sehr schnell pariert worden: «Wenn wir fragen, was letztlich die Beurteilungen der Vermögensbesitzer darüber bestimmt, warum der zukünftige Zins sich vom gegenwärtigen unterscheiden soll, müssen wir eben doch zu den *Fundamentalphänomenen der Produktivität und Sparsamkeit* zurückgehen» (Robertson 1940, S. 25; unsere Hervorhebung).[30] Von dieser Rückkehr ist die Neoklassik bis heute nie wieder abgerückt. Keynes' vage Termini wie «Leihfonds» (*loanable funds*) oder «liquide Ressourcen» (*liquid resources*) kommen dabei den Neoklassikern unfreiwillig weit entgegen, weil sie darunter umstandslos ein Angebot an Ressourcen in bloß monetärer Einkleidung verstehen können (siehe ausführlicher Heinsohn/Steiger 2005, S. 69-71). Die Leihfonds bestehen für die Neoklassik ganz entsprechend aus laufendem Sparen (von Ressourceneinkommen), der Liquidierung früheren Sparens (also gehaltener Bestände), dem Horten von Geldbeständen (*money balances*) sowie zusätzlichen Bankkredi-

[30] Original: «What ultimately governs the judgements of wealth-owners as to why the rate of interest should be different in the future from what it is today, we are surely led straight back to the fundamental phenomena of productivity and thrift.»

ten. Horte werden dabei als Ressourcen in Geldeinkleidung definiert. Investitionen, die nicht aus gesparten Ressourcen finanziert werden können, müssen über eine Enthortung von Beständen an Ressourcen finanziert werden, das heißt sie setzen einen Bestand an Geldgütern voraus.

Die moderne Variante der Leihfondstheorie arbeitet mit der Annahme, daß das Sparen gänzlich im Kauf von Anleihen bestehe und die Investitionen ausschließlich durch die Ausgabe von Anleihen finanziert würden (Horwich 1997). In der einfachsten Formulierung des Modells als Gleichgewicht von Bestands- und Stromgrößen sind sowohl die Bestands- als auch die Strommärkte bei identischem Realzinssatz im Gleichgewicht: der (i) Strommarkt realen Sparens und realer Investition sowie die Bestandsmärkte für (ii) Angebot und Nachfrage nach realen Geldbeständen und (iii) Angebot und Nachfrage nach existierenden Anleihen. Eine erhöhte Nachfrage nach Investitionen wird in diesem Modell als erhöhte Nachfrage nach Leihfonds aufgefaßt. Wird sie nicht aus laufendem Sparen (Konsumverzicht) befriedigt, muß es zu einem zusätzlichen Angebot von Anleihen kommen, wodurch deren Kurse fallen bzw. ihre Erträge steigen. Diese Zinssteigerung wiederum bringe die Besitzer existierender Vermögensbestände dazu, mehr zinsbringende Anleihen und weniger ertragslose Kassenbestände zu halten. Bei Annahme eines gegebenen Gesamtoutputs werde durch eine solche Enthortung das Preisniveau steigen und der Wert der realen Geldbestände (Kassenbestände) fallen, bis der Marktzins auf sein «natürliches» Niveau steige, das wiederum durch Investition und Sparen bzw. Produktivität und Sparsamkeit bestimmt werde. Die Vorstellung der Existenz von Horten verbindet die Neoklassik also mit ihrem Herausforderer Keynes. Diese Schatzidee begründet – wie zu zeigen – sein geld- und zinstheoretisches Scheitern.

In der Tat sind diese «Fundamentalphänomene» (Robertson) der Produktivität und der Sparsamkeit ewige Erscheinungen. Dennoch hat die Mäßigkeit im längsten Teil der Geschichte keineswegs zum Zins geführt. Nun suggeriert die neoklassische Zinstheorie zusätzlich, daß die Höhe des Zinses mit der Höhe von Sparsamkeit und Produktivität korreliere. In der Eigentumsgesellschaft hingegen, die allein Zins hervorbringt, steigt der Zins aber mit einer Zunahme von Sparsamkeit und Produktivität keineswegs. Eher gilt, daß gerade hochproduktive Phasen und solche hohen Sparens mit niedrigen Zinsen einhergehen, während Zeiten ohne technischen Fortschritt und mit niedrigem Sparen durch hohe Zinsen gekennzeichnet sind.

Die fatale Fixierung auf die Gütersphäre zeigt sich auch bei der neoklassischen Behandlung des *Kredit*marktes, der wie ein Gütermarkt behandelt wird. Warum nun in einem Kreditkontrakt, bei dem nach neoklassischer Überzeugung Güter verliehen werden, die in Geld lediglich eingekleidet sind, der Gläubiger-Konsument von seinem Schuldner-Produzenten gute Sicherheiten als Pfand einfordert, bleibt für diese Schule nicht nur rätselhaft, sondern wird nicht einmal thematisiert. Entsprechend fehlt wie auch bei der Klassik die Sorge der Eigentümer, ihre verpfändeten Titel durch Vollstreckung zu verlieren. Licht in die neoklassische Dunkelheit bringt die Erkenntnis der einfachen Tatsache, daß im Kreditkontrakt ein Güterverzicht überhaupt nicht stattfindet. Der Verzicht in dem Kontrakt, in dem Geld geschaffen oder geschaffenes Geld weiter verliehen wird, liegt vielmehr darin, daß Gläubiger und Schuldner Verfügungsfreiheit über Vermögen verlieren, also auf Eigentumsprämie verzichten müssen. Da ein Konsumverzicht überhaupt nicht erlitten wird, muß er auch mit Zins nicht kompensiert werden.

Gute Sicherheiten (Kollateral), die beim Eingehen von Kreditkontrakten bekanntlich unverzichtbar sind, stellen einen Gegenstand dar, auf dessen Behandlung die neoklassische Theorie von ihrem Beginn in den siebziger Jahren des 19. bis zu den achtziger Jahren des 20. Jahrhunderts verzichtet hat (Heinsohn/Steiger 2008). Ihre in diesen 110 Jahren vertretene Analyse des Kreditmarktes besagt vielmehr, daß der Zins ganz wie der Preis auf dem Gütermarkt Nachfrage und Angebot von Kredit zum Ausgleich bringe. Auf dem Gütermarkt könne eine Überschußnachfrage kurzfristig durch einen Anstieg des Preises und langfristig – induziert durch diesen kurzfristigen Preisanstieg – durch einen Anstieg des Angebots ausgeglichen werden, wobei der Preisanstieg wieder rückgängig gemacht werde.

Erst seit dem 1981 von Joseph Stiglitz und Andrew Weiss vorgelegten Ansatz zur «Kreditrationierung» hat die Neoklassik eine derartige Analyse des Kreditmarkts verlassen und sich den informationstheoretischen Überlegungen der beiden Autoren – zwischen Gläubiger und Schuldner herrschten *asymmetrische* Informationen – angeschlossen. Sie glaubt nämlich, der Ansatz der «Kreditrationierung» liefere lediglich eine Variation ihrer gütermarkttheoretischen Analyse des Kreditmarkts. Da Stiglitz und Weiss Neukeynesianer sind, wird ihr Ansatz in Kapitel II.3a behandelt.

2b Die Neue Institutionenökonomik

Die Gleichsetzung des Eigentumsrechtes mit dem Besitzrecht auf physische Nutzung eines Gutes findet sich ungebrochen auch in der Neuen Institutionenökonomik. Diese Schule will das neoklassische Modell mit einer Erweiterung um die Institution der Eigentumsrechte endlich auf ein wissenschaftlich akzeptables Niveau heben, ohne allerdings den tauschwirtschaftlichen Kern des Modells anzutasten: «Weil die NIÖ [Neue Institutionenökonomik] berücksichtigt, daß Wahlhandlungen in Institutionen eingebettet sind, verfügt sie über eine viel größere Reichweite als die neoklassische Ökonomik ... . Aber anders als die alte Institutionenökonomik verzichtet die NIÖ nicht auf die neoklassische Wirtschaftstheorie» – insbesondere nicht auf ihre «orthodoxen Annahmen der Knappheit und des Wettbewerbs» (Ménard/Shirley 2005, S. 2).[31]

Als einer der beiden Gründer der Neuen Institutionenökonomik gilt – neben Demsetz – Armen Alchian. Was versteht er unter einem Eigentumsrecht? Besitz! «Das *Eigentumsrecht* an einem Gut ist ein Recht, aus seinen, und nur seinen, möglichen *physischen Nutzungen* eine Auswahl zu treffen» (Alchian 1992, Sp. 223a; letztere Hervorhebung von uns).[32]

Ganz wie die Ökonomen der Klassik ziehen Alchian und Demsetz eine Trennlinie zwischen einem Gemein- oder Staatseigentumsrecht auf der einen und dem Individual- oder Privateigentumsrecht auf der anderen Seite. Im Unterschied zum Gemeineigentumsrecht sei das Privateigentumsrecht an eine bestimmte Person geknüpft. Sie könne «dieses Recht an andere Personen im Austausch gegen zumindest ähnliche *Rechte auf* andere *Güter* veräußern» (Alchian 1972, Sp. 223a; unsere Hervorhebungen; vgl. ganz ähnlich Demsetz 1998, Sp. 154b).[33]

[31] Original: «Because NIE [New Institutional Economics] considers choices to be embedded in institutions, it has a much broader reach than neoclassical economics ... . But unlike old institutional economics, NIE does not abandon ... neoclassical economic theory» – especially not its «orthodox assumptions of scarcity and competition.»

[32] Original: «A *property right* to a good is a right to select among its, and only its, feasible physical uses or conditions.»

[33] Original: This «right has the consequent income and wealth assigned to a specified person, who can alienate the right to others in exchange for at least similar rights to other goods.»

Ungeachtet seiner oben zitierten, temperamentvollen Unzufriedenheit mit der mangelnden Behandlung von Eigentum in der herrschenden Theorie weicht auch Demsetz von einem Fisher oder einem Debreu nicht wirklich ab, wenn er Eigentumsrechte mit den «Nutzungsrechten» des Besitzes gleichsetzt (Demsetz 1998, Sp. 151b).[34] Immerhin räumt er ohne Umschweife die Schwierigkeit ein, den Kernbestand seiner Eigentumsrechte zu identifizieren. Diese Rechte kämen «dem Eigentümer als jener Person oder Gruppe zu, die – im Vergleich mit anderen – die wichtigste Untergruppe von exklusiven, veräußerbaren und mutmaßlichen Rechten ausübt. Es gibt keinen einfachen Weg, allgemeine Aussagen zu dieser ‹wichtigen Untergruppe› zu treffen» (Demsetz 1998, Sp. 146a).[35] Weil er alle Aufmerksamkeit auf den Besitz richtet – wiederum ohne Verwendung dieses Begriffes –, findet er nicht, was er ernsthaft suchen sollte: das Recht des Eigentümers, sein Eigentum zu belasten, es als Vermögen einzusetzen.

Soweit uns bekannt, kommt weder Demsetz noch irgendein anderer Vertreter der Neuen Institutionenökonomik auch nur in die Nähe der Belastung – als der alles entscheidenden Eigenschaft der Eigentumsseite des Vermögens – die den fundamentalen Unterschied zwischen einem bloßen Produktionssystem und dem Wirtschaften bewirkt. Die Sorge das Verpfändete durch Vollstreckung zu verlieren, ist also einmal mehr kein Thema. Die so vieles versprechende neue Richtung der Neoklassik sollte sich deshalb nicht scheuen, ihre Theorie endlich als eine Schule der Besitzrechte (*possession rights*) zu bezeichnen und die Eigentumsrechte (*property rights*) denjenigen zu überlassen, die ihre Analyse auf die Belastung von Vermögen richten.[36]

[34] Original: «Rights of use.»

[35] Original: «They designate the owner as that person or group, as compared to others, that exercises the most important subset of exclusive, alienable, and presumptive rights. There is no easy way to generalize ‹important subset›.»

[36] Jürgen Backhaus (2000) hat in einer Besprechung von *Eigentum, Zins und Geld* (1996) die Grundaussage der Autoren als «korrekt» gewürdigt, schränkt jedoch ein, ihr Beitrag sei lediglich einer «Wiedererfindung der Theorie der Eigentumsrechte und ihrer Anwendung auf das Verständnis der Rolle des Geldes» geschuldet (eine ganz ähnliche Kritik findet sich bereits bei Malte Krüger [1996]). Insbesondere bei Demsetz (1998) hätten Heinsohn und Steiger finden können, wie nah die Neue Institutionenökonomik und sie beieinander lägen: «Mehrere Autoren der Ökonomik der Eigentumsrechte argumentieren ganz wie Heinsohn und Steiger. So hat etwa

Die Unfähigkeit der Neuen Institutionenökonomik, zwischen Eigentum und Besitz zu unterscheiden, kommt am deutlichsten bei Demsetz (1998, Sp. 145a-b; dazu näher Steiger 2008b) zum Tragen. Er räumt ja nicht nur die Schwierigkeit ein, die Essenz der Eigentumsrechte beim Namen zu nennnen. In der Analyse des Gebrauchs der Ressource Grund und Boden wundert er sich überdies, warum das «Haben»[37] (der Begriff Besitzen wird vermieden) aller Eigentumsrechte an der Ressource nicht notwendigerweise mit dem Recht zusammenfällt, ein Stück Land auch beackern zu dürfen. Darüber gerät er ins Spekulieren und verfällt auf die Annahme, daß die einen die Rechte an Grund und Boden als *Gesamtmenge* (*common set*) «haben», während andere lediglich eine *Teilmenge* (*subset*) dieser Rechte «haben». Es gibt allerdings keine Gesamtmenge

Harold Demsetz im *New Palgrave Dictionary of Economics and the Law* (1998) das Stichwort *property rights* geschrieben und darin die Eigentumsrechte als solche der Verfügungsexklusivität, der Veräußerbarkeit und der eindeutigen Zuschreibbarkeit definiert» (Backhaus 2000, S. 159 f.; Original: «Their basic proposition is correct, and in this sense, the two authors have made a contribution. However, the contribution is relatively simple. The authors have merely reinvented the theory of property rights and applied it in an effort to understand the role of money. / Several sources on the economics of property rights make the same point as Heinsohn and Steiger. In the *New Palgrave Dictionary of Economics and the Law* (1998), for instance, the entry on property rights written by Harold Demsetz, property rights are said to be exclusive, alienable and presumptive.»).

Demsetzs eigenes Eingeständnis, daß es so schwer sei, das Entscheidende an den Eigentumsrechten zu erfassen, wird bei Backhaus nicht einmal zur Kenntnis genommen. Daß in seiner Aufzählung *à la* Demsetz dann wiederum die Kollateralisierung fehlt, zeigt, wie auch ihm die Essenz des Eigentums für das Wirtschaften dunkel geblieben ist. Die Unterscheidung zwischen Eigentum und Besitz kommt bei Backhaus denn auch gar nicht zur Sprache. Die drei bei Demsetz genannten und von Backhaus paraphrasierten Eigenschaften der Eigentumsrechte übergehen gerade die wesentliche der Belastbarkeit. Lediglich bei der freien Veräußerbarkeit ist ein Element des Eigentums *mit*erfaßt, das dem bloßen Besitz abgeht: die freie Verkaufbarkeit. In Besitzgesellschaften gibt es freie Veräußerbarkeit gar nicht. Es gibt lediglich Übertragungen. Sie beschränken sich im wesentlichen auf die Formen des Geschenks, der Vererbung und der Zuweisung von Rationen. Die Verkaufbarkeit fehlt, und bezeichnend ist, daß die *property rights*-Schule nicht einmal diese wesentliche Unterscheidung innerhalb ihres Eigentumsrechts der freien Veräußerbarkeit zu benennen vermag.

[37] Wie schon Debreu verwendet auch Demsetz für «haben» den Terminus «own», der im Englischen sowohl Eigentum «haben» als auch Besitz «haben» bedeuten kann und damit die Differenz zwischen beiden verdeckt; vgl. oben 27.

der Eigentumsrechte an Grund und Boden, die in Teilmengen aufteilbar wäre. Es existiert vielmehr nur eine Gesamtmenge an Besitzrechten, die als Rechte das Eigentum voraussetzen, ihm also nachgeordnet sind. Alle Vermögen nun haben die Eigenschaft gemeinsam, daß sie Eigentümer *und* Besitzer «haben». Dabei unterscheiden sich die Rechte aus Eigentum und Besitz ganz entschieden, nicht notwendigerweise aber die Personen, denen sie zukommen. So kann ein Eigentümer von seinem Stück Land persönlich den Besitz nutzen oder dafür einen Pächter einsetzen und sich selbst nur das Eigentum vorbehalten. Der Pächter ist dann nur Besitzer, aber nicht Eigentümer des Landes.

Man könnte erwarten, daß wenigsten dort, wo wirklich einmal auf Besitz im Wortsinne geschaut wird, sein Unterschied zum Eigentum doch noch in den Blick gerät und Besitzrechte nicht länger unter der Flagge der Eigentumsrechte segeln. Unseres Wissens ist das *New Palgrave Dictionary of Economics and the Law* das erste ökonomische Werk, das ein eigenes Stichwort «Besitz» (*possession*) zugelassen hat (Richard Epstein 1998). Wohin führt uns das? Wird verstanden, daß ein bloßes Besitzrecht die Belastung ausschließt? Davon wird nicht einmal eine Ahnung verspürt. Ganz im Gegenteil, einmal mehr wird Besitz «als Quelle aller Eigentumsrechte» definiert (Epstein 1998, Sp. 62b).[38] Diese Definition unterstreicht, daß die Neue Institutionenökonomik nur eine Facette des Besitzes berührt, wenn sie sich dem Begriff Eigentum zuwendet: «Leute haben Eigentum, um es zu besitzen genau so wie sie es besitzen, um es zu *nutzen*» (Epstein 1998, Sp. 68a; unsere Hervorhebung).[39]

Der dunklen Rede Richard Epsteins entgeht jede Möglichkeit einer grundlegenden Trennung von Eigentum und Besitz. Eine solche Unterscheidung faßt er nur dann ins Auge, wenn er den Schutz des Besitzes bei seinem Übergang von einem «Eigentümer» zu einem anderen analysiert. Die für das Wirtschaften grundlegende Differenz zwischen einem Eigentumstitel, der belastet und einem bloßen Besitzrecht, das physisch genutzt werden kann, aber will einfach nicht ins Blickfeld treten.

Es verwundert deshalb nicht, daß die Neuen Institutionenökonomen niemals einen Unterschied machen zwischen (i) den Reproduktionssystemen der Gemeinschaft (Stamm) und der Herrschaft (Feudalismus), die

[38] Original: Possession is defined «as the source of all property rights.»

[39] Original: «People own property so that they may possess it, just as they possess it, so that they may use it.»

nur über individuelle und kollektive Besitzregeln verfügen, und (ii) dem System der Gesellschaft, die private (*nicht* individuelle!) und gemeinsame (*nicht* kollektive!) Eigentumsrechte zusätzlich zu Besitztiteln aufweist, die jetzt Besitzrechte sind. Dadurch wird Eigentum umstandslos auch in Stamm, Feudalismus und Sozialismus am Werke gesehen, in denen lediglich die Auswirkungen von individuellen und kollektiven Besitzregeln für Ressourcennutzung analysiert, aber als Eigentumsrechte mißverstanden werden (typisch dazu etwa Bailey 1998; Libecap 1998; Pistor 1998).

Die Verwechslung von Eigentum mit Besitz, der physischen Nutzung von Ressourcen und nicht ihrer immateriellen Belastung als Vermögen, dominiert auch das Denken neoklassisch geschulter Wirtschaftshistoriker wie Douglass North und Robert Thomas, die nach den Gründen für das Wachstum auf unterschiedlichen historischen Stufen gesucht haben. Unter Berufung auf die Neue Institutionenökonomik glauben sie, daß Wirtschaftswachstums stattfindet, «wenn die Eigentumsrechte es lohnend machen, eine gesellschaftlich produktive Aktivität in Angriff zu nehmen» (North/Thomas 1973, S. 8).[40]

Auch North und Thomas halten den Unterschied zwischen einem «Gemeineigentum» und einem «Privateigentum» für entscheidend, nicht jedoch den zwischen Besitz und Eigentum. Eine «*Ressource* im Gemeineigentum» wird ihnen zum Grund für Stagnation und Niedergang: «Jeder *Nutzer* hat einen Ansporn, die Ressource ohne Rücksicht auf andere *Nutzer* auszubeuten, was zu einer kontinuierlichen Verschlechterung der *Ressource* führt. ... Da keiner Eigentum an der Ressource hat, gibt es keinen Ansporn, die Ressource zu erhalten oder die Effizienz bei ihrer *Nutzung* zu verbessern» (North/Thomas 1973, S. 19; unsere Hervorhebungen).[41] Eine Effizienzsteigerung könne somit nur erreicht werden,

[40] Original: Economic growth «will occur if property rights make it worthwhile to undertake socially productive activity.»

[41] Original: A «common-property resource» is blamed for stagnation as well as decline because «each user has an incentive to exploit the resource without regard to other users, which results in continual deterioration of the resource. ... Since no one owns the resource there is no incentive to conserve the resource or to improve efficiency in its use.»

wenn die «Eigentumsrechte» von einer kollektiven Nutzung in eine individuelle Nutzung überführt würden.[42]

Diesen Übergang stellt man sich vor als ein «Wettrennen um das Abstecken von *claims*», das durch «das Gesetz des Erstbesitzes» bestimmt werde. Durch die *qua* Erstzugriff erreichte Exklusivität des Zugangs zu einer Ressource werde ihre optimale Nutzung erst möglich bzw. ihre Überausbeutung unterbunden. Dieser Akt nun sei gleichbedeutend mit der «Etablierung des privaten Eigentumsrechts» (Lueck 2003, S. 200f. und 203).[43] Was in Wirklichkeit beschrieben wird, ist die Schaffung von Besitzpositionen, wie sie auch in Fauna und Flora anzutreffen sind. Für Eigentum wird also gehalten, was lediglich die Abgrenzung eines individuellen von einem kollektiven Besitz markiert. Theoretisches Interesse gibt es also nur für Strukturen, die eine bessere Nutzung von Ressourcen erlauben. Entsprechend bleibt der Einsatz von Vermögen für Belastung und Verpfändung gänzlich unerwähnt.

Nun wird nicht einmal der Erwerb individuellen Besitzes durch Wettrennen erlangt. Er wird vielmehr durch Sitte oder herrschaftliche Zuteilung bestimmt. In der Eigentumsgesellschaft wiederum wird Besitz, der dort immer an Eigentum gebunden ist, durch Kauf oder Vermietung und Verpachtung erlangt. Den Neuen Institutionenökonomen – das muß zu ihrer Verteidigung gesagt werden – schwebt natürlich der europäische Siedler vor, der aus einer Eigentumsgesellschaft kommt und im eroberten Stammes- oder Feudalland bis dahin unbekanntes Eigentum schafft. Er kann dies allerdings nur, weil hinter ihm die ausgebauten Rechtsinstanzen der aussendenden Länder stehen, die ihr Eigentumssystem umgehend

[42] Hätten die Wirtschaftshistoriker auch in die Geschichte der Gesetzgebungen geschaut, hätten sie leicht finden können, daß vom Wesen des Eigentums noch gar nichts verstanden ist, wenn man gemeinschaftliches von individuellem Eigentum abgrenzt. So dekretiert die nachnapoleonische Verfassung Frankreichs vom 4. Juni 1814 im Artikel 9: «Alles Eigentum ist unverletzlich, ohne Ausnahme dessen, was man Nationaleigentum nennt, da das Gesetz zwischen beiden keinen Unterschied macht» (Heidelmeyer 1996, S. 68).

[43] Original: «Behind nearly every system for establishing property rights lies the basic notion of first possession. This rule grants an ownership to the party that gains control before other potential claimants. / By excluding others from access, property rights grant their owner a valuable claim on the rents available from efficient utilization of the resource. ... Property rights eliminate overexploitation.» / These rights are the necessary rule that the «potential race to claim [an] asset» leads to «optimal resource use.»

den Besitzsystemen überstülpen. Die Abstecker von *claims* können die Eigentumsentstehung also nicht erklären, weil sie bereits Zöglinge von Eigentumsnationen sind. Eroberung als solches bewirkt nichts in Richtung Eigentum. Siegreiche Stammes- oder Feudalkrieger schaffen in überrannten Gebieten gleicher Struktur deshalb auch kein Eigentum, sondern weiten lediglich ihren Besitz aus.

Die Vorstellungen der Neuen Institutionenökonomik zur Eigentumsschaffung tun nicht nur der Eigentumsgesellschaft, sondern auch den Besitzsystemen Unrecht. Der Herleitung von Effizienzmängeln aus: «keiner hat Eigentum» im gemeinten Sinne von «keiner hat Individualbesitz» fehlt jegliche Begründung. Denn es gibt ja in Stamm und Feudalismus, die in der Tat wenig Wachstum aufweisen, sowohl hochexklusive individuelle Besitzer als auch kollektive Besitzer, die ihre *claims* mit allen Mitteln gegen Überausbeutung schützen. Effizienz und Wachstum können also nicht aus der Überlegenheit einer individuellen Aktivität gegenüber einer kollektiven folgen, denn die individuelle kennzeichnet jedes Besitzsystem seit dem Neandertaler mit seinem höchst persönlichen Faustkeil.

Die Verwechslung von Eigentum und Besitz erfolgt bereits im Herzstück des Hauptstrangs der von Institutionen noch unbehelligten Neoklassik, ihrer Wert- und Preistheorie – genauer: in der Vorstellung eines Individuums, das eine gegebene und daher knappe Anfangsausstattung von Ressourcen und Gütern für alternative Nutzungsmöglichkeiten entsprechend ihren Präferenzen optimiere. Dieses Individuum wird als Eigentümer bezeichnet, ist aber lediglich ein Besitzer. Nichtsdestoweniger gelangt die Neoklassik mit ihrem Konzept einer Optimierung der physischen Nutzung von Gütern über das nichtökonomische Instrumentarium der Herrschaft über Ressourcen in der Klassik hinaus. Immerhin stellt sich die Neoklassik den Anforderungen einer genuinen Theorie der Wirtschaft, die ja auf Herrschaftsmechanismen nicht zurückgreifen darf. Ihre Verwechslung von Eigentum mit Besitz verhindert dann aber die Erklärung der Mechanismen, die ein Individuum zur Ökonomisierung seiner Ressourcen eisern zwingt. Ihre *ad hoc*-Annahme einer gegebenen Anfangsausstattung, die bedeutet, daß Ressourcen bewirtschaftet werden müßten, weil sie knapp sind, ist unzulänglich. Schließlich sind die meisten Ressourcen in jedem Produktionssystem knapp, ohne daß jedoch jedes System die Gesellschaft des Wirtschaftens hervorzubringen vermag. Knappheit ist eine notwendige, aber keine hinreichende Bedingung für eine Wirtschaft. Die Bewirtschaftung knapper Ressourcen muß also einen anderen Grund haben als die besitzmäßige Ausstattung mit knappen Gütern und Ressourcen.

3 Die keynesianische Ökonomik

Die Neoklassik verfügt mit der Neuen Institutionenökonomik über einen Ansatz, der sich wenigstens das Ziel gesetzt hat, ihrem zentralen Modell mit den Eigentumsrechten ein tragfähiges Fundament zu geben. Gewiß sind die Neuerer gescheitert, bleiben aber der keynesianischen Ökonomik insofern überlegen, als letztere nicht einmal einen solchen Versuch vorzuweisen hat. Die keynesianischen Schulen jeglicher Couleur leben «bar aller politischen Institutionen oder gar Vorstellungen zum Eigentum» (Bethell 1998, S. 30).[44]

3a Keynes, der Standard- und der Neukeynesianismus

Die Institution des Eigentums spielt bei Keynes ebenso wenig eine Rolle wie sein Zusammenhang mit Verpfändung und Vollstreckung. Das ist umso überraschender als Keynes (1919, S. 12) schon früh erkennt, daß «permanent einzugehende Beziehungen zwischen Gläubigern und Schuldnern ... das Fundament des Kapitalismus [bilden]».[45] Und in seiner Investitionstheorie der *General Theory* hält er sich für den ersten Autor, der die Risiken im Kreditkontrakt überhaupt einmal thematisiert und dabei sogar die guten Sicherheiten streift (Keynes 1936, 144 f.). Er unterscheidet hier das Risiko des Unternehmers oder Borgers von dem des Verleihers, also der Bank. Während das eine Risiko durch unsichere Ertragserwartungen des Unternehmers zu erklären sei, könne das andere aus «moral hazard» erwachsen oder auf «die bei enttäuschten Erwartungen [des Borgers] möglicherweise nicht ausreichenden Sicherheiten»[46] zurückgeführt werden. Keynes übersieht, daß des Gläubigers Risiko nicht

[44] Original: Keynesian economics is «devoid of all political institutions or postulates of property.»

[45] Original: «Permanent relation between debtors and creditors ... [form] the ultimate foundation of capitalism.»

[46] Original: «The possible insuffiency of the margin of security, i.e. involuntary default due to the disappointment of expectation.»

erst dann beginnt, wenn die Sicherheiten des Schuldners unzureichend sind, sondern daß es grundsätzlicher Art ist. Ein Kreditkontrakt wird überhaupt nur abgeschlossen, wenn der Schuldner als Eigentümer Vermögen in Höhe der Leihsumme verpfändet und der Gläubiger sich unabhängig davon durch Eigenkapital absichert. Gläubiger und Schuldner sind also *beide* Eigentümer, deren unterschiedliche *Risiken im Kredit* durch Verpfändung ins Gleichgewicht zu bringen sind.

Keynes übersieht zudem, daß die Sicherheiten eines Schuldners sich nur dann als unzureichend erweisen können, wenn die «enttäuschten Erwartungen» dieses Unternehmers zu einer Entwertung seines Vermögens und damit auch der daraus gestellten Sicherheiten führen. Gegen dieses Marktrisiko, was Keynes wiederum nicht erkennt, muß sich die Bank durch ausreichendes Eigenkapital für den Fall schützen, daß bei Vollstreckung weder ausreichende Pfänder noch genügend Eigenkapital bei ihrem gescheiterten Schuldner zu holen sind.

Keynes beschränkt sich stattdessen darauf, die Besonderheit des Gläubigerrisikos gegenüber dem Schuldnerrisiko herauszustellen. Der Unternehmer versuche, sein Risiko durch eine größere Spanne zwischen Ertragserwartungen und verlangtem Zins ins Gleichgewicht zu bringen. Dagegen stehe der Bank diese Option nicht offen, weshalb sie ihrem Risiko mit einem Aufschlag auf «den reinen Zinssatz» begegnen müsse: «Die Hoffnung auf ein sehr günstiges Ergebnis, das im Kalkül des Borgers dessen Risiko ausgleicht, steht dem Verleiher nicht als Trost zur Verfügung».[47] Wie wir gleich am Beispiel des Neukeynesianismus sehen werden, kann ein höherer Zins das Risiko der Bank ohnehin nicht mindern.

Obwohl Keynes sich vor der *General Theory* in seiner – allerdings nie vollendeten – «Monetary Theory of Production» (Keynes 1933) ganz vehement gegen das Tauschparadigma von Klassik und Neoklassik wendet, findet er auch in diesem Theorietorso nicht zum Eigentum als einem alternativen Paradigma. Das wird besonders deutlich in den Überlegungen aus der *Treatise* (1930) zum Rechengeld (*money of account*). Er faßt es in direktem Gegensatz zur Recheneinheit der Neoklassik, die an eine be-

[47] Original: «The pure rate of interest ... . The hope of a very favourable outcome, which may balance the risk in the mind of the borrower, is not available to solace the lender.»

stimmte Ware gebunden ist (*unit of account* oder *numéraire*) und bezieht auf sie das eigentliche Geld (*money proper*).

In Keynes' Geldtheorie gibt es eine Institution sehr wohl: den *Staat* (dazu näher Stadermann/Steiger 2001, S. 285-295 und 2006b sowie Steiger 2005b, S. 170-177). Das hohe Gewicht, das er dieser Institution beimißt, resultiert aus seiner Übernahme der von Georg Friedrich Knapp (1905) entwickelten staatlichen Theorie des Geldes. Da das Rechengeld, wie von Knapp behauptet, vom Staat als Standard für Schuldtitel gesetzlich bestimmt worden sei, müsse das eigentliche Geld immer ein gesetzliches Zahlungsmittel mit Annahmezwang (*compulsory legal-tender money*) sein bzw. ein Geld, das der Staat bei Zahlungen an ihn akzeptiert oder das die Zentralbank in von ihr geschaffene gesetzliche Zahlungsmittel, also Zentralbanknoten, umtauscht. Keynes (1930, 4) nennt dieses Geld «Staatsgeld» (*State money*):

«Die Wichtigkeit des Staates liegt zuvörderst in seiner Rolle als Gesetzesautorität, die die Zahlung des Dinges [eigentliches Geld] erzwingt, die dem Namen oder der Beschreibung [Rechengeld] in den Kontrakten entspricht. Eine zweite Funktion des Staates folgt daraus, daß er zusätzlich das Recht hat, festzulegen, *welches Ding* dem Namen entspricht» (Keynes 1930, S. 4).[48]

Staatsgeld habe – so Keynes – bereits seit Jahrtausenden existiert, wenn auch lange nur in seiner rohen Form als «Warengeld» (*commodity money*). Die Weiterentwicklung solchen Geldes habe erst in der Frühen Neuzeit stattgefunden, als man die Entdeckung gemacht habe, daß die mit dem staatlichen Rechengeld eingegangenen privaten Schuldtitel als Substitut des eigentlichen Geldes bei der Abwicklung von Kreditkontrakten verwendet werden konnten. Keynes nennt diese Titel «Bankgeld» (*bank money*) und betont, sie dürften nicht mit dem eigentlichen Geld, dem Staatsgeld, verwechselt werden, da sie lediglich die Anerkennung einer Schuld darstellten. Die Entdeckung des «Bankgeldes» habe dann aber zu einer Revolution des Geldwesens geführt, indem der Staat im 18. Jahrhundert eigene Schuldtitel zu gesetzlichen Zahlungsmitteln erklärt habe: «Der Staat kann dann sein chartalistisches Vorrecht einsetzen und

[48] Original: «The State ... comes in first of all as the authority of law which enforces the payment of the thing [proper money] which corresponds to the name or description [money of account] in the contracts. But it comes in doubly when, in addition, it claims the right to determine and declare *what thing* corresponds to the name.»

die Schuld selbst zu einem akzeptablen Mittel erklären, mit dem Verbindlichkeiten abgelöst werden können» (Keynes 1930, S. 6).[49]

Er verweist hierbei durchaus konsequent auf das Assignaten-Papiergeld der Französischen Revolution, das er «Repräsentativgeld» (*representative money*) nennt. Dieses Staatsgeld wird ja gerade dadurch zum Skandal, daß man es ohne gute Sicherheiten emittiert (Stadermann/Steiger 2001, S. 73 f.). Da Keynes von der Notwendigkeit solcher Sicherheiten bei der Geldschaffung ohnehin nichts weiß, kann er unbekümmert feststellen: «Eine besondere Variante des Bankgeldes wird dann in eigentliches Geld transformiert – eine Form des eigentlichen Geldes, das wir Repräsentativgeld nennen können» (Keynes 1930, S. 6). Er geht sogar so weit zu behaupten, daß sobald ein bloßer Schuldtitel eigentliches Geld geworden sei, er nicht länger eine Schuld darstelle, «denn zum Wesen einer Schuld gehört, daß sie in etwas anderes als sie selbst vollstreckbar ist» (Keynes 1930, S. 4).[50]

Keynes' Aussage zum «Wesen einer Schuld» und damit dem Unterschied zwischen Schuld und Geld ist sicher richtig. Gleichwohl unterläuft ihm in seiner Analyse des «Bankgeldes» ein haarsträubender, in der herrschenden Geldtheorie bis auf den heutigen Tag nicht behobener Fehler. Er verwechselt die gegenseitige Verrechnung von Forderungen, die den Einsatz von eigentlichem Geld erübrigen, mit dem Ersatz des Geldes durch private Schuldtitel, die er sinnverfälschend «Bank*geld*» nennt. Schuldtitel substituieren aber *kein Geld*, sondern *die Zahlung des Geldes wird durch Verrechnung substituiert*. Diese nur auf den ersten Blick haarspalterische Unterscheidung ist bedeutsam, weil ihre Unterlassung bei Keynes die Unterscheidung von *Gläubigergeld*, für das nicht der Emittent von Schuldtiteln, sondern dessen freiwilliger Ankäufer haftet, und einem staatlichen *Schuldnergeld* unmöglich macht, für die allein der Schuldner Staat mit von ihm selbst emittierten Titeln einsteht. Diese Verwechslung ist es, die Keynes zur Behauptung verleitet, das Repräsentativgeld sei genau so in die Welt gekommen wie die Banknoten der

[49] Original: «The State may then use its chartalist prerogative to declare that the debt itself is an acceptable discharge of a liability.»

[50] Original: «A particular kind of bank money is then transformed into money proper – a species of money proper which we may call representative money. When, however, what was merely a debt has become money proper, it has changed its character and should no longer be reckoned as a debt, since it is of the essence of a debt to be enforceable in terms of something other than itself.»

privaten Emissionsbanken: «Die Evolution des Bankgeldes in Form von Banknoten wies dem Repräsentativgeld den Weg» (1930, S. 14).[51]

Es kann daher nicht überraschen, daß Keynes in seiner Analyse der Geldschaffung durch die Zentralbank eine höchst abenteuerliche Vermischung von Zentralbankgeld mit Staatsgeld und «Bankgeld» unterläuft: «Zentralbankgeld ... hat dieselbe Fundierung wie Staatsgeld und Bankgeld» (Keynes 1930, S. 9).[52] Dabei wird das Staatsgeld als Vermögen der Zentralbank betrachtet. Mit diesem könne sie im Gegenzug Zentralbankgeld als ihre Verbindlichkeit schaffen und damit den Geschäftsbanken «Bankgeld» bereitstellen:

«Das Staatsgeld, das von der Zentralbank gehalten wird, bildet die ‹Reserve› gegen ihre Depositen. Diese Sichtguthaben können wir *Zentralbankgeld* nennen. ... Dieses Zentralbankgeld *plus* das Staatsgeld, das von den Mitgliedsbanken gehalten wird, stellt die Reserve der Mitgliedsbanken dar, die diese wiederum gegen ihre Depositen halten. Diese Depositen entsprechen dem *Bankgeld* in den Händen der Nichtbanken. Zusammen mit dem Staatsgeld bilden sie das Aggregat der *umlaufenden Geldmenge*» (Keynes 1930, S. 8 f.).[53]

Keynes ist sein doppelter Fehler – private Schuldtitel könnten umstandslos in private Banknoten transformiert werden und (analog dazu) staatliche Verbindlichkeiten in der Form von «Repräsentativgeld» in Zentralbanknoten – niemals bewußt geworden. Er verwechselt Schuldtitel, die von einem Gläubiger aus seinem Forderungsbestand in die Zirkulation gebracht werden, mit Titeln, die von einem Schuldner direkt am Markt angeboten werden. Zwar sind alle Forderungen eines Gläubigers immer auch Verbindlichkeiten eines Schuldners, aber nur der Gläubiger eines Titels, nicht der Schuldner, kann ihn als Substitut für die Zahlung

[51] Original: «The evolution of bank money in the shape of bank notes was showing the way towards representative money.»

[52] Original: «Central bank money ... may be on the same footing as State money or as member bank money.»

[53] Original: «The State money held by the central bank constitutes its ‹reserve› against its deposits. These deposits we may term *central bank money*. ... This central bank money *plus* the State money held by the member banks makes up the reserves of the member banks, which they, in turn, hold against their deposits. These deposits constitute the *member bank money* in the hands of the public, and make up, together with the State money (and the central bank money, if any) held by the public, the aggregate of *current money*.»

in eigentlichem Geld verwenden bzw. bei der Zentralbank zur Erlangung von eigentlichem Geld einreichen.

Im Unterschied zur *Treatise* hat Keynes in der *General Theory* seine Theorie staatlicher Geldschaffung nicht weiter verfolgt. Er begnügt sich jetzt mit der Verlegenheit, daß die «Geldmenge» von «der monetären Behörde» exogen bestimmt werde (Keynes 1936, S. 172 und 206).[54]

Die Nichtkenntnis der Institution des Eigentums rächt sich auch in Keynes' Zinstheorie. Sie ist der Güterklärung der Neoklassik überlegen, weil sie den Zins an Geld bindet und nicht an aufgeschobenen Güterkonsum, also an ein Sparen für Investitionsgüter: «Der Zinssatz ist nicht der ‹Preis›, der die Nachfrage nach Ressourcen zu Investitionszwecken mit der er die Gegenwartsvorliebe für Konsum ins Gleichgewicht bringt» (Keynes 1936, S 167).[55] Bei einem gegebenen Einkommen, bedeute Sparen nicht Verzicht auf Konsumgüter, sondern gespartes Geld, das seinem Halter drei Optionen eröffne: (i) Horten mit dem Ertrag der Liquiditätsprämie, (ii) direkte Investitionen in reales Kapitalvermögen mit der Aussicht auf Profit und (iii) Investition in zinstragende Titel: «Es gibt immer eine Alternative zum Besitz von realem Kapitalvermögen, nämlich den Besitz an Geld und Schuldtiteln. / Der Zinssatz an sich ist nichts weiter als das umgekehrte Verhältnis zwischen einer Geldsumme und dem, was die Aufgabe des Verfügungsrechtes über das Geld im Tausch gegen einen Schuldtitel für eine bestimmte Zeitperiode erzielt werden kann. Somit ist der Zinssatz als Belohnung für die Aufgabe der Liquidität jederzeit ein Maß für die Abneigung von Geldbesitzern, sich von der liquiden Verfügungsmacht über Geld zu trennen» (S. 212 und 167).[56] Dieses Maß, das den Geldhaltern eine «potentielle Annehmlichkeit oder Sicherheit»

[54] Original: «To control the activity of the economic system by changing the quantity of money» through «the monetary authority».

[55] Original: «The rate of interest is not the ‹price› which brings into equilibrium the demand for resources to invest with the readiness to abstain from present consumption.»

[56] Original: «There is always an alternative to the ownership of real capital-assets, namely the ownership of money and debts. / The rate of interest is, in itself, nothing more than the inverse proportion between a sum of money and what can be obtained for parting with control over the money in exchange for a debt for a stated period of time. Thus, the rate of interest at any time, being the reward for parting with liquidity, is a measure of the unwillingness of those who possess money to part with their liquid control over it.»

verschafft, ist «keinerlei greifbarer Ertrag» und wird von Keynes als «Liquiditätsprämie» bezeichnet (S. 226).[57]

Die Nichtkenntnis des Eigentums und damit der Belastung von Vermögen eines Gläubigers für die Geldschaffung zwingt Keynes geradezu zu seiner exogenen Setzung eines Geldes, das dann gegen Zins verliehen werden kann. Dieser Gedankenschritt zwingt ihn aber auch dazu, die Existenz zinstragender Schuldtitel – und damit die Existenz des Zinses selbst – schlicht vorauszusetzen. Nachdem Geld als Alternative zu «realem Kapitalvermögen» (Sachvermögen) jetzt einmal da sei, so ließe sich die oben zitierte Passage interpretieren, gebe es alsbald auch den zinstragenden «Schuldtitel für eine bestimmte Zeitperiode» als Option für seine Verwendung. Über ihn könnten dann Dritte das Geld in die Hand bekommen. Denn ohne das plötzliche Auftauchen dieser Titel für allemal vorausgesetztes Geld kann es seine Verwandlung in zinstragende Titel überhaupt nicht geben. Weil die Eigentumsbelastung als Zinsgenerator für Keynes unvollstellbar bleibt, wie auch seine Verwendung des Terminus *ownership* im Sinne von Besitz statt *property* belegt, er aber eine Antwort auf die Frage nach der Potenz, die in Zins umgewandelt werden kann, nicht schuldig bleiben darf, will er sie direkt im Gelde verorten und schöpft dafür seine angeblich in ihm selbst liegende Liquiditätsprämie.

Da Keynes aber eine Erklärung des Geldes nicht liefern kann, muß er an der Erklärung des Zinses ebenfalls scheitern. Im Blick hat er lediglich einen ‹Weiterverleih-Zins›. Aber auch der entsteht keineswegs aus einer Fähigkeit des Geldes als solchem. Er resultiert vielmehr – nicht anders als der ursprüngliche Zins bei der Geldschaffung durch die Notenbank – aus der Aufgabe der Eigentumsprämien des Gläubigers Geschäftsbank und des Schuldners Nicht-Bank in einem Kontrakt, in dem das von der Notenbank geschaffene Geld weiterverliehen wird.

In der Interpretation der *General Theory* durch das 1937 von John Hicks entwickelte *IS/LM*-Modell, das dem Standard-Keynesianismus zugrunde liegt, wird Geld weiterhin exogen gesetzt. Überdies zeichnet sich das

[57] Original: «There is ... nothing to show for this at the end of the period in the shape of output. ... The amount ... which [people] are willing to pay for the potential convenience or security given by this power of disposal ..., we shall call its liquidity-premium.»

Modell durch ein unvereinbares Amalgam von neoklassischem Güterzins (*IS*-Kurve) und Keynes' Geldzins (*LM*-Kurve) aus.

Hicks scheint diese Unverdaulichkeit zweier Zinstheorien am Ende gespürt zu haben. Dreißig Jahre später fällt ihm auf, daß der Gläubiger Bank sein Kreditangebot *rationiert* und sich auch von einem wie immer hohen Zinsangebot durch potentielle Schuldner nicht umstimmen läßt (Hicks 1965, S. 285).[58] Hicks erklärt diese Unwilligkeit aus der Sorge der Bank um ihr Vermögen bei Insolvenz ihrer Schuldner. Da er von Schuldnersicherheiten nichts weiß, an denen sich die Bank schadlos halten kann, sucht er – neben der Rationierung – nach einem anderen Verfahren zum Schutz der Bank. Diese Suche endet in einer drolligen Theorie der Zinshöhe für ihre Schuldner. Dieser Zins liege über dem Zentralbankzins, damit aus der Differenz faule Schulden gedeckt werden könnten.

Noch einmal fünfzehn Jahre später stößt Hicks dann doch auf die guten Sicherheiten. In einem Rückblick auf seine Standardinterpretation der *General Theory* stellt er fest, daß die Nichtberücksichtigung der Sicherheiten einen wesentlichen Mangel des *IS/LM*-Modells ausmacht: «Heute wissen wir, daß es nicht ausreicht, den Zinssatz als einziges Verbindungsglied zwischen den monetären und realen Sektoren der Wirtschaft anzusehen. Denn eine *Nichtberücksichtigung der Schuldnersicherheit* würde bedeuten, daß ein Schuldner sich in der Tat so viel leihen könnte, wie er wollte, solange er nur den geforderten Zinssatz zusagt» (Hicks 1980-81, S. 153; unsere Hervorhebung).[59]

Im Standardkeynesianismus ist Hicks' Hinweis auf die guten Sicherheiten, also verpfändetes Vermögen, das durch Vollstreckung verloren gehen kann, ohne Widerhall geblieben. Auch er selbst hat diesen Gedanken nicht weiter verfolgt.

Nur wenige Monate nach Hicks' Artikel wird aber im Neukeynesianismus die Rolle der guten Sicherheiten durch Stiglitz mit seiner Theorie der Kreditrationierung in den Fokus genommen (Stiglitz/Weiss 1981).

[58] Original: «Thus the banks' *loans* will be *restricted*, at any given rate of bank interest.»

[59] Original: «We now know that it is not enough to think of the rate of interest as a single link between the financial and industrial sectors of the economy; for that really implies that a borrower can borrow as much as he likes at the rate of interest charged, no attention being paid to the security offered.»

Wie bei Keynes wird allerdings auch hier Geld als «Kreditvorrat» oder, in der Terminologie von Robertson, als «Leihfonds» nicht etwa erklärt, sondern wieder nur vorausgesetzt (Stiglitz/Greenwald 2003, S. 45 f.).[60]

Stiglitz ist nichtsdestoweniger überzeugt, mit seinem vermeintlich originellen Blick auf Sicherheiten (Steuart ist ihm unbekannt) «die erste theoretische Begründung einer wahren Kreditrationierung» gefunden zu haben (Stiglitz/Weiss 1981, S. 394; vgl. auch Jaffee/Stiglitz 1992).[61] Dieser Ansatz kann – wie später Stiglitz und Greenwald (2003, S. 26-42) ausführen – wie folgt dargestellt werden: Anders als auf einem Warenmarkt kann auf dem Kreditmarkt ein Anstieg der Nachfrage nicht durch einen Anstieg des Preises des Angebots – also in dieser Auffassung des Zinses – ausgeglichen werden. Bei einer solchen Zinssteigerung muß die Bank berücksichtigen, daß der Zins nur ein *versprochener* und nicht umgehend bezahlter Preis ist. Überdies sinkt bei steigendem Zins die Qualität der Kreditnachfrager und zusätzlich steigt ihre Risikobereitschaft, wodurch sie ihre Zahlungsfähigkeit verringern bzw. ihre Bankrottwahrscheinlichkeit erhöhen. Deshalb muß die Bank dann selbst mit fallenden Erträgen oder gar eigenem Bankrott rechnen. Das Gleichgewicht auf dem Kreditmarkt sei also ein anderes als auf dem Gütermarkt. Es werde nicht über den Preis, sondern über *Kreditrationierung* erreicht, das heißt, bei einem «‹Gleichgewichts›-Zinssatz» (Stiglitz/ Greenwald 2003, S. 27),[62] zu dem die Nachfrage nach Krediten größer ist als das Angebot.

Diese Rationierung erfordere eine Klassifizierung der Schuldner nach ihrer Kreditwürdigkeit. Das Kriterium dafür seien die Informationen über die Vermögenswerte, die von den Schuldnern als Sicherheiten verwendet werden. Warum werden solche Sicherheiten überhaupt verlangt? Für Stiglitz soll damit die unvollständige, sogenannte *asymmetrische Information* zwischen Bank und Schuldner auf dem Kreditmarkt überwunden werden. Die Bank wisse immer weniger über die Zahlungsfähigkeit des Schuldners als dieser selbst. Die guten Sicherheiten sollen also den fehlenden Informationen darüber abhelfen.

[60] Original: «Supply of credit / loanable funds.»

[61] Original: «The first theoretical justification of true credit rationing.» Stiglitz Überzeugung, als erster die Notwendigkeit von guten Sicherheiten im Kreditkontrakt theoretisch begründet zu haben, lebt von seiner Unkenntnis des Werkes von Steuart (1767); siehe dazu näher Kapitel III, Abschnitt 5 unten.

[62] Original: «‹Equilibrium› interest rate.»

Nun ist Zahlungsunfähigkeit eines Schuldners keine Besonderheit des Kreditmarkts. Auch auf dem wesentlich perfekteren Gütermarkt kann sie auftreten. Vermutet ein Verkäufer, daß der Käufer nicht zahlen kann, verlangt er Vorkasse. Während Stiglitz eine asymmetrische Information zwischen Bank und Schuldner beschäftigt, entgeht ihm die Eigenschaft der guten Sicherheit, Eigentumstitel zu sein. Ohne solches Schuldnerpfand aber bestände – ungeachtet aller Informationsprobleme – eine *asymmetrische Verteilung des Risikos* zwischen Gläubiger und Schuldner im Kreditkontrakt. Selbst bei vollkommener Information über ihren Schuldner kann die Bank niemals auf dessen Eigentumspfand verzichten. Bei einer solchen Preisgabe könnte sie nämlich nicht nur die von Stiglitz gesehene Gewinnschmälerung erleiden, sondern ihre eigenen Eigentumstitel, ihr Eigenkapital,[63] mit der Gefahr des Bankrotts verlieren. Auch Stiglitz/Greenwald (2003, S. 53) reden vom Interesse der Bank an «*Bankrottvermeidung*»,[64] dem sie durch Kreditrationierung nachkomme. Sie gebe also nur dort Kredit, wo sie über den Schuldner beste Informationen habe. Die Autoren sehen dabei nicht, daß es im Kreditkontrakt um eine gleichgewichtige Risikoverteilung zwischen Gläubiger und Schuldner geht. Das Eigentumspfand des Schuldners steht für diesen Ausgleich und muß eben für den Fall dienen, daß er aus Gründen zahlungsunfähig wird, die jenseits der über ihn gewinnbaren Information liegen.

Der Neukeynesianismus will für den Kreditmarkt beides: Rationierung und Beachtung des Marktgesetzes, daß der sich einstellende Preis

[63] Das Eigenkapital als notwendiger Überschuß der Aktiva über die Passiva, also als Nettovermögen, wird bei Stiglitz nicht thematisiert. Vielmehr behandelt er das Eigenkapital als das einer Aktiengesellschaft, also das sogenannte *equity capital*, dessen Erweiterung durch Ausgabe neuer Aktien das Nettovermögen negativ beeinflussen könne, obwohl ihr neues Kapital zugeflossen sei. Hierzu entwickelt er eine weitere Informationstheorie, mit der er *equity rationing* erklären will (Stiglitz/Greenwald 2003, S. 34 f.). Unternehmen zögern demnach, ihr Eigenkapital durch Ausgabe neuer Aktien zu erhöhen, weil sie über die Reaktion des Marktes unvollständig informiert sind. Lieber nähmen sie für ihre Investition einen Bankkredit auf oder, falls dieser wegen Kreditrationierung verweigert werde, beschränkten sie sich darauf, sie über einbehaltene Gewinne zu finanzieren. Wiederum wird ein Unterlassen aus Informationsdefiziten hergeleitet, obwohl die Ausgabe neuer Aktien selbst bei vollständiger Information über die Reaktion des Marktes unterbleiben kann, weil – anders als bei einem Bankkredit – neue Aktionäre neue Eigentümer seien, von denen die Position der alten gefährdet werden könne.

[64] Original: «*Avoiding bankruptcy.*»

immer ein «‹Gleichgewicht›» anzeige. Die Anführungszeichen nehmen die Gewißheit, eine Lösung gefunden zu haben, jedoch umgehend wieder zurück. Es bleibt ja die marktwidrige Tatsache, daß nicht alle Kreditwünsche erfüllt werden, also auf dem Kreditmarkt eine Überschußnachfrage existiert, die nur durch Rationierung ins «Gleichgewicht» gebracht werden könne. Die Forderung nach guten Sicherheiten dient jedoch nicht einer Rationierung der Kreditnachfrage. Vielmehr ist die Gleichverteilung des Risikos durch Stellung guter Sicherheiten die vorrangige Bedingung für das Gleichgewicht auf dem Kreditmarkt. Im Extremfall kann die Bank auf Zinsforderungen über ihren Beschaffungszins hinaus verzichten, niemals aber auf gute Sicherheiten selbst bei solventesten Kunden.

Wegen ihres windigen Gleichgewichts auf dem Kreditmarkt sind die Neukeynesianer mit ihrer Analyse nicht sonderlich zufrieden. Schließlich können im tauschtheoretischen Modell, dem auch sie unverbrüchlich anhängen, Sicherheiten überhaupt nicht untergebracht werden. Ein Pfand stellen, heißt ja nicht, daß der Schuldner während des Kreditzeitraums dem Gläubiger eine Nutzung einräumt. Vielmehr bleibt der Schuldner als Besitzer unbeschränkt und kann seine Pfänder daher auch weiter nutzen. Es geht dem Neukeynesianismus mit den Kreditsicherheiten also ganz ähnlich wie der Neoklassik mit dem Geld, das «im bestentwickelten Modell der Wirtschaft nicht unterzubringen ist» (Hahn 1982, S.1).

Da die Neukeynesianer beim Problem der Verpfändung – und deshalb auch der mit keinem Wort erwähnten Vollstreckung – nicht einmal auf der Höhe ihrer Ratlosigkeit zum Gelde sind, können sie diese zentralen Elemente des Wirtschaftens weder be- noch durchdenken. So beschränken sie sich auf sekundäre Probleme der Sicherheitsleistung. Sie interessieren sich etwa für die Gefahr einer bloßen Vorspiegelung von Sicherheiten. Auch beschäftigen sie sich mit der absichtlichen Vernachlässigung oder Beschädigung des Verpfändeten durch die Schuldner selbst (Kanatas 1992, Sp. 382b). Nicht zuletzt begrüßen sie die Sicherheiten dankbar als «heilsames Mittel» in der Hand des Gläubigers, um den Schuldner von einer Verschwendung des Kredits abzuhalten (Adler 1998, Sp. 405b).

Gleichwohl überwinden die neukeynesianischen Ökonomen ihr Unwohlsein nicht und räumen freimütig ein, daß ihre bisherigen Beiträge zum Kollateral «unklar» anmuten und im Ergebnis widersprüchlich sind. Einige Studien «prognostizieren eine positive Korrelation zwischen beobachtbarem Risiko (des opportunistischen Verhaltens von Schuldnern) und dem Umfang des geforderten Kollaterals», während andere «eine negative Beziehung zwischen dem erforderlichen Kollateral und dem nicht beobachtbaren Risiko des Schuldnerbankrotts» vorhersagen (Kanatas 1992, Sp. 382b).[65] Was der Neukeynesianismus mit seiner Sorge über Manipulationen gerade noch abdecken kann, ist die simple Tatsache, daß die Verfügung über die Sicherheiten beim Schuldner bleibt. Auf die Idee jedoch, daß der Schuldner bei der Belastung seines Vermögens einen besonderen, wenn auch immateriellen Verlust an Eigentumsprämie erleidet, kommt diese Schule nicht.

3b Der Postkeynesianismus

Als eine Schule, die sich dem Werk von John Maynard Keynes verpflichtet fühlt, hat der von Paul Davidson, Hyman Minsky und Sidney Weintraub begründete Postkeynesianismus niemals eine ernsthafte Auseinandersetzung mit der Geldtheorie des Meisters gesucht. Insbesondere Davidson (1994 und 2005) hat lediglich Keynes' These aus der *General Theory* variiert, angesichts der in einer Geldwirtschaft herrschenden Unsicherheit zukünftiger Erwartungen folge «*die Bedeutung des Geldes im wesentlichen aus seiner Funktion, Gegenwart und Zukunft zu verbinden*» (Keynes 1936, S. 293).[66] Die entsprechende Haltung von Geld garantiere dann zwar die höchste Sicherheit, beschwöre aber gleichzeitig die Gefahr der Arbeitslosigkeit herauf.

Lediglich mit der exogenen Bestimmung der Geldmenge in der *General Theory* hadert der Postkeynesianismus und besteht stattdessen auf einer endogenen Erklärung des Geldangebots der Zentralbank, wie sie am profundesten von Basil Moore (1988) vorgetragen wird. Moore spitzt das Credo des endogenen Geldes daraufhin zu, daß Geld nicht nur endogen erklärt werden müsse, sondern sein Angebot von der Zentralbank überhaupt nicht kontrolliert werden könne: «Typischerweise passen Zentral-

[65] Original: Some «predict a positive association between observable risk (of opportunistic behaviour by borrowers) and the amount of collateral required», while others predict «a negative relation between the necessary collateral and the borrower's unobservable risk of default». ... There is «little definitive evidence on the relative economic importance of the ... explanations regarding collateral.»

[66] Original: «*The importance of money essentially flows from its being a link between the present and the future.*»

banken ihr Angebot an Bargeld zu ihrem Mindestzins *automatisch an die Nachfrage* an. In solchen Fällen ist die Geldangebotsfunktion eindeutig horizontal» (Moore 1988, S. 112; unsere Hervorhebung).[67]

Die Einsicht der Eigentumsökonomik, daß die Zentralbank daran interessiert sein muß, ihr Geldangebot durch Unterlegung ihrer Kredite an die Geschäftsbanken mit guten Sicherheiten zu begrenzen, um im Falle fauler Kredite nicht ihr Eigenkapital durch Vollstreckung zu verlieren oder gar bankrott zu gehen, ist Moore und den anderen Postkeynesianern vollkommen fremd (Steiger 2005b). Auch einen Unterschied zwischen Gläubigergeld und Schuldnergeld sieht keiner von ihnen.

Es ist die Sicht der Zentralbank als monetäre Behörde, die der Postkeynesianismus in seiner von Randall Wray entwickelten Staatstheorie des Geldes zum Leitstern erhoben hat. Dabei bleibt Keynes' staatliche Theorie des Geldes die Basis aller Überlegungen. Allerdings betrachtet Wray dessen chartalistischen Ansatz ausdrücklich als Alternative zum Tauschparadigma, das auch Keynes verwirft, aber nicht durch seine staatliche Theorie des Geldes ersetzt. Darüber hinaus glaubt der Postkeynesianismus stärker als Keynes, daß Staatsgeld ganz unabhängig von seiner Eigenschaft als gesetzliches Zahlungsmittel immer schon dann Geld sei, wenn es zur Bezahlung von Steuern akzeptiert werde: «Mit der Etablierung des modernen Staates wird das Rechengeld (‹die Beschreibung›) vom Staat ausgewählt, der frei festlegen kann, was als [eigentliches] Geld (das ‹Ding›, das der Beschreibung entspricht) zu gelten hat. Das geht über die Gesetze zur Bestimmung gesetzlicher Zahlungsmittel hinaus. Diese Gesetze bestimmen, welches Ding Kontrakte legal erfüllen kann, einschließlich desjenigen, das der Staat bei seinen Finanzämtern akzeptiert» (Wray 1998, S. 31 f.;[68] vgl. das obige Zitat bei Keynes 1930, S. 4).

Wie bei Keynes findet auch bei Wray eine eigentümliche Verquikkung von Staatsgeld und Notenbankgeld statt. Das kann am Beispiel sei-

[67] Original: «Central banks typically supply cash reserves automatically on demand at the minimum lending rate. In such cases the money supply function is clearly horizontal.»

[68] Original: «In summary, with the rise of the modern state, the money of account (‹the description›) is chosen by the state, which is free to choose that which will qualify as money [proper] (the ‹thing› that answers to the description). This goes beyond legal tender laws – which establish what can legally discharge contracts – to include that which the state accepts at its ‹pay offices›.»

ner Analyse der Staatsausgaben in den USA gezeigt werden, in der er die Schuldtitel des *Treasury* (US-Finanzministerium) denen der *Fed* (*Federal Reserve System*, US-Zentralbanksystem) gleichsetzt: «Wenn eine moderne Regierung Ausgaben tätigt, dann emittiert sie einen Scheck, der auf das *Treasury* bezogen ist. Ihre Verbindlichkeiten steigen um den Betrag der Ausgaben an, und (im Falle eines Kaufs) steigt ihr Vermögen im gleichen Ausmaß.... Wenn der Empfänger [Verkäufer] den Scheck des *Treasury* bei einer Bank einlöst, dann verwandelt diese eine Forderung auf Bargeld, das bei Nachfrage von der *Fed* immer angeboten wird. Die *Fed* handelt als ‹Bank› des *Treasury*, die eine Art von Verbindlichkeit des *Treasury* (ein auf das Publikum ausgestellter Scheck) in eine andere Art (Münzen oder Papiergeld als von der *Fed* emittierter Schuldschein) umwandelt» (Wray 1998, S. 77).[69]

Auch hier wiederholt Wray im Grunde, was Keynes in der *General Theory* (S. 200) als Finanzierung öffentlicher Aufgaben vorgeschlagen hat (Stadermann/Steiger 2001, S. 310-320 und 2006b). Der Unterschied besteht allein darin, daß bei Keynes der Staat seine Schuldtitel direkt bei der Zentralbank einreicht, während er bei Wray die Geschäftsbanken als seine Agenten dafür bei der Notenbank tätig werden läßt, wie weiland im Deutschen Reich während des Ersten Weltkriegs (vgl. unten Kapitel IV, Abschnitt 3). Eine Notenbankfinanzierung aber bleibt diese Transaktion allemal: Sie stellt wie bei Keynes nichts anderes als die Verwandlung von Schuldtiteln in Schuldnergeld dar und nicht in Gläubigergeld. Wenn die Schecks des *Treasury* zu Gläubigergeld werden sollen, müßte das Finanzministerium sie als verzinsliche Titel auf dem Markt anbieten. Nach Kauf dieser Titel, was die Banken zu Gläubigern des *Treasury* macht, können sie dieselben an die *Fed* gegen deren Noten verkaufen oder in einem Wertpapiergeschäft beleihen lassen. Es sind genau diese Schritte, die in der erlebbaren Wirklichkeit von der *Fed* bei der Schaffung ihrer Dollarnoten ja auch beachtet werden. Den Postkeynesianern bleiben sie eine *terra incognita*.

[69] Original: «When a modern government spends, it issues a cheque drawn on the Treasury; its liabilities increase by the amount of the expenditure and its assets increase (in the case of a purchase) … . When the recipient ‹cashes› a Treasury cheque, a bank will convert reserves to currency – which is always supplied on demand by the Fed, which acts as the Treasury's ‹bank›, converting one kind of Treasury liability (a cheque written to the public) to another kind (coins or an IOU to the Fed, offset by the Fed issuance of paper money).»

Der Postkeynesianismus betrachtet die Geldschaffung der Zentralbank vielmehr als einen Teil der Staatsausgaben: «Allein deshalb, weil der Kauf von Staatspapieren [Keynes' Repräsentativgeld] durch die Zentralbank ... nicht als Teil der Ausgaben gerechnet wird, kann es so aussehen, als ob dauerhafte Budgetüberschüsse möglich sind.» Wer also die Identität von Zentralbankgeld, einem Gläubigergeld, mit staatlichem Zeichengeld, einem Schuldnergeld, bezweifelt, dem würde Wray antworten, er könne einen schlichten Buchhaltertrick nicht durchschauen: «In gewissem Sinne, ist dies nichts anderes als ein Buchhaltertrick. Die Regierung führt zwei Bücher, das Buch des *Treasury* und das Buch der Zentralbank, und sie erzielt einen Überschuß in ersterem und ein Defizit in letzterem» (Wray 1998, S. 79).[70]

Wie schon Keynes fehlt den Postkeynesianern jede Einsicht, warum die Verpfändung guter Sicherheiten, in die vollstreckt werden kann, bei der Geldschaffung der Zentralbank notwendig ist. Zwar räumt Wray ein, daß die Kreditvergabe der Zentralbank nicht bedingungslos erfolgt, obwohl sie die Wünsche des Publikums nach Zentralbankgeld weitgehend automatisch erfüllt: «In gewissem Ausmaß würde die Bereitstellung von Zentralbankgeld automatisch erfolgen. Wenn also das Publikum mehr Banknoten halten möchte, dann würde die Zentralbank die Geschäftsbanken befähigen, Depositen [des Publikums] in Banknoten zu verwandeln. *In der Praxis* jedoch stellt die Zentralbank den Geschäftsbanken für solche Kredite Bedingungen: Zum Beispiel verlangt die Zentralbank *gute Sicherheiten*» (1998, S. 84; unsere Hervorhebungen).[71] Warum die Zentralbank in der «Praxis» gute Sicherheiten verlangt, etwa zur Absicherung ihres einer Geschäftsbank vergleichbaren Kreditrisikos, wird aber nirgendwo erläutert.

[70] Original: «It is only because the central bank's purchases of government bonds ... are not counted as part of government spending that it can appear that persistent government surpluses are possible. ... In a sense, this is nothing more than an accounting gimmick – the government keeps two books, the Treasury's book and the central bank's book, and runs a surplus on one and a deficit on the other.»

[71] Original: «To some extent central bank provision of reserves would be automatic so that if the public wanted to hold more fiat money, the central bank would ensure that banks would be able to convert deposit money to fiat money. However, the central bank in practice, imposes conditions for such loans on banks. For example, the central bank requires collateral.»

Die Bedingungen der Kreditvergabe bei der Geldschaffung sind für die Postkeynesianer kein Thema, obwohl bereits Hyman P. Minsky in seinem für diese Schule grundlegenden Text (1975, S. 106-116) den von Keynes (1936) erstmals angesprochenen Unterschied zwischen Gläubiger- und Schuldnerrisiko von neuem aufgegriffen hat. Anders als Keynes, der die Differenz daran festmacht, daß die Bank sich nicht wie ein Unternehmer mit besseren Ertragserwartungen trösten könne, sondern bei ungenügenden Sicherheiten höhere Zinsen fordern müsse, glaubt Minsky (1975, S. 110), daß Gläubigerrisiken im Kontrakt gar nicht aufgeführt würden, sondern lediglich in verschiedenen Gegenmaßnahmen indirekt zum Ausdruck kämen: «Dem Gläubigerrisiko wird in Finanzkontrakten in verschiedenen Formen Rechnung getragen. Dazu gehören höhere Zinssätze, kürzere Laufzeiten, Forderungen auf spezifizierte Aktiva als Kollateral sowie Restriktionen bei Dividendenzahlungen und weiteren Ausleihungen».[72] Minsky übersieht, daß ein Kontrakt zwischen Bank und Unternehmer gar nicht zur Unterschrift gelangen würde, solange – neben Terminierung und Zins – nicht auch das Kollateral explizit aufgeführt ist. Dieses Pfand drückt keineswegs das Gläubigerrisiko indirekt aus, sondern muß mindestens dem Umfang der von der Bank riskierten Leihsumme direkt entsprechen. Hingegen können höhere Zinsen und die anderen Maßnahmen, wie der Neukeynesianismus immerhin versteht, das Gläubigerrisko gerade nicht mindern. Nicht im Kontrakt hingegen steht – von Minsky ebenfalls übersehen – das zweite Zentralmittel zur Absicherung des Gläubigerrisikos neben dem Kollateral: das Eigenkapital der Bank.

Ähnlich mangelhaft verläuft Wrays Analyse der Kreditvergabe der Geschäftsbanken. Im Anschluß an Stiglitz/Weiss (1981) glaubt er an eine «Rationierung» der Kredite. Allerdings kehrt er die von den Neukeynesianern behauptete asymmetrische Information zwischen Banken und Nichtbanken einfach um und weiß dennoch nicht recht, was ihm das leisten soll: «In der Tat sind große Teile des Publikums in dem Sinne mengenrationiert, daß die Banken ihre Nachfrage beim herrschenden Zinssatz nicht erfüllen. Für eine solche Rationierung kann es verschie-

[72] Original: «Lender's risk shows up in financial contracts in various forms: higher interest rates, shorter terms to maturity, requirement to pledge specific assets as collateral and restrictions on dividend payouts and further borrowing are some of them.»

dene Gründe geben. Die Banken könnten sich um das *Insolvenzrisiko der Schuldner* sorgen, sind aber nicht in der Lage, die Zinsen hinreichend anzuheben, um das Insolvenzrisiko abzudecken. Daher ist die Mengenrationierung einer Preisrationierung überlegen. Wahrscheinlich haben Banken oft bessere Informationen über solche Risiken als ihre Schuldner» (1998, S. 110; unsere Hervorhebungen).[73] Irgendeinen Hinweis, daß die Geschäftsbank durch gute Sicherheiten ihrer Schuldner *ihr* Kreditrisiko absichern muß, weil sie sonst Gefahr läuft, ihr Eigenkapital zu verlieren und dann eventuell Bankrott zu gehen, findet man nicht.

Mit dieser Vernachlässigung der Absicherung des Kreditrisikos befindet sich der Postkeynesianismus in guter Gesellschaft mit der modernen Bankbetriebswirtschaftslehre. In deren Effizienzanalyse von Banken wird die Vernachlässigung dieses Risikos zwar beklagt, gleichwohl seine Einbeziehung aber als «methodisch problematisch» eingestuft, da man das «Kreditrisiko als einen unerwünschten Output der Bankenproduktion (*Abfall*)» betrachtet (Varmaz 2005). Ausfallende Tilgungen im Geschäft der «Bankenproduktion» werden hier wie der Produktionsausschuß eines Produzenten von Maschinen behandelt. Der Maschinenproduzent aber hat es mit einem technischen Problem zu tun, das zum Verlustausgleich zwar kurzfristige Preiserhöhungen erzwingen kann, aber nur technisch lösbar ist. Der «Bankproduzent» hingegen kann Vertragsverletzungen nicht technisch regulieren. Begegnen muß er ihnen durch die Einforderung von guten Sicherheiten und die Ausstattung mit hinreichendem Eigenkapital. Die Bank erleidet keinen «Abfall», sondern sitzt auf uneinbringbaren Forderungen, die keine Zinserhöhung auszugleichen vermag.

3c Der Monetärkeynesianismus

Von der keynesianischen Ökonomik wird hier der *Monetärkeynesianismus* der Berliner Schule Hajo Rieses besonders ausführlich analysiert,

[73] Original: «Clearly, large segments of the population are ‹quantity rationed› in the sense that banks do not meet their demand at the going interest rate. There can be several reasons for such rationing. Banks might be worried about default risk of borrowers, but might not be able to raise interest rates sufficiently to cover default risk – so that quantity rationing is superior to price rationing. Often, banks probably have better information than do borrowers about such risks.»

weil diese Richtung noch entschlossener als Keynes und die Postkeynesianer versucht, sich von gütertauschwirtschaftlichen Elementen der Neoklassik freizumachen. Der Monetärkeynesianismus geht ganz richtig davon aus, daß Individuen nur dann über Güter und Ressourcen disponieren können, wenn sie *zuvor* über Geld verfügen. Aus diesem Grund wird die Wirtschaft von ihm nicht Marktwirtschaft, sondern *Geldwirtschaft* getauft. Im Zentrum steht denn auch die *Geldverfassung*. Güterbestände, für die kein Geld zur Verfügung steht – überschüssige oder brachliegende Ressourcen wie insbesondere Arbeitslose –, sind für den Monetärkeynesianismus ökonomisch irrelevant. Er wirft daher der Neoklassik korrekt vor, daß sie aufgrund ihrer Verfangenheit in der Welt des Gütertausches über eine Theorie des Besitzes nicht hinausgelangt.

Als rare Ausnahme unter den Ökonomen, versuchen die Monetärkeynesianer zwischen Besitz und Eigentum zu unterscheiden. Das führt allerdings zu erstaunlichen Ergebnissen. Sie verwenden die beiden Termini lediglich zur Analyse des Kreditkontrakts. In ihm falle die Eigentümerrolle immer nur dem Gläubiger der Geldforderung zu, während der Schuldner ausschließlich Besitzer des geliehenen Geldes sein soll, da er es ja mit Zins refundieren müsse. Warum geliehenes Geld kein Eigentum sein soll, wird dabei nicht erklärt. In Wirklichkeit wechselt im Kontrakt der Gläubiger Eigentum an Geld gegen eine Forderung auf Geld, die wiederum sein Eigentum ist, während der Schuldner entsprechend, für das ihm übertragene Eigentum an Geld, eine Verbindlichkeit in Geld eingehen muß. Besitz findet keinerlei Eingang in den Kreditvertrag. Der Monetärkeynesianismus kann also nicht sehen, daß in einem Kreditvertrag sowohl Gläubiger als auch Schuldner Eigentümer sind. Für das Schließen dieses Kontrakts müssen beide ihre Eigentumstitel aktivieren, wohingegen wiederum beide über ihre Besitztitel weiter verfügen.

Der Monetärkeynesianismus bestimmt die Möglichkeit eines Unternehmers, über Güter und Ressourcen verfügen zu können, aus der Bereitschaft eines «Vermögensbesitzers» – der Geschäftsbank –, Geld aufzugeben. Ein solcher Besitzer, der eigentlich als «Vermögenseigentümer» behandelt werden müßte, ist in der monetärkeynesianischen Analyse der Wirtschaft der Hauptakteur, der durch Verzicht auf Geld die ökonomischen Aktivitäten vorantreibe bzw. durch Nichtverzicht hemme. Der Verzicht der Bank auf Liquidität erfolge auf dem *Vermögensmarkt* allein gegen Zins als dem Knappheitspreis des Geldes. Dieser Markt wird – anders als der Kreditmarkt in der Neoklassik – nicht wie ein weiterer Gütermarkt analysiert, sondern als ein Markt, der den Gütermarkt dominiert. Das auf ihm bereitgestellte Geld, ohne das die Unternehmen wirtschaftlich gar nicht tätig werden könnten, führe zu einer Einkommensbildung, die eine dem Zins entsprechende Profitrate erzwinge. Von dieser wiederum werde die Produktion vorangetrieben. Hier stellt sich umgehend die Frage, wie das Geld in die Welt kommt, das der Geschäftsbank die Möglichkeit gibt, es dem Unternehmer zur Verfügung zu stellen.

Wie antwortet der Monetärkeynesianismus darauf? Seine unstrittige Überlegenheit gegenüber der Neoklassik besteht darin, daß er Geld nicht als ein Gut auffassen will – weder als Tauschgut noch als Wertaufbewahrungsmittel, geschweige denn als ein Standardgut. Vielmehr vermöge Geld etwas, was Güter gerade nicht könnten: die endgültige Auflösung von Gläubiger-Schuldner-Kontrakten. Geld wird daher im wesentlichen als *Zahlungsmittel* verstanden. Dabei habe die Zentralbank als alleiniger Geldproduzent in ihrer Rolle als Kreditgeber letzter Hand (*lender of last resort* [*LOLR*]) die Zahlungsfähigkeit der Geschäftsbanken zu gewährleisten, was in der Neoklassik gänzlich unthematisiert bleibe. Gegenüber der Neoklassik ist der Monetärkeynesianismus auch mit seiner Erkenntnis weiter, daß Geld nicht einfach von der Zentralbank als monetärer Behörde exogen emittiert wird, sondern von ihr immer endogen über einen zinsbelasteten Kredit geschaffen wird.

Auf was muß die Zentralbank nun bei der Geldschöpfung verzichten und dafür Zins verlangen? Auf diese Frage der Eigentumsökonomik ist Riese als inspirierendem Kopf des Monetärkeynesianismus in einer ersten Kontroverse die umwerfende Antwort eingefallen, sie verzichte auf gar nichts, da «Geld aus dem *Nichts* entsteht» (Riese 1999, S. 153; unsere Hervorhebung; dazu näher Heinsohn/Steiger 1999a, S. 316-322). Er hat dabei den zinsbelasteten Kredit, in dem das Geld geschaffen wird und der ihm in früheren Schriften sehr wichtig gewesen ist, an den analytischen Rand geschoben. Geschaut wird seit 1999 nur noch auf die Gewährleistung der Zahlungsfähigkeit durch die Zentralbank – allerdings um den Preis, daß sie jetzt weniger als Bank denn als «Autorität» verstanden wird.

Um ihm bei dieser Wende theoretisch folgen zu können, müsse man akzeptieren, daß es – dies Rieses überraschende Entdeckung – zwei grundverschiedene Arten des Kredits gebe. Was zwischen Geschäftsbank und Nicht-Bank vereinbart werde, sei – ganz wie die Neoklassik ihn das gelehrt habe – ein Einkommen schaffender «Ressourcenkredit», der «eine *Übertragung der Verfügung über Güter* und Dienstleistungen vom Gläubiger [auf den] Schuldner bedeutet» (Riese 1999, S. 152; unsere Hervorhebung). In diesem Kredit müsse die Geschäftsbank entsprechend einem Individualkalkül in der Tat auf Sicherheiten bestehen, um das Rückzahlungsrisiko ausgleichen zu können. Beim «Geldkredit» zwischen Zentralbank und Geschäftsbank hingegen werde kein Einkommen geschaffen, sondern allein die Zahlungsfähigkeit letzterer gewährleistet. Insofern gebe es ein Sicherheiten verlangendes Individualkalkül gar nicht. Vielmehr entspreche die Forderung der Zentralbank einer Geldhaltung des Schuldners Geschäftsbank, die ihm «eine Zahlungsmöglichkeit» verschaffe.

Hier liegt die Annahme vor, daß die Zentralbank als *LOLR* zur Aufrechterhaltung der Funktionsfähigkeit der Geschäftsbanken *unbegrenzt* Geld schaffen könne. Wie oben gezeigt, weiß schon Steuart, als Begründer der Theorie der Notenbank, daß dieser Glaube gegen die fundamentalen Regeln der Bankkunst verstößt. Für ihn ist die Fähigkeit der Geldschaffung durch das Fehlen vollstreckbarer Pfänder der Geschäftspartner der Notenbank und durch die Kapazität ihres Eigenkapitals zwecks Verlustausgleiches begrenzt.

Es ist ein Verdienst von Riese, in der deutschsprachigen Debatte über die Theorie der Zentralbank zuerst den Zusammenhang zwischen der sich im *LOLR* manifestierenden «Elastizität der Geldversorgung und der Vermeidung von Liquiditätskrisen» herausgearbeitet zu haben, «die aus *Zahlungsschwierigkeiten der Zentralbank*» resultieren (1993, S. 412). Eine solche Zahlungsunfähigkeit könne immer dann auftreten, wenn, wie bei der *Bank of England* durch die Peel'sche Bankakte von 1844, die Geldmenge der Zentralbank durch das Volumen bestimmter Aktiva – hier: Gold – begrenzt werde. Die Zahlungsfähigkeit der Zentralbank sei nicht dadurch zu erreichen, daß einfach die Begrenzung durch das Gold aufgehoben werde, sondern allein dadurch, «daß *jede* aus einem Kreditverhältnis resultierende Nachfrage nach Geld befriedigt wird, es nurmehr die Frage bleibt, zu welchem *Preis* sie befriedigt wird» (S. 453). Anders ausgedrückt: die Installation der Zentralbank als *LOLR* führe zur Suspendierung der Goldbegrenzung der Notenausgabe. Dadurch komme es zu einer permanenten Zahlungsfähigkeit der Zentralbank, was die «*Sicherung der Funktionsfähigkeit der Ökonomie*» bewirke (S. 444).

Diese Einschätzung der segensreichen Wirkungen der Zentralbank nach Aufhebung der Goldbegrenzung beruht auf der – allerdings nicht nur monetärkeynesianischen – Idee von ihrer unbegrenzten Kapazität als *LOLR*. Die Klassiker der Notenbanktheorie – neben Steuart, Henry Thornton 1802, Walter Bagehot 1973 und Ralph Hawtrey 1932 (vgl. näher Steiger 2002, S. 54-60) – haben eine solche Vorstellung, mit allerdings nicht immer hinreichenden Begründungen, verworfen. Für sie besteht eine Restriktion für die Handlungsfähigkeit der Zentralbank im Mangel eines Angebotes an Sicherheiten durch solide Geschäftsbanken und in der Fähigkeit des Eigenkapitals der Notenbank, eventuelle Ausfälle zu kompensieren.

Wie äußert sich nun der Monetärkeynesianismus zu guten Sicherheiten und Eigenkapital? So gut wie überhaupt nicht! Riese (1993, S. 451 und 455) erwähnt zwar Bagehots zweite Regel – in einer Liquiditätskrise Kredite unbegrenzt nur gegen gute Sicherheiten zu gewähren – kommentiert sie aber nicht weiter und tut sie sogar als «strikt konservativen Kurs» ab, der lediglich dazu diene, «neben einem hohen Zinssatz als Marktbarriere des Drangs in die Liquidität die Dominoeffekte einer Liquiditätskrise zu vermeiden» (S. 455).

Gute Sicherheiten sind also für Rieses Theorie des *LOLR* irrelevant. So kann es nicht überraschen, daß neben den guten Sicherheiten für die Geldschaffung auch das Eigenkapital der Zentralbank unthematisiert bleibt, ja nicht einmal als Wort auftaucht. Das zeigt seine Diskussion der Interaktion zwischen den drei Sektoren Zentralbank (*Z*), Geschäftsbanken (*B*) und Publikum (*P*), illustriert durch Zahlenbeispiele anhand ihrer jeweiligen Bilanzstruktur. Von insgesamt acht Fällen der Interaktion sollen hier das Beispiel eines Verkaufs von Zentralbankgeld (1) und das Ergebnis eines multiplen Kreditschöpfungsprozesses (2) in der nachfolgenden *Darstellung 1* wiedergegeben werden (1993, S. 430; vgl. auch S. 435).

Riese gelingt dabei der Nachweis der «*Entkopplung von Geldnachfrage und Kreditnachfrage*» (S. 434), indem er berücksichtigt, daß eine Geldhaltung sowohl beim Publikum – *C* – als auch bei den Geschäftsbanken – *R* – existiere, «die aus der *Gefahr von Vermögensverlusten*» (S. 433) resultiere. Allerdings fehlt – neben einer Angabe, inwieweit die Forderungen auf der Aktivseite in den entsprechenden Bilanzen durch das Kollateral der Schuldner abgesichert sind – jeweils die Position Eigenkapital auf der Passivseite. So können beispielsweise die Banken im Fall (2) ihre Forderungen ans Publikum in Höhe von $F_p = 3000$, bei gleichzeitigen Verbindlichkeiten gegenüber der Zentralbank ($V_z = 1200$)

und Publikum (D = 2000) in Höhe von insgesamt 3200, ja nicht einfach durch die Reservehaltung von R = 200 absichern. Vielmehr müssen sie über Aktiva in einer Höhe verfügen, die insgesamt größer als $R + F_p$ sind. Sie müssen also eine höhere Reservehaltung in Form zusätzlicher Forderungen pflegen, das heißt weitere Aktiva erwerben, damit sich ein *Überschuß* der Forderungen über die Verbindlichkeiten ergibt, also das Vorhandensein von Eigenkapital.[74]

Darstellung 1: Bilanzstrukturen à la Riese[75]

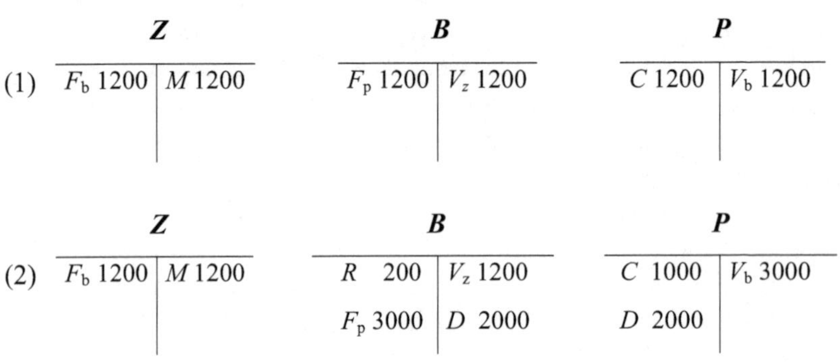

[74] In der Literatur werden aus der trivialen Notwendigkeit, daß in Bilanzen Salden zum Ausgleich auf der Gegenseite verbucht werden müssen, nicht selten unzulässige Schlüsse über den Charakter der Saldenposten gezogen, wie vor allem in der Rede vom Eigenkapital als «Verbindlichkeit gegen sich selbst». Selbstredend ist ein positives (negatives) Eigenkapital keine Verbindlichkeit (Forderung), weil es als Überschuß (Defizit) von Forderungen und Verbindlichkeiten als Gegenposten zu ersteren (letzteren) auf der Passivseite (Aktivseite) verbucht werden muß. Und entsprechend stellt in der Gewinn- und Verlustrechnung der Gewinn (Verlust) als Überschuß (Defizit) von Erträgen und Kosten keine Kosten (Erträge) dar, weil er auf der Kostenseite (Ertragsseite) verbucht werden muß.

[75] Notation:

F_b = Forderungen von Z an B

M = Zentralbankgeldmenge

F_p = Forderung von B an P

V_z = Verbindlichkeiten von B an Z

C = Kassenhaltung von P

V_b = Verbindlichkeiten von P an B

R = Reservehaltung von B

D = Depositen

Eigenkapital fehlt denn auch in Rieses Bilanz der Zentralbank, für die er zudem – anders als bei Banken und Publikum – die Gefahr von «Vermögensverlusten» nicht einmal thematisiert. Wie wir noch sehen werden, schließt er sie in einer späteren Arbeit ganz bewußt aus.

Die Ratlosigkeit des Monetärkeynesianismus in der Analyse der Emission von Banknoten findet sich auch in der Diskussion des Rieseschülers Peter Spahn (2001, S. 49-52) zur Reputation einer Zettel- oder privaten Notenbank. Thorntons Beobachtung (1802, S. 188), daß die fehlende Reputation der Noten herausgebenden englischen *country banks* im späten 18. Jahrhundert in ihrem mangelnden Eigenkapital begründet ist, bleibt Spahn verstellt, wie sich anhand der nachfolgenden *Darstellung 2* zeigen läßt. Er behauptet, eine Notenbank habe geringe Reputation, wenn sie keine «Vermögensreserve» besäße, sondern lediglich «Ressourcen», gegen die sie «wertloses Papiergeld» emittiere. Im Unterschied zu solchen Banken «besaßen Banken mit Reputation eine Vermögensreserve aus Edelmetallen (zum Beispiel Gold). Ihr *Geschäft der Einwerbung von Depositen* besteht in der Hereinnahme von Münzen und Edelmetall, für das die Einlieferer entweder eine Kreditbuchung oder Noten erhalten» (Spahn 2001, S. 50).[76]

Darstellung 2: Bilanzstrukturen à la Spahn

Private Notenbank		***Nicht-Bank***	
+ Gold	*+ Depositen / Noten*	*./. Goldmünzen*	
		+ Depositen / Noten	

Ähnlich wie Riese merkt Spahn nicht, daß die Reputation einer Bank nicht dadurch gewinnt, daß sie ihre Ressourcen in Gold verwandelt. Gold für sich genommen ist in der Tat ein Vermögen, aber keine Vermögens-

[76] Original: A bank of issue with low reputation is one which issues «worthless paper money» because it does not possess an «asset reserve», only «resources». As distinct from such banks, «reputable banks possessed an asset reserve consisting of precious metals (for example gold). Their *business of attracting deposits* is taking in coins and bullion which then is acknowledged by credit entry or issue of notes.»

reserve. Zu einer Reserve kann Gold nur insoweit werden, als es mit dem verdienten Profit der Notenbank gekauft wird. Diesen erlangt sie beispielsweise durch ihr Zinsgeschäft in den Kreditkontrakten, über die ihre Noten emittiert werden. Mit dem Profit kann sie dann ihr Eigenkapital in Form von Gold erhöhen. In diesem Fall emittiert die Bank aber keine Noten, auch wenn die Noten, die sie von ihren Schuldnern als Zins erhält und mit denen sie das Gold dann kauft, von den Noten, die sie emittiert hat, nicht unterscheidbar sind.

Anders als Riese sieht Spahn, daß eine Notenbank mit einem Liquiditätsproblem konfrontiert ist, ohne dafür allerdings den richtigen Grund zu erkennen. Ein solches Problem, behauptet er, sei der Einlösbarkeit der Noten geschuldet. Er versteht nicht, daß eine private Notenbank – ebenso wie eine Zentralbank *ohne* Einlösungspflicht – aus Mangel an Eigenkapital illiquide werden kann. «Heutzutage werden nahezu alle Währungen der Welt ohne Einlösungsrecht ihrer Halter emittiert» (Spahn 2001, S. 62).[77]

Die Abschaffung des Rechts auf Einlösung nimmt Spahn zum Anlaß, die Notwendigkeit guter Sicherheiten für die Geldemission in der Eigentumsökonomik (Heinsohn/Steiger 1996 und 2000a) als «absurd» zu bezeichnen: «Die Besicherung von Geld durch Eigentum ist weder notwendig noch hinreichend für ... ein ‹wahres›, ‹genuines› oder ‹gutes› Geld», weil «der *Wert* privater Eigentumstitel ... von der Geldmenge abhängt», die allein über den Zins knapp gehalten werden könne (Spahn 2001, S. 62).[78] Spahn übersieht dabei, daß die Abschaffung der früheren Golddeckung des Geldes lediglich die Aufhebung seiner Bindung an eine *spezielle* Eigentumsvariante bedeutet. Die Zentralbank ist heutzutage *frei in ihrer Wahl* «der *sicheren* Vermögenswerte, die sie gegen ihre Noten ankauft» (Stadermann 2002, S. 53), aber sie kann auf diese Sicherheiten nicht verzichten.

Ungeachtet der unstrittigen Tatsache, daß der Wert der bei der Zentralbank eingereichten Sicherheiten schwanken kann, übersieht Spahn, daß sie beim Verzicht auf Kollateral Verluste riskiert, die den Wert ihrer

[77] Original: «Today nearly all currencies in the world are issued without the right of redemption of their bearers.»

[78] Original: «Backing money by property is neither necessary nor sufficient for attaining … a ‹true›, ‹genuine› or ‹good› money» because «the *value* of private-property assets depends … on the quantity of money.»

Währung gefährden würde. Die Wertschwankung der Sicherheiten spricht niemals gegen sie. Zentralbanken mit Reputation haben darauf immer reagiert: früher durch den automatischen Verfall hereingenommener guter Handelswechsel und heute durch die so genannten Repo-Geschäfte. In beiden Fällen trägt die einliefernde Geschäftsbank das Verlustrisiko. Zusätzlich entgeht Spahn die elementare Rolle der Anbieter guter Sicherheiten bei der Zentralbank für die Funktionsfähigkeit einer Währung. Sein Ansatz «sieht nicht, daß mit der Entscheidung darüber, *was* die Währungsgrundlage sein soll, eine Festlegung getroffen wird, *wer* in einem Währungsgebiet Produktion und Einkommen veranlassen und beschränken kann» (Stadermann 2002, S. 113). Das sind die Zentralbank *und* ihre Geschäftspartner.

Wird durch die Abschaffung der Einlösepflicht das Liquiditätsproblem der Zentralbank aus der Welt geschaffen? Spahn übersieht, daß die Abschaffung aus dem heutzutage wasserdichten zweistufigen Bankenystem folgt, in dem es Beziehungen nur zwischen der Zentralbank und zentralbankfähigen Geschäftsbanken gibt. Es sind lediglich Nicht-Banken die kein Recht auf Einlösung mehr haben. Hingegen existiert es für die Geschäftsbanken weiter. Das muß auch so sein, damit sie bei der Erfüllung ihrer Kontrakte ihre Pfänder wieder auslösen können. Sollten die Geschäftsbanken unfähig sein, die geliehenen Noten zurückzuzahlen, oder fällt der Marktwert der guten Sicherheiten unter den Wert der ausgereichten Kredite, dann muß die Zentralbank die ausstehenden Noten mit ihrem Eigenkapital aus der Zirkulation ziehen. Sind ihre Reserven erschöpft, dann hat sie ganz wie jede private Notenbank ein Liquiditätsproblem.

Ganz ähnliche Diskussionen wie bei Riese und Spahn zur Interaktion von Zentralbank, Geschäftsbanken und Publikum – letzteres differenziert nach Unternehmen und Vermögenseigentümerhaushalten – finden sich im Monetärkeynesianismus bei Karl Betz (1993, S. 51 und 2001, S. 75 f.), Andreas Hauskrecht (1995, S. 208) sowie Michael Heine und Hansjörg Herr (1999, S. 332, 337 und 371). Nirgendwo taucht das Eigenkapital als ernstzunehmende Größe auf. Von daher agieren Unternehmen, Banken und Zentralbank in einer kapitallosen Welt.[79]

[79] Alle drei Sektoren sind genau in der Höhe ihrer Forderungen verschuldet. Allein die Vermögenseigentümerhaushalte sind Nettogläubiger. Da von der Verschuldung einzelner Haushalte abgesehen wird, entspricht ihrem Portfolio aus «Geld»- und

Nun unterstellt die Eigentumsökonomik den Monetärkeynesianern keineswegs Unwissen darüber, daß Unternehmen und Banken zur zusätzlichen Sicherung ihrer Forderungen Eigenkapital vorhalten müssen. Gleichwohl glauben sie – mit der großen Mehrheit auch aller anderen Ökonomen (Steiger 2006b) –, daß dies für die Zentralbank nicht gelten soll: «Die Zentralbank ist die einzige ökonomische Einheit, die (in inländischem Geld) *nicht zahlungsunfähig* werden kann. ... / Eine wie auch immer geartete Bindung der Geldschöpfung an Eigentum wäre dysfunktional». Denn die Bindung würde dazu führen, daß «die Zentralbank in ihrer Geldschöpfung quantitativ begrenzt wäre und unter Umständen ihre Funktion als *lender of last resort* nicht ausüben kann» (Heine und Herr 1999, S. 340/377; unsere Hervorhebung).

‹Daß nicht sein kann, was nicht sein darf›, taugt selbstverständlich nicht als Begründung für die These einer immerwährenden Zahlungsfähigkeit der Zentralbank. Riese mag dies geahnt haben und hat daher in einer zweiten Kontoverse mit der Eigentumsökonomik versucht (siehe Riese 2000a und 2000b; Heinsohn/Steiger 2000b), eine Erklärung nachzuliefern. Dabei geht er noch einen Schritt weiter als Heine und Herr. Er behauptet, die Zahlungsfähigkeit der Zentralbank sei nicht nur in inländischem Geld immer gegeben, sondern prinzipieller Natur. Denn ihr Liquiditätsproblem, das im Hinblick auf Devisen vorhanden sei, sei keinesfalls mit dem der Geschäftsbanken in bezug auf Zentralbankgeld vergleichbar: «Nichts wäre falscher als eine solche Auffassung. Denn eine Zentralbank hat nur unter der speziellen Begründung, als Garant von Liquidität zu fungieren, ein Liquiditätsproblem, wobei ihre Kunden selbst dann den Wechselkurs gegen sich gelten lassen müssen. Demgegenüber haben Geschäftsbanken ein prinzipielles Liquiditätsproblem, da ihre Verpflichtungen, so oder so, in Zentralbankgeld [das sie selbst nicht schaffen können] transformierbar sein müssen» (Riese 2000a, § 31, Sp. 492a).

Warum habe nun die Zentralbank nach Riese prinzipiell kein Liquiditätsproblem, das sie zahlungsunfähig machen könne? Ganz einfach des-

Sachvermögen als Aktivposten ihrer Bilanz buchhalterisch auf der Passivseite das sogenannte Reinvermögen. Es könnte als Eigenkapital der Haushalte interpretiert werden, mit der sie Vermögensverluste ihres Portfolios absichern. Doch wird diese Möglichkeit nicht gesehen, sondern allein die Reduzierung des Vermögensverlustrisikos durch die Mischung des Vermögens» diskutiert, das heißt die Portfoliotheorie ersetzt die Eigenkapitaltheorie (vgl. näher Heine/Herr 1999, S. 334 f. und 346 f.).

wegen, weil sie das, was Zahlungsunfähigkeit ausmacht – fehlendes Geld zur Begleichung von Schulden – problemlos selbst schaffen könne, *ohne* dabei eine *Verpflichtung* einzugehen: Denn der bei der Geldschöpfung auf der Passivseite der Bilanz der Zentralbank verbuchte Geldumlauf – als Gegenposten zu ihren Forderungen gegenüber den Geschäftsbanken – drücke keine Verpflichtung, sondern als «Liquiditätsproduktion ... eine Vermögensbildung der Zentralbank aus». Warum? «Der Geldumlauf stellt eben nicht, wie bisweilen immer noch unterstellt wird, eine irgendwie geartete Verpflichtung der Zentralbank dar. Zu was sollte die Zentralbank verpflichtet sein? Ironischerweise formuliert, kann sie, da sie als Liquiditätsproduzent *ex definitione* selbst kein Liquiditätsproblem hat, immer nur selbst fabrizierte Liquidität in selbst fabrizierte Liquidität transformieren» (2000a, § 33, Sp. 492 b).

Nun traut Riese selbst nicht ganz seiner ironischen Erklärung «ex definitione» und schiebt gleich eine weitere nach. Die Zentralbank sei zwar eine Bank, anders aber als eine «normale» Geschäftsbank, keinem Risiko ausgesetzt, weil sie mit der Geldschöpfung ja Vermögensproduktion betreibe – ein Vermögen, auf dessen Verfügung sie bei der Geldschöpfung gegenüber den Geschäftsbanken verzichte: Die Zentralbank «unterliegt als universeller Liquiditätsproduzent *keinem Gläubigerrisiko* und kann somit nicht aufgrund eines Forderungsausfalls in Zahlungsschwierigkeiten geraten. Die Risikolosigkeit ihres Geschäfts zwingt sie zwar zu besonderer Sorgfalt bei der Kreditgewährung ... . *Entscheidend aber ist, daß die Geldhaltung zur Vermögensproduktion wird* – was sich buchungstechnisch darin äußert, daß eine Zentralbank die Geldemission als Passivum verbucht. Darin drückt sich in Analogie zum Reinvermögen der *Verzicht über das Vermögen ‹Geld›* aus» (2000a, § 39, Sp. 493b; unsere Hervorhebungen).

Riese postuliert mit dem Terminus «Verzicht» unausweichlich, daß die Zentralbank ohne weiteres die Option habe, über das von ihr geschaffene Geld selbst zu verfügen. Nur aufgrund der Existenz einer solchen Option könnte sie ja auf diese dann auch verzichten. Die Zentralbank wird dabei mit jedem anderen Halter von Geld gleichgesetzt, der in der Tat die Optionen Halten oder Aufgabe von Geld hat. Riese erkennt nicht, daß die Zentralbank nur die Alternative zwischen folgenden beiden Optionen hat: (i) Sie kann Geld für haftende Geschäftsbanken im Kredit schaffen, oder (ii) sie kann eine solche Geldschaffung für Geschäftsbanken unterlassen. Eine bei der Zentralbank angesiedelte Potenz des

Verzichts auf ein «Vermögen» Geld gibt es nicht. Dafür müßte die Zentralbank nämlich die Alternative zwischen den folgenden beiden Optionen haben: (i) von ihr emittiertes Geld selbst zu halten oder (ii) auf seine Haltung zu verzichten. Niemals jedoch hält eine Zentralbank ihre Noten – und schon gar nicht als Vermögen. Auch der Laie erkennt das daran, daß die Banknoten der Zentralbank in ihrer Bilanz aus gutem Grunde – und keineswegs aus «buchungstechnischen» Gepflogenheiten – nicht etwa als Aktivum, sondern immer als Passivum erscheinen.

Selbstverständlich kann eine Zentralbank, wie oben gegenüber Spahn gezeigt, bei ihren Geschäften ihre eigenen Noten *verdienen* – und zwar ganz vorrangig über Zinsgewinne. Diese Zinsen können aus den Kreditkontrakten mit den Geschäftsbanken stammen, für die Geld geschaffen wird. Sie können aber auch aus zinstragenden Titeln erworben werden, die eine Geschäftsbank definitiv (*outright*) an die Zentralbank für den Erhalt frischen Geldes verkauft. In diesem Falle bekommt die Geschäftsbank neu geschaffenes Geld zwar nicht im Kredit, bei dem sie Zins zu zahlen hätte, sie verliert jedoch die Zinseinnahme aus dem an die Zentralbank verkauften Titel. Dieser kann nun von der Zentralbank selbst wieder verkauft werden, womit sie das gegen ihn geschaffene Geld wieder einzieht, also vernichtet. Der *outright* angekaufte Titel kann aber auch bis zur Fälligkeit bei der Zentralbank verbleiben. In diesem Falle fließt das durch Kauf geschaffene Geld erst dann zur Zentralbank zurück, wenn sie ihn wieder verkauft oder die den Titel emittierende Instanz – etwa der Bundesfinanzminister – ihn in Geld einlöst.

Das aus Zinsgewinnen eingenommene Geld kann die Zentralbank (i) an ihren Eigentümer – in Deutschland an den Finanzminister – überweisen. Sie kann mit den verdienten – ursprünglich eben nicht für sie selbst, sondern für Geschäftsbanken geschaffenen – Banknoten auch (ii) ihr Eigenkapital, also haftendes Vermögen, erhöhen. In diesem Falle kauft sie mit den Banknoten Titel, die in ihrer Währung denominiert sind und auf der Passivseite ihrer Bilanz erscheinen. Sie kann mit ihrem verdienten Geld überdies (iii) auch ihre Aktiva durch Kauf von Gold und Devisen erhöhen. In allen drei Fällen emittiert die Zentralbank kein Geld, obwohl das jetzt von ihr eingesetzte Geld ursprünglich von ihr kommt.

Auch Noten, die von der Geschäftsbank bei der Zentralbank getilgt werden, sind von dieser nicht verdient. Daher werden sie mit dem Rückfluß *uno actu* als Geld vernichtet. Die Vernichtung bedeutet nicht, daß rückgeflossene Zentralbanknoten sich aus ihrem bisherigen Passivum nun in ein Aktivum der Zentralbank verwandeln. Der Rückfluß bedeutet vielmehr, daß die Noten als Geld ausgelöscht sind. Sie sind nur noch Formulare, die erst über neue Kreditkontrakte der Zentralbank mit Geschäftsbanken oder über *outright*-Ankäufe von zinstragenden Titeln oder Gold wieder zu Geld werden können.

Warum kann Riese auf die Idee verfallen, das «knappgehaltene Nichts» der Zentralbank gleichzeitig als ihr Vermögen hinzustellen? Er weiß nicht, daß zum Gelingen der Aufgabe der Zentralbank – die Zahlungsfähigkeit der Geschäftsbanken erhalten und gleichzeitig die Kontrolle über den Geldumlauf nicht verlieren – von den Geschäftsbanken nicht nur eine, sondern zwei Bedingungen erfüllt werden müssen: (i) Zins- und Tilgungspflichten und (ii) Haftung im Wert der Schuldsumme mit Eigentum. Riese kümmert sich nur um die erste, nicht jedoch um die zweite Bedingung. Sie sei nicht weiter interessant, weil die Zentralbank aufgrund eines Forderungsausfalls nicht in Zahlungsschwierigkeiten gelangen könne. Er ist von der «Risikolosigkeit ihres Geschäfts» überzeugt. Schließlich brauche sie immer nur «selbstfabrizierte Liquidität in selbstfabrizierte Liquidität» zu verwandeln.

Aus dieser Gewißheit übersieht Riese das Risiko der Zentralbank, ihre Noten nicht mehr aus dem Umlauf ziehen zu können, wenn eine von ihr refinanzierte Bank falliert und keine guten Sicherheiten gestellt hat, an denen sie sich schadlos halten kann. Das Eigenkapital, das die Zentralbank dann für das Herausziehen der Noten einsetzen muß, wird von ihm – wie gezeigt – nicht einmal erwähnt. Da die Eigentumstitel der Geschäftsbank-Schuldner als die Vermögensbasis der Geldproduktion bei der Zentralbank für Riese bedeutungslos sind, muß sich für ihn die Geldschöpfung aus dem Nichts zugleich als eine Vermögensproduktion aus demselben Nichts für eben diese Schuldner darstellen, die ihr Vermögen gar nicht einsetzen müssen. Nur wer nicht sieht, daß die (i) Eigentumstitel der Geschäftsbanken, mit denen sie bei der Zentralbank für den Rücklauf der Noten haften und (ii) das Eigenkapital, mit dem die Zentralbank für ihre Geschäftsbank-Schuldner haftet, die Substanz der Geldschaffung ausmacht, kann sich wie Riese das Geld aus dem Nichts greifen.

Das *Vermögen* der Geschäftsbanken – genauer ihre in Geld denominierten Vermögensbestände (Nominalvermögen) – besteht mithin aus den Eigentumstiteln, die bei ihrem vorübergehenden oder endgültigen Ankauf durch die Zentralbank in Zentralbankgeld *bewertet* werden. Das dagegen emittierte Geld wird bei diesem Bewertungsvorgang aber *nicht* zu Vermögen. Geld ist kein Vermögen, sondern ein Abkömmling seiner Eigentumsseite. Geld ist eine Note, die eine Geschäftsbank von der Zentralbank gegen einen bei ihr einzuliefernden Vermögenswert in einem Kreditvertrag erhält und mit der die Geschäftsbank ihr Recht auf Auslösung dieses Wertes bewerkstelligen kann.

Die Zentralbank verkauft also nicht, wie Riese glaubt, Geld gegen eine bloße Verpflichtung der Geschäftsbank zur Rückzahlung und Verzinsung, wobei die Zentralbank selbst zu nichts verpflichtet sei. Vielmehr kauft die Zentralbank «Vermögenswerte, die sie selbst nicht schaffen» (Stadermann 2000, § 13, Sp. 536b) kann und zu deren Rückgabe eben *sie* bei Erfüllung der Zins- und Tilgungsverbindlichkeiten verpflichtet ist.

Die Zentralbank kann sich somit nicht wie weiland der Lügenbaron Münchhausen am Schopf aus dem Sumpf ziehen, indem sie bei einem Forderungsausfall einfach zusätzliche Liquidität «fabriziert», also einfach mehr vom «Vermögen ‹Geld›» produziert. Vielmehr muß sie in diesem Fall – nicht anders als die Geschäftsbank und jeder Akteur in der Geldwirtschaft – erwirtschaftete Überschüsse, also Eigenkapital im weitesten Sinne kompensierend einsetzen.

Die Zentralbank des Monetärkeynesianismus ist keine Notenbank, die ein kreditmarkttaugliches Gläubigergeld emittiert. Sie gleicht vielmehr einer «Staatsbank» oder einer Notenbank mit unzureichender Zentralbankverfassung, die «anstelle der Wirtschafter die Bewertung der Vermögenswerte, die der Emission zugrunde liegen» willkürlich vornimmt. «Damit wird die Einheit der wirtschaftlichen Vorgänge getrennt, weil gewöhnlich wertlose, ... nicht zu der erfolgten Bewertung marktgängige und vor allem restriktionslos zu vermehrende ‹Wertpapiere› dem Emittendeten willkürliche Mengenerhöhungen des Zahlungsmittels gestatten» (Stadermann 1999, S. 77 f; vgl. ausführlicher Stadermann 1994b, S. 47-54). Dieses Zahlungsmittel ist also ein Schuldnergeld, weil die Staatsbank Schuldnerdokumente direkt von ihren Emittenten im Zuge der Notenemission aufkauft – und nicht, wie es sich für eine genuine Notenbank gehört, von den Gläubigern dieser Titel am Markt. Sie bedarf denn auch keines Eigenkapitals, da sie in *keiner* Weise verpflichtet ist, ihre Noten zurückzunehmen.

In seiner Theorie der Zentralbank spürt Riese irgendwie die Unhaltbarkeit seiner kühnen Abspaltung des «Geldkredits» der Zentralbank, der weder an gute Sicherheiten noch Eigenkapital gebunden sei, vom gewöhnlichen «Ressourcenkredit» der Geschäftsbank, der beide Bindungen aufweist. Er wagt daher noch eine weitere Radikalisierung und schreckt nicht mehr davor zurück, Milton Friedmans Bild des Geld abwerfenden Hubschraubers, also die von Riese früher immer gegeißelte «Dichotomisierung von Geldmarkt und Gütermarkt» als «theoriegeschichtlich herausragende Leistung» zu feiern, weil «sie die markttheoretische Aporie einer Verknüpfung des Kredits mit dem Geld vermeidet» (Riese 1999, S. 154).

Riese gelingen hier zwei bemerkenswerte Irrtümer auf einen Schlag: (i) Einen «Ressourcenkredit» gibt es in der Geldwirtschaft nicht. Im Kreditkontrakt zwischen einer Geschäftsbank und einer Nicht-Bank geht es immer um die Übertragung der Verfügung über *Geld*, niemals über Güter und Dienstleistungen. Auch dieser Kontrakt ist also immer ein Geldkredit. Daß die Nicht-Bank mit dem geliehenen Geld üblicherweise Güter kauft oder produziert und somit Einkommen schafft, macht den Geldkredit keineswegs zum Ressourcenkredit. Was immer der Schuldner Nicht-Bank mit dem Geld vorhat – und dazu gehört selbstverständlich auch bei ihm die Aufrechterhaltung seiner Zahlungsfähigkeit, was Riese immerhin (1993, S. 354-356) schon einmal gewußt hat – er erhält es nur gegen gute Sicherheiten und Zins.

(ii) Auch im Kontrakt zwischen einer Geschäftsbank und der Zentralbank geht es allein um die Übertragung der Verfügung über Geld. Daß die Zentralbank damit vorrangig die Zahlungsfähigkeit der Geschäftsbanken gewährleistet, macht den «Geldkredit» aber nicht zu einem Kredit der besonderen Art, in dem der Kontrakt eher zweitrangig sei und daher genauso gut durch eine exogene Geldmengensteuerung per «Hubschrauber und Hochofen» ersetzt werden könne. Selbstverständlich refinanzieren sich Geschäftsbanken bei der Zentralbank auch für Zwecke der Einkommenserzielung, beispielsweise wenn sie dadurch ihre Kredite an Nicht-Banken ausweiten oder Wertpapiere kaufen, mit denen sie Zinsgewinne erzielen können. Was immer sie jedoch mit dem Geld vorhaben, auch sie müssen dafür neben der Bereitschaft zur Zinszahlung gute Sicherheiten verpfänden.

Obwohl sie doch keinen Verlust erleiden könne, fordert auch Rieses Zentralbank Zins. Er verfällt daher zunächst auf eine Zentralbanktheorie des Zinses. Ihr aus dem Nichts geschaffenes Geld könne nur dann als allgemein akzeptiertes «Medium der Kontrakterfüllung» fungieren, wenn es «ein *knappgehaltenes* Nichts ist» (Riese 1999, S. 153; unsere Hervorhebung). Für diese Knapphaltung habe sich die Zentralbank den für sie eigentümlichen Zins ausgedacht. Nun weiß Riese aber auch um die Zinsforderung beim Kreditkontrakt der herkömmlichen Art zwischen Geschäftsbank und Nicht-Bank bzw. ganz generell zwischen Akteuren, die Geld halten und solchen, die es haben möchten. Für diesen Zins greift er auf Keynes' Liquiditätsprämie des Geldes – für ihn die Fähigkeit, Schulden definitiv und jederzeit tilgen zu können – zurück. Bei der Aufgabe von Geld, also einem Geldverzicht im Kreditkontrakt gehe diese Prämie verloren, weshalb sie durch Zins ausgeglichen werden müsse. Diese zweite Zinserklärung setzt nun die Existenz von Geld voraus, das von dem Zentralbankzins knapp gehalten werde. Riese schwankt also zwischen zwei Zinstypen: dem Knapphaltungszins und einer direkt am Geld haftenden Zinspotenz aus seiner Liquiditätsprämie.

Wenn jemand Geldkredit und Güterleihe durcheinander wirft und zudem Erklärung und Setzung verwechselt, dann entstehen in der Tat «Apokryphen» (Riese 1999, S. 145), die nicht nur die Theologie, sondern auch die Wirtschaftswissenschaft befrachten können. Riese, der die Eigentumsökonomik in diesem Duktus ‹retten› will, ahnt gleichwohl, daß deren Kritik an seinen Zinstheorien durch das schöne Apokryphenbild nicht auszuräumen ist. Er hat daher – wie gezeigt – mit dem angeblichen Verzicht der Zentralbank auf eine «Verfügung über das Vermögen ‹Geld›» zu einem fürwahr kühnen Befreiungsschlag ausgeholt. Nunmehr soll es dieser Verlust sein, für den die Zentralbank Zins fordern müsse (vgl. Heinsohn/Steiger 2000b, § 19, Sp. 518 a-b).

In seiner Replik auf die eigentumsökonomische Kritik dieser seiner letzten Zinstheorie hat Riese seine Ehrenrettung der monetären Zinserklärung *à la* Keynes bezeichnenderweise nicht mehr wiederholt, sich allerdings auch nicht explizit von ihr distanziert. Während er im Abriß seiner Theorie (Riese 2000a) die Zentralbank als Geldschöpferin zur Vermögensproduzentin befördert, die beim Verleihen von Geld Zins nehmen darf, weil sie auf eine eigene Verfügung über «das Vermögen ‹Geld›» verzichte, heißt es jetzt wieder mit Keynes, aber in dunkler Rede, der Zinssatz sei «im Individualexperiment der Preis für den temporären Verzicht auf die Verfügung über Geld ... durch den Vermögensbesitzer». Dabei bilde der Zinssatz, durch das präferenztheoretisch fundierte Kalkül des Vermögensbesitzers, das Vermögen Geld durch Geldvernichtung zu verknappen bzw. durch Geldschöpfung zu entknappen, «im Marktexperiment den Preis für knapp gehaltenes Geld» (Riese 2000b, § 3, Sp. 546a).

Die für Riese früher absolut unabdingbare «Autorität» Zentralbank taucht plötzlich nur noch als ein (möglicher) Vikar des Vermögensbesitzers auf – und zwar ganz bescheiden und unauffällig in einer Fußnote (Riese 2000b, Sp. 553b, Fn. 11). Dieser Schritt aber bringt Riese nicht über Keynes hinaus, denn wie dieser verzichtet auch er auf die Erklärung der Schaffung von Geld, die ja bei einer Notenbank angesiedelt ist und nicht bei einem beliebigen «Vermögensbesitzer». Damit verzichtet Riese unvermeidlich auch auf die Erklärung des Zinses, der ja bereits bei der Geldschaffung durch die Notenbank entsteht. Er muß sein an sich richtiges Vorhaben, die Zinsenstehung in den Vorgang der Geldschöpfung zu integrieren, wie eine heiße Kartoffel fallen lassen, da er dem Vorhalt der Eigentumsökonomik, daß eine Zentralbank niemals über das von ihr geschaffene Geld selbst verfügen kann, nichts entgegenzusetzen hat. Stattdessen macht er den unglücklichen Versuch, dieser Schule einen gegen ihn gerichteten Vorwurf zu unterstellen, der niemals erhoben worden ist. Die Eigentumsökonomik hätte ihm – «völlig sinnlos» – die Ansicht vorgehalten, «die Zentralbank» und nicht der Vermögensbesitzer sei «bereit», «einen Preis für eine knapp gehaltene Verfügung über Geld zu zahlen» (Riese 2000b, § 16, Sp. 550b). Die Eigentumsökonomik hat aber etwas ganz anderes gesagt: Die Zinsforderung der Zentralbank resultiert nicht daraus, daß sie einen Verlust erleidet, indem sie auf ein angeblich ihr zukommendes Vermögen Geld verzichtet, sondern auf ihre Eigentumsprämie.

Riese (2000b, §§ 16-17, Sp. 550b) möchte auch der Kritik entkommen, daß er die Schwäche der monetären Erklärung des Zinses durch Keynes nicht überwinden kann. Keynes, so Riese, habe den Zins als «Entgelt für die Nichthortung eines exogen fixierten Geldangebots», also «als Entgelt für die Aufgabe von Liquidität interpretiert». Bei ihm hingegen werde der Zins «als (zu zahlender) Preis für die Verfügung über Geld» bestimmt. Gleichzeitig soll für ihn der Zins aber «der Preis für den temporären Verzicht auf die Verfügung über Geld» sein. Lediglich die Wortwahl unterscheidet ihn da noch von Keynes. Einmal wird Zins für die Verfügung über Geld angeboten, während im anderen Fall für den Verzicht auf die Verfügung über Geld Zins gefordert wird. *Immer ist also das Geld, das den Zins erklären soll, bereits da.* Darüber kann auch nicht hinwegtäuschen, daß bei Riese – im Unterschied zu Keynes – das Geld nicht exogen fixiert wird, sondern im «Geldkredit» entstehen soll, über dessen Bedingungen (gute Sicherheiten und Eigenkapital) er sich jedoch ausschweigt. Aber selbst dabei ist Riese nicht ganz konsequent. Er schließt sich am Ende doch der Eigentumsökonomik an – allerdings nicht in direkter Replik auf ihre beiden Begründer, sondern versteckt in der Antwort auf einen anderen Kritiker, der die Position der Eigentumsökonomik übernommen hat, daß Geld ohne verpfändetes Vermögen nicht geschaffen werden kann: «Mit Hans-Joachim Stadermann bin ich (bis auf wenige interpretationsbedürftige Details) einer Meinung» (Riese 2000b, § 17, Sp. 550b; vgl. dagegen aber Stadermann 2000).

Diese Äußerung zeigt an, daß Riese – bei allen verständlichen Abwehrgesten – von der Eigentumsökonomik inzwischen doch so manches sich angeeignet hat. Das zeigt sich sehr schön an seinem Spott über das Tauschparadigma, der direkt aus *Eigentum, Zins und Geld* stammen könnte – beispielsweise seine Bemerkung, daß «die bisherige Ökonomie als Wissenschaft die *Neigung zum Tausch* als Beweggrund der Ökonomie hypostasiert» (Riese 2000b, § 2, Sp. 545b) habe. Geradezu übermütig will er dann mit der Eigentumsökonomik die gesamte herrschende Lehre in die Schranken weisen: «Nicht ... Tauschakte zwischen Individuen haben eine Marktpreisbildung begründet. Das zeigt den Tausch als eine ahistorische und, aus der Sicht einer angemessenen Theoriebildung, zugleich als eine atheoretische Konstruktion. Es hat *niemals* (niemals!) in der gesamten Wirtschaftsgeschichte, zu keiner Zeit und bei keiner Gelegenheit, einen Güterverkehr gegeben, der den tauschtheoretischen Bedingungen einer Preisbildung entsprochen hätte» (Riese 2000b, § 3, Sp. 546a).

Noch in früheren Kontroversen hat Riese (beispielsweise 1985) der Eigentumsökonomik bestenfalls eine bloß «sozialhistorische», aber keine theoretische Erklärung zugestanden. Sie würde die Todsünde begehen, die (historische) Realität gegen die Theorie auszuspielen. Jetzt stellt sich Riese mit seiner These, daß «der Zinssatz diejenige Preiskategorie [ist], die die Welt im innersten zusammenhält» (Riese 2000b, § 3, Sp. 546b), mutig an die Seite der Eigentumsökonomik. Für die aber ist die Zinserklärung das Herzstück der Wirtschaftstheorie, das man nicht – wie Riese – einfach im Ungefähren belassen darf, indem man Geld «aus dem Nichts» entstehen läßt.

In seinem allerjüngsten Beitrag zur Theorie der Geldwirtschaft hat Riese (2006 [2001]) auf eine Erklärung des Zinses plötzlich ganz verzichtet. Er beschränkt sich darauf, die Interpretation des Zinses in Klassik und Neoklassik als nicht-monetäre Größe, aber auch Keynes' liquiditätspräferenztheoretische Deutung, als unhaltbar zurückzuweisen. Von der Eigentumsökonomik gefragt (Steiger 2001), wie denn nun seine eigene, nach wie vor monetär angelegte Zinserklärung aussehe, hat er lapidar geantwortet, dies sei «research in progress» (Riese 2001).

Fast schon sensationell mutet an, daß für Riese im gleichen Beitrag die (makroökonomische) Budgetbeschränkung der Geldwirtschaft nicht länger in der (über den Zins) knapp gehaltenen Geldmenge besteht, sondern in «dem *totalen Wert des Vermögens*, wobei die einzelnen Werte die Vermögenspreise im Gleichgewicht darstellen» (Riese 2006 [2001]; unsere Hervorhebung)[80] und der Zins als reziproker Vermögenspreis ihnen die Norm setzt. Auch das kann, wer des Lesens kundig ist, in aller Ausführlichkeit bereits in *Eigentum, Zins und Geld* nachlesen.

Bei der Analyse der Schaffung des Geldes offenbart sich am Ende, daß auch der Monetärkeynesianismus wie Klassik und Neoklassik in der Güterwelt verfangen bleibt. Das mag erstaunen bei einer Richtung, die Geld aus dem Nichts holen will. Es zeigt sich aber genau darin, daß als Alternative zur Existenz materieller Güter eben lediglich ihre schlichte Abwesenheit – das Nichts – vorgestellt werden kann. Da ein Verzicht auf Güter bei der Geldschaffung in der Tat nicht geleistet wird, kann Riese als Haupt der Berliner Schule dann nur noch einen Verzicht der Notenbank auf ein von ihr selbst gemachtes Nichts postulieren, das beim Empfänger Geschäftsbank dann wunderbarerweise aber keineswegs als Nichts, sondern als Vermögen ankommen soll.

Die Eigentumsgesellschaft ist aber nicht durch das Gegensatzpaar Existenz von Gütern *versus* Nichtexistenz von Gütern zu erfassen. Sie verfügt über drei Größen: (i) materieller Besitz an Gütern, (ii) immaterielle Eigentumstitel, und (iii) wirkliches Nichts. Wiewohl der Monetärkeynesianismus bei seiner Kritik der gütertauschtheoretischen Ansätze die Bedeutung eines Unterschiedes von Eigentum und Besitz ernst nehmen möchte, bleibt ihm der Eigentumstitel mit seiner Belastbarkeit für die Schaffung von Geld ebenso verborgen wie Klassik und Neoklassik. Das zeigt sich immer wieder bei der Gleichsetzung von Gläubiger und Eigentümer sowie von Schuldner und Besitzer. Daß in einem Kreditkontrakt beide Seiten als Eigentümer ausgewiesen sein müssen, kommt dem Monetärkeynesianismus einfach nicht in den Sinn. Entsprechend entgeht

[80] Original: «The total value of wealth, where the values represent the equilibrium asset prices.»

ihm der ebenso wichtige Umstand, daß beide auch Besitzer sind. Bei der kreditären Schaffung von Geld werden allerdings ihre Besitzgüter gerade nicht bewegt, weshalb auch nicht diese, sondern Geld beim Schuldner ankommt. Im Kredit erfahren also Eigentumstitel in dem Sinne eine Veränderung, daß über ihre temporäre Blockierung (Belastung) zwei neue Titel entstehen: (i) das beim Schuldner landende eigentumsbesicherte Geld sowie (ii) der nach Forderungen und Verbindlichkeiten von Gläubiger und Schuldner spezifizierte Kreditkontrakt, den der Gläubiger erhält.

Aufgrund ihrer verkürzenden Zweiteilung der ökonomischen Wirklichkeit in Güter und Nichts kann die Berliner Schule also nicht weiter gelangen als ihr Mentor John Maynard Keynes. Dieser hat immerhin den gütertheoretischen Kausalnexus von Klassik und Neoklassik, daß die Bereitschaft zum *Sparen* die Höhe der *Investition* bestimmt, umdrehen können, indem er zeigte, wie die Bereitschaft zur Investition über ein wachsendes Einkommen Sparen überhaupt erst möglich macht. Was allerdings die Investition ermöglicht, kann Keynes nicht zeigen. Sie wird bei ihm einfach exogen gesetzt, aus genauso unerklärten «Leihfonds» (*loanable funds*) oder «liquiden Ressourcen» (*liquid resources*) des Bankensystems und mysteriösen «Horten» (*hoards*) des Publikums geholt (Heinsohn/Steiger 2005, S. 69-71) oder gar ganz umstandslos aus Staatsschulden gemacht (Stadermann/Steiger 2001, S. 310-320 und 2006b).

4 Resümee zu allen drei Schulen

Unser Streifzug durch Klassik, Neoklassik und Keynesianismus führt zu folgendem Resümee: Alle drei Theorieschulen scheitern, weil sie versuchen, das Wirtschaften, insbesondere Zins und Geld, ohne Eigentum zu erklären.

Die Klassik als eine Herrschaftstheorie findet gar keinen Zugang zum Wirtschaften. Ihre Verhaftung im Tauschparadigma übersieht darüber hinaus die Verbindung von Zins und Geld

Die Neoklassik definiert mit ihren knappen Güter- und Ressourcenbeständen immerhin einen Grund für das Wirtschaften, kann aber die Ursache der Knappheit nicht finden. Ihre Verhaftung im Tauschparadigma muß die Knappheit voraussetzen und verhindert die Verknüpfung von Zins und Geld. Daraus kann auch die Erweiterung ihres Modells durch die Neue Institutionenökonomik mit ihrer Theorie der ‹Eigentumsrechte› nicht hinausführen, weil sie unter diesem Etikett lediglich Besitzrechte behandelt.

Der Keynesianismus versucht zwar, das Tauschparadigma durch die Erklärung des Zinses aus dem Geld zu überwinden, vermag aber ebenfalls nicht zu einer hinreichenden Theorie des Wirtschaftens zu finden. Seine interessanteste Variante, der Monetärkeynesianismus, will die knappen Güterbestände der Neoklassik über Produktionsprozesse erklären, die durch knapp gehaltenes Geld begrenzt werden und damit das Wirtschaften erzwingen sollen. Geld sei einerseits ein durch Zins knapp gehaltenes Nichts, andererseits aber ein von der Zentralbank aus dem Nichts geschaffenes Vermögen, auf das diese wie jeder beliebige Halter von Geld gegen Zins verzichten könne. Diese rasante Mixtur aus einer pfiffigen Erfindung des Zinses und einer kreativen Ineinssetzung von Geldschaffung und Geldhaltung läßt den Grund des Wirtschaftens einmal mehr rätselhaft erscheinen.

Das Dunkel lichtet sich, sobald das Eigentum verstanden ist, das keine der drei Theorien jemals zum Gegenstand der Analyse macht. Sie bleiben Wirtschaftstheorien *ohne* Eigentum.

Gegen dieses Urteil könnten Klassiker, Neoklassiker und Keynesianer einwenden, daß doch auch sie die Bedeutung des Eigentums für das Wirtschaften nicht bestreiten und in ihren Werken immer wieder, oft sogar händeringend von ihm reden. Das will die Eigentumsökonomik ihnen gar nicht absprechen. Sie behauptet lediglich, daß alle drei Schulen das Eigentum als einzige zum Wirtschaften führende Institution mit Belastbarkeit und Vollstreckbarkeit niemals wirklich unter die Lupe nehmen. Wann immer sie nämlich den Terminus Eigentum verwenden, schauen sie lediglich auf den Besitz. Der Eigentumsökonomik ist keine weitere Untersuchung bekannt, in der die Differenz zwischen Eigentums- und Besitztiteln thematisiert worden ist, um das Gewicht von Eigentum und Besitz für die ökonomische Theorie zu bestimmen.[81] Es bleibt ja denkbar, daß Ökonomen den Eigentumstitel und seine Belastbarkeit eines Tages durchleuchten und dann zum Ergebnis kommen, daß er – anders als die Eigentumsökonomik behauptet – für das Wirtschaften und die öko-

[81] Nikolaus Läufer (1998, S. 1) hat versichert, daß solche Untersuchungen in beträchtlicher Zahl vorlägen, hat bis heute aber nicht eine einzige namhaft machen können.

nomische Theorie bedeutungslos sei. Aber eine solche Kontroverse steht noch aus.

Mit ihrer unreflektierten Benutzung des Wortes Eigentum ähneln die Ökonomen auf eine gewisse Weise dem antiken Astronomen Claudius Ptolemäus. Dieser Gelehrte hat die Termini Erde und Sonne bei der Untersuchung ihrer Beziehung womöglich häufiger verwendet als Nikolaus Kopernikus am Beginn der Neuzeit. Dennoch war es der Mann aus Thorn und nicht der große Alexandriner, der die korrekte Relation zwischen unserem Zentralgestirn und den um ihn laufenden Planeten gefunden und erst damit richtige Theorie betrieben hat.

III Der ökonomische Kern der Eigentumsverfassung: Zins, Geld und Vermögen

Die Eigentumsverfassung ist nicht naturgegeben. Sie kann nur durch *Rechtsakt* geschaffen werden. Dieser stets immaterielle Schritt verändert – anders als Pflügen oder Ernten – am Besitz physisch nichts. Unmittelbar mit der Schaffung von Eigentumstiteln aus dem *Nichts* werfen sie die Eigentumsprämie ab. Diese muß – anders als Zins oder Profit – nicht verdient werden. Es kann nicht deutlich genug betont werden, daß die Eigentumsprämie weder aus der physischen Nutzung von Gütern und Ressourcen entspringt noch aus einem vorab gegebenen Geldbestand erwächst, sondern aus einem Rechtsakt.

Eigentumstitel ersetzen Besitztitel nicht, sondern werden ihnen hinzugefügt und verwandeln dabei traditionelle Regeln der Besitznutzung in nun ebenfalls justiziable Rechte aus Besitz. Im Unterschied zum Besitz kann man Eigentum weder sehen noch schmecken, hören, riechen oder anfassen. Der Besitztitel als Verfügungsrecht über Art und Umfang der Nutzung des Besitzes ist wie das Eigentumsrecht etwas juristisch Gesetztes. Er unterscheidet sich von der Aktivierung des Eigentumstitels aber darin, daß seine Ausübung zu physischen Veränderungen führt. Die Wahrnehmung des Besitztitels hat also *reale* Auswirkungen. Hingegen hat die Aktivierung des Eigentumstitels mit einer wie auch immer gearteten Nutzung von Sachen nichts zu tun, hat also keine unmittelbaren realen Auswirkungen.

Als immaterielle legale Setzungen führen Eigentumstitel zu fundamental neuen Beziehungen in der Güterwelt. Durch sie werden Verpflichtungen – sofern noch vorhanden – aus Reziprozität der Stammesgesellschaft sowie aus Befehl der feudalen Herrschaft ins Abseits gedrängt. Kurzum: Es ist die Aktivierung von Eigentumstiteln, also Vermögen, aus der das Wirtschaften erst erwachsen kann. Durch solche ökonomische Verwendung von Rechtstiteln werden die zuvor sich selbst genügenden, also noch nicht ökonomischen Besitzregeln für neue, aus dem

Eigentumseinsatz resultierende Verpflichtungen in Dienst genommen. Diese Verpflichtungen sind immer Verpflichtungen von Gläubigern *und* Schuldnern. Sie werden zuvörderst in geldschaffenden und Geld weiterverleihenden Verträgen, also in Kreditkontrakten eingegangen. Die Geld weiterverleihenden Verträge ziehen Kaufverträge nach sich, die wiederum Verpflichtungen von Gläubigern und Schuldnern begründen.

Die Besonderheit der Kreditkontrakte besteht darin, daß Eigentumsprämie aufgegeben und im Gegenzug Zins verdient werden muß. Für das Bedienen des Zinsanspruchs, der aus Belastung eines Gläubigervermögens erwächst, wird die Ausübung der Besitzrechte an Gütern und Ressourcen, die jetzt Waren und Vermögen sind, einem permanenten Regiment der Ökonomisierung unterworfen. Diese hätte es bei der traditionellen Anweisung zur Güter- und Ressourcenverwendung in den Besitzsystemen niemals geben können. Mit dem Eigentum weicht die bloße Beherrschung von Ressourcen ihrer Bewirtschaftung als Vermögen.

1 Belastung, Verpfändung und Vollstreckung

In den dominierenden Theorien haben – wie in Kapitel II gezeigt – Belastung, Verpfändung und Vollstreckung für die Erklärung des Wirtschaftens keine Relevanz. Für die Eigentumsökonomik konstituieren diese Operationen das Wirtschaften. Es resultiert aus der nur an Eigentumstiteln haftenden Potenzen der *Belastbarkeit* und der *Verpfändbarkeit.* Beide Potenzen dienen der Besicherung ökonomischer Kontrakte. Während aber die Belastbarkeit den Rechtstitel eines Eigentümers meint, dem kein Rechtstitel eines anderen Eigentümers unmittelbar gegenübersteht, ist für die Verpfändbarkeit die unabhängige Rechtsinstanz der *Vollstreckung* unverzichtbar. Anders ausgedrückt: Verpfändetes Vermögen, also das Eigentum eines Schuldners, ist immer belastet, während nur belastetes Vermögen, also das Eigentum eines Gläubigers, nicht verpfändet wird.

Die Vollstreckung bezieht sich immer auf eine justiziable Forderung eines Eigentümers, also einen Eigentumstitel.[82] Es kann mithin nicht ge-

[82] Daher kann auch in nur belastetes, also nicht verpfändetes Vermögen vollstreckt werden, beispielsweise im Fall des noch zu behandelnden Falls des Rechts auf Einlösung von Geldnoten mit Vermögen des Notenemittenten. Ähnliches gilt für einen Gläubiger, der durch Kreditausfall seines Schuldners, dessen gestellte Sicherheiten

nügend betont werden, daß Eigentum ein Rechtstitel ist, der von einem bloßen Nutzungsrecht im Sinne einer besitzmäßigen Verfügbarkeit scharf unterschieden werden muß.

Ein solches Verfügungsrecht bestimmt – wie in Kapitel I gezeigt – wer, was, wann, wo, gegen wen, wie und in welchem Umfang *nutzen*[83] darf. Es ist dabei gleichgültig, ob das Nutzungsrecht absolut ausgestaltet oder mit Beschränkungen versehen ist. Bei einer endgültigen Eigentumsübertragung werden alle Rechte der Besitznutzung automatisch mitübertragen. Bei der bloßen Aktivierung von Vermögen hingegen – seiner Verpfändung und damit Bereitstellung für die Vollstreckung – werden Nutzungsrechte gerade nicht übertragen. Es werden vielmehr Eigentumstitel *qua* Belastung und Verpfändung *blockiert* und damit einer zusätzlichen Aktivierung entzogen.

Das Eigentum liegt mithin als Titel für Belastung und Verpfändung jenseits der Besitz- oder Gütersphäre mit den für sie typischen Nutzungsrechten. Die Eigentumsverfassung garantiert – bei Androhung von Strafen selbst für die Mächtigsten – den Schutz des Eigentums gegen seinen *nichtökonomischen* Übergang an andere. Sowohl der Zugewinn wie auch der Verlust von Vermögen darf also prinzipiell nur mit den Mitteln des einklagbaren Kreditkontrakts zwischen Eigentümern, nicht jedoch mit den Regelwerken von Sitte oder Herrschaft erreicht werden.

sich als unzureichend erweisen, in die Gefahr der Insolvenz gerät, also zum Schuldner wird. Nur muß in diesen Fällen, anders als bei der Verpfändung, erst noch ein Rechtstitel auf Vollstreckung bewirkt werden.

[83] Carsten Köllmann (1999a, S. 270-72; 1999b, S. 351 f.) hat in einer Kontroverse mit der Eigentumsökonomik nachweisen wollen, daß sie die immaterielle Größe «Nutzen» aus der Neoklassik mit dem alltagssprachlichen Begriff, etwas materiell zu «nutzen», gleichgesetzt hätte. Damit hätte die Eigentumsökonomik verschwiegen, daß die Neoklassik beim Wirtschaften nicht nur auf Güter achte, sondern sehr wohl auch mit *Immateriellem* beschäftigt sei. Das ist sie in der Tat, weshalb sie selbst die Termini «nutzen» bzw. «Nutzung» (*use*) und «Nutzen» (*utility*) scharf unterscheidet. Unter *use* versteht die Neoklassik immer ein konkretes Recht. Das ist ein materielles Besitzrecht, welches sie mit *property right* aber falsch versteht. Für ein immaterielles Eigentumsrecht hingegen hat sie weder einen Begriff noch auch nur eine Wahrnehmung. Die in der Neoklassik als subjektive Größe gefaßte immaterielle *utility* wiederum ist etwas, woraus sie zwar zu relativen Güterpreisen finden will, aber für das Verständnis von Geld und Zins natürlich gar nichts machen kann; siehe dazu näher Heinsohn/Steiger 1999a, S. 312 und 1999b, S. 356 f.

Mit ihrer legalen Sanktionsmacht schützt die Eigentumsverfassung durch das Recht der Vollstreckung in das Vermögen eines säumigen Schuldners gleichzeitig auch das Vermögen seines Gläubigers. Warum? Nicht nur der Schuldner, sondern auch der Gläubiger ist der Gefahr der Insolvenz ausgesetzt. Der allzeit populäre Wunsch, den «kleinen» überschuldeten Eigentümer vor dem «großen» und reichen Gläubiger zu schützen, wie er etwa im neuen deutschen Insolvenzrecht oder dem jüngsten Schuldenerlaß für die ärmsten Entwicklungsländer zum Tragen gekommen ist, übersieht, daß auch der Gläubiger etwas zu verlieren hat: sein im Kreditkontrakt belastetes Eigentum.

Umgehend mit dem Inkrafttreten besagten neuen deutschen Rechts hat denn auch die «Gläubigerprellerei» um sich gegriffen. Insbesondere im Baugewerbe haben Unternehmen ganz legal vor Anmeldung der Insolvenz noch vorhandene Vermögensbestände auf eine neu gegründete Gesellschaft übertragen. Etliche Gläubiger – vor allem Handwerker und Lieferanten – sind dann selbst insolvent geworden, da es rechtlich nicht möglich war, in die Neugründung zu vollstrecken. Der Schuldner in einer Eigentumsgesellschaft – so schlecht er sich fühlen mag – darf also nicht mit einem Leibeigenen verwechselt werden, der bei Nichterfüllung seiner Abgabeschulden vom Burgvogt hart herangenommen wird. Der Kreditschuldner darf auch nicht mit einem Steuer-«Schuldner» verwechselt werden, dem ein Finanzamts-«Gläubiger» den Gerichtsvollzieher ins Haus schickt, selbst wenn es sich bei diesem um dieselbe Amtsperson handelt. Der geprellte Gläubiger braucht den Gerichtsvollzieher, um der Gefahr eines Eigentumsverlustes zu entgehen. Das Finanzamt hingegen verwendet ihn wie einen Burgvogt, der Herrschaft ausübt. Im Unterschied zum System der Herrschaft hat in der Eigentumsgesellschaft der Steuer-«Schuldner» allerdings das Recht auf Anrufung von Gerichten und gleicht nur in diesem Aspekt dem Kreditschuldner.

Der rechtlich verbotene nichtökonomische Zugriff auf Vermögen durch andere sorgt dafür, daß Einkommen nur über die Nutzung der Besitzseite von Vermögen oder über die Belastung seiner Eigentumsseite erzielt werden darf. Jeder Eigentümer kann dabei die physische Besitzseite seines Vermögens persönlich nutzen. Er kann sie aber auch in einem besonderen Gläubiger-Schuldner-Kontrakt verleihen, den nur die Eigentumsgesellschaft kennt: die *Verpachtung* und die *Vermietung*. Dabei bleibt die Eigentumsseite des Gläubigers unberührt, während Pächter und Mieter die Besitzseite einnehmen und dafür Pacht oder Miete zu leisten haben. Diese Entgelte werden in der Umgangssprache unzutreffend auch als Pacht- oder Miet*zins* bezeichnet. Der Zins als – als im folgenden Abschnitt zu behandelndes – Entgelt für aufgegebene Eigentumsprämie ist jedoch etwas ganz anderes.

Anders als das immaterielle Eigentum, das belast- und verpfändbare und damit vollstreckungsfähige Rechtstitel impliziert, besteht der physische Besitz aus Rechtstiteln, die Verfügungsrechte über die Nutzung von Sachen festlegen. Dabei geht es nicht nur um physischen Besitz, sondern auch um körperlose Sachen wie Patente, Urheberrechte oder Musiknoten. In Stammesgemeinschaft und feudaler Herrschaft wird die Art der Nutzung den Mitgliedern dieser Systeme angewiesen. In der Eigentumsgesellschaft hingegen wird der Besitz nicht mehr nach solchen Regeln bloß beherrscht, sondern zur ökonomischen Operation.

Die neben der Besitzseite bestehende Eigentumsseite des Vermögens nun ist es, die allein das Wirtschaften konstituieren kann. Das geschieht durch Gläubiger-Schuldner-Kontrakte in Form von *Kreditkontrakten*. Die Besonderheit der Eigentumsaktivierung in diesen Verträgen besteht darin, daß Vermögen durch Belastung und Verpfändung blockiert wird, sein Besitz jedoch – anders als bei den Gütertransaktionen der Nichteigentümersysteme wie auch bei den Pacht- und Miettransaktionen der Eigentumsgesellschaft – unberührt bleibt. Die mit ihrem Vermögen Wirtschaftenden behalten und nutzen seine Besitz- bzw. «Güter»-Seite weiter. In einem Kreditvertrag werden also niemals Besitz und schon gar nicht Güter geborgt oder verliehen.

2 Eigentumsprämie und Zins

Wo Güterleihe in der Geschichte einmal angetroffen wird, wie im Besitzsystem der Stämme, können sich die neoklassisch erzogenen Wirtschaftshistoriker über die Abwesenheit einer Zinsforderung nicht genügend verwundern. Wo etwa Schmuck, Kleidung, Werkzeuge oder Nahrungsmittel nicht getauscht, sondern verliehen werden, kann «man sie nicht auf Zinsen leihen» (Heichelheim 1938, S. 62). Auch Sicherheiten werden nicht verlangt. Selbst unglückliche Stammesgenossen, die immer wieder bei der Rückerstattung des Geborgten scheitern, können zuversichtlich auf weitere Ausleihungen rechnen. «Die Bereitwilligkeit, arm gewordenen Hirten Tiere herzugeben, war bisweilen so groß, daß der reiche Entleiher durch Verschenken und Ausleihen seine große Herde bis auf eine geringe Zahl verminderte und gelegentlich sogar völlig verlor» (Laum 1965, S. 47).

In der Eigentumsgesellschaft, die der Versorgungsmechanismen von Rationen aus den Vorratshäusern der Burg und der Solidarpflicht im Stamm verlustig geht, finden sich die Individuen ohne *soziales Netz*. Aus dieser Notlage versuchen sie mit einer besonderen Verwendung des Eigentums herauszufinden. Der Eigentumsgesellschaft gelingt dabei zwar kein soziales Sicherungssystem, aber immerhin das Wirtschaften, das zuvor niemals mögliche Erträge bringt, aus denen dann auch soziale Hilfe bezahlt werden kann.

Wie kann man sich den Schritt zum Wirtschaften vorstellen? Betrachten wir dafür noch einmal die Herrschaft abschaffenden und Boden aufteilenden Gründungsheroen von Polis und Civitas, wie Theseus mit seinem «Staat ohne König» bzw. Romulus mit seiner *Roma quadrata* (dazu näher G. Heinsohn 1984). Schon die erste Ernte schafft einigen – durch Los begünstigten – Mitrevolutionären reichliche Vorräte, während andere an den Rand der Existenz geraten. Die Gefährdeten bekommen nun weder blutsverwandtschaftliche Hilfe *à la* Stamm noch Rationen vom Herren *à la* Feudalismus. Sie haben aber noch ihr Flurstück und mit ihm verfallen sie auf die Idee, von den erfolgreichen Frei-Bauern *Kredit* zu erbitten, der nicht mit der Güterleihe des Stammes zu verwechseln ist. Dieser Kredit ist vorerst unvermeidlich natural – zehn Scheffel Gerste hin, aber zwölf Monate später elf Scheffel Gerste zurück. Allerdings konfrontiert die naturale Tilgung und Verzinsung die ersten Kreditgeber umgehend mit Durchhaltekosten, denen sie alsbald mit metallenen Noten begegnen.

Es ist die gute Lagerungsfähigkeit der Gerste, ihre Gewichtsstabilität und Teilbarkeit, die für ihre Verwendung im Urkredit ebenso entscheidend wird wie ihre gleichzeitige Eignung für Konsum (Nahrungsmittel) *und* Investition (Saatgut): «Weizenkörner sind ihrer ungleichmäßigen Schwere wegen für Gewichtszwecke kaum geeignet. Ich habe eine Partie von 60 Körnern gewogen und ein Gewicht von 3,08g ermittelt, eine andere Partie wog dagegen nur 2,99g. 60 Gerstenkörner wogen dagegen 2,81g und andere 60 wiederum genau 2,81g. Danach ergäben 180 Gerstenkörner ein Gewicht von 8,43g. Der Siklu [Schekel] der sogenannten leichten babylonischen Mine von 504g wiegt nun aber 8,4g und diese hat ohne Zweifel der babylonischen Silberwährung zugrundegelegen» (Willers 1909, S. 4).

Die Verwendung von Gerste im frühen Kredit hat nichts mit einem intertemporalen Naturaltausch *à la* Neoklassik zu tun. Der Kreditgeber als Individuum – ohne existentielle Absicherung außer seinem Flurstück – verliert bei Weggeben der Gerste auf zwölf Monate die Sicherheit, die sie abwürfe, wenn sie bei ihm bliebe. Solchen immateriellen Ertrag und seine Aufgabe im Kredit kennt die Neoklassik bei ihrer Güterleihe nicht. Für diesen Verlust verlangt der Gläubiger Zins – den elften Scheffel Gerste. Konsumverzicht *à la* Neoklassik ist nach der guten Gerstenernte sein Problem ja nicht. Seine Sorge resultiert vielmehr aus dem Sicherheitsverlust, etwa daß ihm im sechsten Monat etwas passiert, der Schuldner aber erst nach dem zwölften Monat tilgen muß. Dieser Verlust existiert mithin jenseits der Tilgungssorge und muß mit Zins ausgeglichen werden.

Neben der Sorge um Sicherheitsverlust trifft unseren freibäuerlichen Verleiher die Sorge um Tilgungsausfall. Um sie zu überwinden, muß sein Schuldner für das ihm Geliehene ein von diesem unterschiedenes Pfand stellen. Auch das kennt die Neoklassik ja nicht. Das Pfand kann der Schuldner nur aus dem kürzlich erlosten Flurstück nehmen, da für nicht getilgte Gerste ja nicht mit Gerste gehaftet werden kann. *Während des Verpfändens durch den Schuldner nun begreifen er und sein Gläubiger umgehend das Eigentum.* Denn sie erleben ja praktisch, daß der Schuldner sein Flurstück bearbeitet, es aber zusätzlich und gleichzeitig auch noch für die geliehenen zehn Scheffel Gerste als Pfand gestellt hat. Der Gläubiger wiederum erfährt, daß seine Gerste zwölf Monate außer Haus ist, er aber im Hause das Zugriffsrecht auf Flurstücke des Schuldners dokumentiert, ohne diesen Acker selbst nutzen zu können.

Der Übergang vom Natural-*Kredit*, nicht von einer neoklassischen Güterleihe, zum Geld-Kredit stützt sich auf dieses Begreifen der doppelten und gleichzeitigen Verwendung des Flurstücks als zu besäender Acker (Besitz) und als Pfand (Eigentum) für zu tilgende Gerste. Sehr schnell lernt der Gläubiger, mit zwei verschiedenen Dokumenten zu arbeiten. Er verleiht also nicht noch einmal gewogene Gerste, sondern ein Dokument Nr. 1 (Geld) gegen Belastung seines Gerstenackers (Eigentum), den er aber gleichzeitig nutzt (Besitz), also besät und aberntet. Diesen Vorgang verzeichnet er in einem Dokument Nr. 2 (Kreditkontrakt), in dem der Schuldner, das Pfand, die Kreditsumme und der Zins benannt sind. Immaterielles Eigentum ist nun auch beim Gläubiger aktiviert, während das beim Gestenkredit, also *vor* dem Geld-Kredit erst einmal nur beim Schuldner der Fall ist.

Anders als die reinen Besitzer in Stamm und Herrschaft erfahren die Eigentümer nicht nur eine, sondern zwei Arten des Ertrages: (i) Wie in den Besitzsystemen gibt es in der Eigentumsgesellschaft den *materiellen* Ertrag aus der physischen Nutzung des Güter- und Ressourcenbesitzes. (ii) Anders als in den Besitzsystemen gibt es in der Eigentumsgesellschaft zusätzlich zum materiellen einen *immateriellen* Ertrag aus der Eigentumsseite der Ressourcen, die jetzt Vermögen sind. Allein dieser Ertrag ermöglicht die Operationen des Wirtschaftens. Die Eigentumsökonomik bezeichnet ihn als *Eigentumsprämie*.

Was bedeutet diese Prämie auf Eigentum? Sie ist ein nicht-physischer Ertrag an Kontraktfähigkeit – Belastungs- und Verschuldungsfähigkeit –, die aus dem Eigentum erwächst, solange es nicht aktiviert ist, also für eine wirtschaftliche Verwendung nicht herangezogen wird. Diese Prämie ermöglicht Eigentümern, justiziable Kontrakte, insbesondere Kreditkontrakte zu schließen. In solchen Verträgen ist sie ein Maß ihres Potentials Gläubiger *und* Schuldner werden zu können. Nur unbelastetes Vermögen also kann diese Prämie abwerfen.

Unbelastetes Eigentum befähigt *identifizierbare* Personen oder Sozietäten aus mehreren Individuen, notifizierte Dokumente, Geld-*Noten*, bei Einschaltung eines zweiten Dokumentes, – des Kreditkontrakts –, zu schaffen, die wir als Dokumente Nr. 1 und Nr. 2 schon kennengelernt haben. Was bedeutet das Dokument Geldnote? Als Scharnier zwischen Eigentum und Besitz bildet sie den Ausgangspunkt für das Wirtschaften, weil mit Begebung der Noten ihr Emittent Eigentumsprämie aufgibt, also Eingriffsrechte gegen sein Vermögen akzeptiert. Nur dadurch bewirkt er die Bereitschaft anderer Eigentümer, gegen bloße Dokumente in Form der Noten Eigentum herzugeben. *Die Noten implizieren insofern Forderungen auf das Eigentum ihrer Emittenten, als sie über das Dokument Kreditkontrakt in die Welt kommen.* Für das Aufsetzen des zweiten Dokumentes findet sich ein anderer Eigentümer nur dann zur Schuldnerrolle bereit, wenn der Abschluß des Vertrages mit der Belastung von Emittenteneigentum einhergeht. Ein Eigentümer kann nur dann Emittent von Noten werden, wenn er durch Aufgabe von Eigentumsprämie das generelle Recht konstituiert, die Noten bei ihm einzulösen. Diese Verpflichtung verbrieft er durch den Kreditkontrakt mit einem identifizierten Schuldner und nicht schon mit der Geldnote an sich.

Die Eigentumsprämie drückt – neben der Kapazität zur Geldschaffung – auch die Kapazität zum Leihen von Geld aus. Nur dadurch, daß jemand also sein Eigentum *belastet*, vermag er *Gläubiger* in einem Kreditkontrakt zu werden und verliert dabei Eigentumspämie. Und nur dadurch, daß jemand Forderungen als *Kollateral* (Sicherheitspfand) gegen sich akzeptieren kann, was Eigentum voraussetzt, vermag er überhaupt *Schuldner* in einem Kreditkontrakt zu werden. Das Akzeptieren solcher Forderungen besagt, daß dem Gläubiger bei Nichterfüllung der Kontraktpflichten das Recht auf Vollstreckung in Schuldnereigentum eingeräumt ist. Dafür eben muß solches vorgehalten, also belastet *und* verpfändet werden. Während der Laufzeit des Geld schaffenden Kreditkontrakts verliert mithin auch der Schuldner ganz unvermeidlich Eigentumsprämie.

In allen Kreditkontrakten sind mithin Gläubiger *und* Schuldner immer Eigentümer. Diese Kontrakte werden in *reine* Kreditkontrakte und *Kauf*kontrakte unterteilt. In Kreditkontrakten werden – neben Tilgungs- und Zinszusagen – temporär gültige Vereinbarungen über die Belastung und Verpfändung von Vermögen getroffen, niemals jedoch wird Besitz auf Zeit übertragen. Die Einwerbung von Kaufkontrakten dient dem Erwerb von Schuldentilgungsmitteln, also der Erfüllung von Kreditkontrakten. Kaufkontrakte sind also den Kreditkontrakten nachgeordnet. Ohne letztere würden sie nicht in die Welt gelangen.

Auch in Kaufkontrakten stehen sich Gläubiger und Schuldner gegenüber. Der Verkäufer einer Sache erwirbt eine Forderung auf Geld, ist mithin Gläubiger, während der Käufer eine Verbindlichkeit in Geld eingeht, also Schuldner ist. Ganz wie im Kreditkontrakt muß er seine Geldschuld auch verzinsen, wenn er sie nicht sofort begleicht. Bis dahin haftet er mit Eigentum und verliert entsprechend dessen Prämie. Der entscheidende Unterschied zu reinen Kreditkontrakten aber besteht darin, daß bei Kaufkontrakten Eigentumstitel und Besitztitel zusammen übertragen werden, so daß dem neuen Inhaber umgehend das Belastungspotential des Eigentums, seine Prämie, *und* die Nutzungsmöglichkeiten des Besitzes zufallen. Bei reinen Kreditkontrakten hingegen geht es überhaupt nicht um die *Übertragung* von Besitztiteln, sondern allein um die *Belastung* beim Gläubiger und die *Verpfändung* beim Schuldner von Eigentumstiteln auf Zeit, also um die Aufgabe von Eigentumsprämie durch beide Kontraktpartner. Es geht mithin nicht nur um die Forderung des

Gläubigers auf Tilgung und Zins durch den Schuldner. Es geht auch um die aus Belastung resultierende Pflicht des Gläubigers zur Hinnahme von Einlösung in Eigentum und der aus der Verpfändung resultierenden Pflicht des Schuldners zur Hinnahme von Vollstreckung in Eigentum.

In einem Kreditkontrakt ist zwar der Schuldner immer identifiziert, seine Sicherheitsleistung (Kollateral) aber nicht in jedem Falle spezifiziert. Das spricht aber keineswegs für eine Theorie des sicherheitslosen Kredits.[84] Vielmehr verweisen Kontrakte ohne Kollateralangabe gerade auf besonders starke Eigentumspositionen der Schuldner. Die Definition eines *guten* Schuldners besagt ja regelrecht, daß die Qualität seines Vermögens über jeden Zweifel erhaben ist. Allerdings wird ein von der Bonität seines Schuldners auch noch so überzeugter Gläubiger kaum auf dessen Sicherheiten verzichten, worauf Hawtrey (1932, S. 126).[85] in einer Antizipation von Stiglitz' asymmetrischer Informationstheorie hinweist: «Im allgemeinen ist es nicht möglich, alle Aktiva eines Kreditsuchenden im einzelnen zu überprüfen. ... Aber die Stellung von Sicherheiten macht

[84] So glaubt etwa der Riese-Schüler Walter Heering (1999a und 1999b, S. 337), daß es «ziemlich kühn erscheint, darauf [auf Sicherheiten] eine allgemeine Theorie gründen zu wollen». Heering folgt dabei nicht zuletzt seinem Mitschüler Hansjörg Herr (1999, S. 193), der sich in einer Nachlese zu Schumpeter ganz sicher ist, «daß die Verpfändung bei der Kreditvergabe ‹nicht zum Wesen der Sache›» gehört.

Diese Sicht des ungesicherten Kredits wiederholt Herr in einem gemeinsamen Werk mit Michael Heine, wo es heißt: «Als hinreichende Sicherheiten werden bei Banken durchaus auch überzeugende Unternehmenskonzepte oder besondere Qualifikationen der Kreditnachfrager akzeptiert. Insofern ist die analytische Bindung der Kreditvergabe an die Eigentumskategorie unnötig einschränkend» (Heine/Herr 1999, S. 376 f.). Unmittelbar daran anschließend offenbaren die beiden Autoren ihre glückliche Ahnungslosigkeit über die Usancen des Kreditwesens: «Zudem kann ein Gläubiger ein Pfand an dem Produktivkapital verlangen, das mit seinem verliehenen Geld gekauft wird. In diesem Fall gibt es die Möglichkeit eines Pfandes, das erst im Akt der Kreditvergabe realisierbar wird» (Heine/Herr 1999, S. 376). Das kann durchaus so ablaufen, und im allgemeinen wird noch etwas darüber hinaus gefordert. Aber warum dieses Pfand – oder irgend ein anderes – verlangt wird, das würde man in ihrem «Grundmodell [des] kapitallosen Unternehmer[s] ..., der ohne Pfandrechte Kredit erhält», doch gerne erklärt bekommen.

Zu den Antworten der Eigentumsökonomik vgl. Heinsohn/Steiger 1999a, S. 322 f. (zu Herr 1999) und 1999b, S. 355 f. (zu Heering 1999b).

[85] Original: «It is not ordinarily possible to examine in detail the entire assets of an applicant for a loan. ... But the furnishing of security makes scrutiny of the general solvency of the borrower unnecessary.»

solche Nachforschungen über die allgemeine Solvenz eines Borgers überflüssig», da sie – so die zutreffendere Begründung der Eigentumsökonomik – eine Gleichverteilung des Risikos von Gläubiger und Schuldner leistet. Selbst wenn der Gläubiger zu einem Verzicht auf spezifiziertes Kollateral bereit wäre, würde er deshalb einen Verzicht auf sein Vollstreckungsrecht auch gegen erstklassige Schuldner niemals in den Kontrakt schreiben.

Bei den Belastungen ihrer Eigentumstitel bleiben deren Besitzseiten in der Verfügung von Gläubiger und Schuldner. Belasten sie beispielsweise Grundeigentum, so können sie mit der Nutzung von dessen besitzmäßiger Ackerkrume ungehindert fortfahren. In Kreditkontrakten wird eben niemals irgendein Güterbesitz zum Zwecke seiner Nutzung auf Zeit übertragen. Der Gläubiger verzichtet nicht auf Güter, und beim Schuldner kommen solche auch nicht an.

Es wird – was immer wieder betont werden muß – im Kreditkontrakt aber auch kein Vermögen abgetreten. Das gilt selbstredend auch für den geldschaffenden und nicht erst für den Geld weiterverleihenden Kreditkontrakt. Hier wird Vermögen des Emittenten der Geldnoten belastet, also Eigentumsprämie aufgegeben bzw. Vermögen für die Einlösung oder Vollstreckung temporär zur Disposition gestellt. Erst die Vollstreckung selbst wäre eine Eigentums- und Besitzübertragung in einem Akt. Die Vollstreckung ähnelt also sowohl der Einlösung der Geldnoten durch Dritte als auch dem Kaufkontrakt. In letzterem wird *gegen* Geld Eigentums- und Besitzseite der Ware eines Verkäufers gemeinsam an den Käufer abgetreten, wobei das Geld weiter zirkuliert. Bei der Einlösung wird ebenfalls gegen Geld Eigentums- und Besitzseite des Vermögens eines Gläubigers an den Einlösenden abgetreten, dabei das präsentierte Geld aber ausgebucht bzw. vernichtet. Bei der Vollstreckung hingegen wird *wegen* Geldes, das der Schuldner nicht getilgt und verzinst hat, das aber weiter zirkuliert und gegen den Emittenten zur Einlösung präsentiert werden kann, Besitz- und Eigentumsseite eines Schuldnervermögens in einem Schritt an den Gläubiger abgetreten.

Bei der Frage nach dem Verlust, für den Zins gezahlt werden muß, läßt sich schon jetzt festhalten, daß weder Besitz noch Eigentum auf Zeit verloren wird. Verloren geht vielmehr die Verfügungsfreiheit *über* Vermögen, also Eigentumsprämie bei der Belastung desselben. Im geldschaffenden Kreditkontrakt wird diesem Verlust an Eigentumsprämie durch eine besondere Geldforderung Rechnung getragen: der Forderung auf *Zins*. Sie tritt zur Forderung auf Tilgung des geliehenen Geldes hinzu. Der Zins als Prozentsatz auf eine verliehene Geldsumme ist also unausweichlich ein *monetärer* Zins und niemals ein Güterzins. Der Zins entsteht gleichwohl nicht durch Verzicht auf oder die *Auf*gabe von Geld, also nicht aus dem Verlust der Liquiditätsprämie auf Geld. Der Zins entsteht vielmehr bei der Schaffung von Geld *für* oder *Aus*gabe an einen Schuldner. Der geldschaffende Gläubiger kann das Geld nicht für sich selbst schaffen und deshalb auch nicht darauf verzichten wie ein Gläubiger, der bereits geschaffenes Geld weiterverleiht. Der Zins entsteht also bei der Schaffung von Geld und nicht bei seiner Weiterverleihung.

Im geldschaffenden Kreditkontrakt verliert nicht nur der Gläubiger, sondern auch der Schuldner Eigentumsprämie, da er für das Geld nicht nur Zins zusagen, sondern auch sein Vermögen verpfänden muß. Für das Verständnis des Zinssatzes ist zu unterstreichen, daß der geldschaffende Gläubiger den Verlust seiner Eigentumsprämie nicht durch die Eigentumsprämie des Schuldners kompensieren kann, denn es gehen ja nicht Eigentumsrechte des Schuldners auf Zeit an den Gläubiger über. Wenn dem so wäre, könnte der Gläubiger während des Kreditzeitraumes das Vermögen des Schuldners für eigene Zwecke belasten. Dieses Vermögen ist aber bereits durch den Schuldner für den Kredit verpfändet, so daß dem Gläubiger vom Schuldner keinerlei Verpfändungsrechte zugehen. Die beiden tauschen also keine Eigentumsrechte aus, sondern vereinbaren lediglich die temporäre Verpfändung des Schuldnervermögens.[86] Im geldschaffenden Kreditkontrakt verlieren also *beide* Eigentumsprämie.

[86] Peter Spahn (1998, S. 388 f.) hat die Zinserklärung der Eigentumsökonomik so gelesen, daß die Partner im Kreditvertrag Eigentumsrechte austauschen, so daß der Gläubiger neben dem Zins auch noch die (geringere) Eigentumsprämie des Schuldners erhalte, der Zins also die Differenz zwischen beiden Eigentumsprämien darstelle. Zudem gebe der Schuldner (*sic*) sein Besitzrecht am Pfand auf. Tobias Roy (1999, S. 169 f.) hat Spahns grobe Fehlinterpretation schöpferisch in der Weise vorangetrieben, daß der Gläubiger durch Gewinn der Schuldnereigentumsprämie ja bereits entschädigt sei und dann nicht auch noch Zins verlangen könne, wir also gar keine Zinstheorie lieferten (zur Antwort vgl. Heinsohn/Steiger 1999a, S. 315).

Spahns These unterschiedlich hoher Eigentumsprämien von Gläubiger und Schuldner hat Roy in die Liquiditätsprämientheorie des Zinses von Keynes umarbeiten und der Eigentumsökonomik dann diese unterstellen wollen. Der Gläubiger habe Geldeigentum, dessen Prämie höher sei als die Prämie des ihm verpfändeten – nicht-monetären – Eigentums des Schuldners. Der Zins messe dann diese Differenz. Der Gläubiger erhalte, also ganz wie bei Keynes, «darum einen Zinssatz, weil er

Die Antwort auf die wirtschaftstheoretische Grundfrage nach dem Verlust, der mit Zins auszugleichen ist, ist daher mit dem *Verlust der Eigentumsprämie des Geld schaffenden Gläubigers* gegeben.

Da Zins keinen temorären Güter- bzw.Konsumverlust ausgleicht, der geldschaffende Verleiher seine Güter vielmehr ungehindert weiter nutzt, läßt sich die neoklassische Theorie auch nicht mit der Variante retten, der Gläubiger müsse deshalb Zins erhalten, weil er die Besitzseite des verpfändeten Schuldnervermögens während der Kreditlaufzeit nicht nutzen dürfe, der Schuldner damit aber ungehindert fortfahre und der Gläubiger insofern doch Konsumverzicht erleide.[87] Diese Sicht rekurriert auf die Institution der *antichresis* (Nutzungspfand) in der Geldwirtschaft des antiken Griechenland. Dort gab es in den Kreditkontrakten in der Tat das Recht des Gläubigers, die Besitzseite des verpfändeten Schuldner-Grundeigentums zu nutzen, im Normalfall also auf Saat und Ernte zuzugreifen. Das Recht auf diesen Ertrag bedeutete aber niemals einen Verzicht des Gläubigers auf Zins, sondern lediglich das Recht auf eine Verrechnung mit seiner davon vollkommen unberührten Zinsforderung. Da im Normalfall der Zins für den Eigentumsprämienverlust des Gläubigers aus der produktiven Verwendung der Besitzseite des Schuldnervermögens gewonnen werden muß, bedeutet die *antichresis* lediglich, daß bei Nachlässigkeit des Schuldners der Gläubiger bei der zinsverdienenden Nutzung des Schuldnerbesitzes ein Wörtchen mitredet.

temporär auf Liquidität verzichtet» (Roy 1999, S. 169 f.). Roy setzt – wie alle Monetärkeynesianer – Geld einfach voraus, so daß er sich um die Zinsentstehung bei der Geldschaffung gar nicht erst zu kümmern braucht. Der geldschaffende Gläubiger ist aber kein reicher Geldsack, der den Sack zumachen oder fürs Verleihen aufmachen kann. Er bekommt das Geld nie zu fassen, wenn es geschaffen wird, weil er es für einen Schuldner schafft (vgl. Heinsohn/Steiger 1999a, S. 316.)

[87] Roy (1999, S. 169) hat die Eigentumsökonomik in diesem Sinne listig nicht nur monetärkeynesianisch, sondern sicherheitshalber auch noch neoklassisch interpretieren wollen. Er meint, daß der Gläubiger, da er ja vom Schuldner nichts gewinne, beim Eigentumsprämienverlust durch Geldschaffung einen «intertemporalen Aufschub seiner Handlungs- und Konsummöglichkeiten» erleide und dafür Zins erhalten müsse. Roy übersieht, daß eine solche Beschränkung der Handlungs- und Konsummöglichkeiten des Gläubigers gerade nicht stattfindet, da der Gläubiger ja nicht Konsummöglichkeiten, sondern Belastungsmöglichkeiten aufgibt. Die erste Option gehört zum Besitz, die zweite zum Eigentum (vgl. Heinsohn/Steiger 1999a, S. 315).

Wie längst deutlich ist, kompensiert der Zins auch nicht den Verlust der Liquiditätsprämie auf Geld, der bei einem temporären Aufgeben von Geld eintrete, wie Keynes und die monetärkeynesianische Theorie glauben. Bei solchem Verleihen ist Geld vorausgesetzt, das bereits gegen Zins geschaffen worden ist. Wiewohl beim Weiterverleihen des so geschaffenen Geldes auch der Zinsanspruch weitergegeben wird, kann diese Weitergabe des Zinses nicht den Zins selbst erklären, sondern nur seine darüber liegende Höhe, die von der aufgegebenen Eigentumsprämie des Weiterverleihers bestimmt wird. Überdies war gegenüber Keynes zu zeigen, daß er für die Möglichkeit zur Verwandlung von Liquiditätsprämie in Zins die Existenz zinstragender Titel voraussetzen muß. Keynes' Zinstheorie lebt vom Postulat zinstragender Titel, über deren Herkunft keinerlei Auskunft gegeben wird. Seine Herleitung des Zinses aus der Aufgabe der Liquiditätsprämie ist also in doppelter Hinsicht irreführend. Sie setzt das gegen Zins geschaffene Geld *und* die Existenz zinstragender Titel voraus.

Da Keynes vom Eigentum nichts weiß, kann er auch die spezielle Qualität der von ihm immerhin gesehenen Liquiditätsprämie nicht erfassen. Die Potenz des Geldes, jederzeit gelddenominierte Kredit- und Kaufverträge endgültig erfüllen zu können, resultiert ja nicht zirkulär aus seinem Vorhandensein als solchem. Vielmehr bedeutet die aus einem Gläubigergeld resultierende Liquidität, daß inhärent wertlose Dokumente in solchen Kontrakten Eigentum nur deshalb final auslösen oder endgültig übertragen können, weil das Gläubigergeld selbst einen Anspruch auf Eigentum impliziert (Heinsohn 2005 und 2008a).

Nicht nur bei ausbleibender Tilgung, sondern auch bei Nichtleistung von Zins greift der Gläubiger auf das Kollateral des Schuldners zurück. Das bedeutet aber nicht, daß die Gläubigerforderung auf Stellung von Sicherheiten aus der Gläubigerforderung auf Zins abgeleitet werden kann. Durch Stellung von Sicherheiten kann der Schuldner den Gläubiger also nicht von seiner Zinsforderung abbringen.

Sicherheiten, die als Kollateral in einem Kreditkontrakt verwendet werden, sind selbstredend niemals risikolos, sondern unterliegen der Marktbewertung und damit einem *Marktrisiko*. Es gibt immer eine Rangordnung von Eigentumstiteln. Von solchen an Grund und Boden mit dem geringsten Risiko geht es über solche an beweglichem Sachkapital und handelbaren Forderungen bis hinunter zu kontrahierten Einkommen als Titel mit dem höchsten Risiko. Diese Risikohierarchie spielt aber nur bei der Bestimmung der *Höhe* des Zinssatzes eine Rolle. Daher kann der durch die Eigentumsprämie bestimmte *reine* Zinssatz um eine *Risikoprämie* des Gläubigers erhöht werden.

Diese Prämie ist ein Ausdruck dafür, daß der Kreditkontrakt nicht in vollem Volumen durch Schuldnervermögen unterlegt ist. Sie fällt am höchsten dort aus, wo ein Blankokredit gewährt wird, in dem auf Sicherheiten des Schuldners völlig verzichtet wird.[88] «Das Geschäft wird dann durchaus nicht ohne Sicherheiten realisiert, sondern mit den Haftungsmitteln des Gläubigers abgesichert, der im Fall einer nicht korrekten Vertragserfüllung dann den Schaden tragen und unter Umständen sogar Dritten gegenüber mit seinem Vermögen haften muß» (Stadermann/Steiger 2001, S. 361). Der Befund der Eigentumsökonomik, daß in jedem Kreditkontrakt auch der Gläubiger Eigentumsprämie durch Belastung seines Eigenkapitals aufgeben muß, findet im Blankokredit seine Zuspitzung. Hier wird deutlich, daß im Extremfall sogar nur der Gläubiger Eigentumsprämie verliert und der Schuldner ihm diesen möglichen Verlust durch einen Aufschlag auf den Zins, also eine Risikoprämie ausgleichen muß. Wenn überhaupt auf gute Sicherheiten verzichtet werden kann, dann niemals beim Gläubiger, sondern nur durch den Gläubiger gegenüber seinem Schuldner.

[88] Für wachstumsstarke Unternehmen, die aufgrund der weitgehenden Verpfändung ihres Vermögens Bankkredite nicht mehr erhalten können, ist seit Mitte der 1990er Jahre das Instrument der «Mezzanine-Transaktionen» geschaffen worden. Sie sind verzinst, ähneln also Anleihen und Krediten. Sie rangieren in der Gläubigerkette aber hinter den Bankkrediten und gerade noch vor den Ansprüchen der Eigenkapitalgeber. Daher ist der Risikoaufschlag auf den reinen Zinssatz sehr hoch – aktuell 16 bis 23 Prozent gegenüber 5 Prozent bei erstklassigen Sicherheiten (Da. 2005, S. 20). Im Prinzip besagen diese Kredite nichts anderes, als daß eine nachrangige Stellung des Gläubigers immer durch einen Risikoaufschlag kompensiert werden muß.

Ganz ähnlich muß die in Großbritannien übliche Praxis der Banken beurteilt werden, Kredite weit über den Wert einer Immobilie zu vergeben, statt sie wie in Deutschland nur mit 60 bis 80 Prozent ihres Wertes zu beleihen. Auch hier müssen die Banken ihr höheres Risiko mit einem Aufschlag auf den Zins kompensieren, ohne dadurch das Risiko allerdings völlig ausschalten zu können. Entsprechend hat jüngst die *Bank of England* aufgrund dieser Praxis, die u.a. dazu geführt hat, daß der durchschnittliche britische Haushalt mit 140% seines Einkommens verschuldet und seine Sparquote auf 4,6% gesunken ist, «ihrc Bcsorgnis über die Stabilität des britischen Finanzmarktes geäußert» (Zehnder 2005, S. 49).

Soweit der Schuldner tilgt, führt die Risikoprämie zu einem höheren greifbaren Einkommen am Ende des Kreditzeitraums. Sie spiegelt sich in der Risikoprämie des Schuldners, der sein Risiko bei dem geforderten Zins durch einen Aufschlag auf seine Ertragserwartungen kompensiert. Das zusätzliche Risiko des Gläubigers, das, wie auch Keynes (1936, S. 145) gesehen hat, zu einem Aufschlag auf den Zins führt, darf also nicht verwechselt werden mit der Eigentumsprämie des Gläubigers, die – wie auch die Eigentumsprämie des Schuldners – nichts mit dieser Erhöhung des Zinses zu tun hat. Beide Prämien zeigen vielmehr an, wie Gläubiger und Schuldner das Risiko der Belastung bzw. Verpfändung ihres Vermögens einschätzen und in welchem Grad es belastet bzw. verpfändet ist.

Die Aufgabe der Eigentumsprämie begründet beim Gläubiger die Zinsforderung und beim Schuldner die Liquiditätsprämie. Zins und Liquiditätsprämie führen aber nicht zu einer *Gleichverteilung der Risiken* im Kreditkontrakt. Das *Kreditrisiko* des Gläubigers kann nur durch Verpfändung von Vermögen des Schuldners ausgeglichen werden. Deshalb kann selbst vollkommen mündelsicheres Kollateral des Schuldners keinen Gläubiger zum Verzicht auf den Zins, sondern allenfalls zum Verzicht auf einen Aufschlag auf den Zins bewegen.[89] Entsprechend kann

[89] Läufer (1998, S. 5), der glaubt, daß die Eigentumsprämie dasselbe sei wie die Risikoprämie, hat die fundamentale Differenz zwischen beiden nicht einmal zu ahnen begonnen.

Bernd Striegel (2005a und 2005b, S. 30 f.) hingegen möchte auf die Eigentumsprämie des Gläubigers gänzlich verzichten und die logische Reihenfolge der Eigentumsökonomik – Eigentum → Zins → Geld – durch die Kette Eigentum → Geld → Zins ersetzen. Er bestreitet die Notwendigkeit einer Besicherung auf der Gläubigerseite bei der Geldschaffung. Vielmehr führe allein die Eigentumsverpfändung auf der Schuldnerseite zu Geld. Der Zins entstehe dann erst nach dem Geld – und zwar als Kompensation für die «Alterung des Kollaterals»; siehe dazu näher T. Betz 2005, S. 43 f.

Nun ist eine solche Wertverschlechterung durchaus möglich, aber beileibe keine unumstößliche Tatsache. Der Wert guter Sicherheiten kann fallen, konstant bleiben oder gar steigen, ohne daß nach Striegels Logik der Gläubiger in den beiden letzten Fällen auf Zins verzichtet bzw. einen negativen Zins fordert. Bei einem Wertminderung verlangt er denn auch keinen Risikoaufschlag, sondern – etwa beim Aktienkauf auf Kredit, wenn der Kurs der als Sicherheitspfand gestellten Aktien fällt – vielmehr einen Nachschuß, also zusätzliches Kollateral. Das Risiko, Eigentum zu verlieren, kann der Gläubiger aber auch dadurch nicht völlig ausschließen, also auf die Zinsforderung verzichten.

auch ein noch so geringer Zins keinen potentiellen Schuldner zur Verpfändung von Vermögen und damit zur Kreditaufnahme bewegen, wenn er keine Gewißheit hat, daß die an ihn gelangenden Noten durch Vermögen ihres Emittenten besichert sind. Wenn ihm die Noten keiner abnimmt, er also nicht investieren und dadurch auch nicht tilgen kann, darf sein Gläubiger gleichwohl in das von ihm gestellte Pfand vollstrecken.

Schon anhand von Steuarts (1767) Diskussion der privaten Notenbank, die einlösbare Banknoten herausgibt, kann indirekt gezeigt werden, daß die den Zins begründende Eigentumsprämie bei der Notenschaffung sowohl beim Gläubiger als auch beim Schuldner verloren geht. Die Nichtbank – typischerweise ein Unternehmer-Schuldner – verliert Eigentumsprämie durch Verpfändung belastungsfähigen Vermögens an die Notenbank ebenso wie diese durch die Belastung ihres Eigenkapitals Eigentumsprämie aufgibt.

Fragt man nun, warum der Gläubiger-Eigentümer Geld emittiert, um Zinsen zu verdienen, während der Schuldner-Eigentümer für die Leihe von Geld Vermögen verpfändet und zusätzlich Zins anbieten muß, statt gegen eine Belastung seines Vermögens für sich selbst ein Schuldnergeld zu emittieren, das darüber hinaus zinsfrei wäre, so lautet die Antwort: Der Schuldner will nicht in Einlösepflichten geraten, möchte also von der Zirkulationsfähigkeit der Noten profitieren. Zwar muß er für das Erlangen von Gläubigergeld Vermögen verpfänden, aber dessen Besitzseite bleibt – solange er seinen Verpflichtungen nachkommt – unangreifbar, also für ihn unbeschränkt nutzbar. Steuart erläutert diesen Vorteil am Beispiel eines Grundeigentümers, der Waren eines Produzenten konsumieren möchte und, da es ihm an Münzgeld mangelt, mit Schuldscheinen im Wert der Waren auf sein Grundeigentum den Produzenten bezahlt. Selbst bei diesem Schuldnergeld, den Schuldscheinen, gilt, solange alles gut geht, daß «der Grund und Boden ... in unverändertem Zustand bleibt, bereit von neuem zu produzieren» (Steuart 1767, Band I, S. 365).[90]

Der Emittent von Gläubigergeld muß Einlösung zusagen und würde bei deren Vollzug auch die Besitzseite seines Vermögens verlieren. Wie

Stiegels Zinserklärung aus der Wertverschlechterung des Kollaterals ähnelt Hicks' drolliger Ableitung der Zinshöhe aus faulen Schulden; siehe oben Kapitel II, Abschnitt 3a.

[90] Original: «Which operation being over, the land ... remained as before, ready to produce a new.»

schon Keynes versteht allerdings auch Steuart nicht, was die *Forderung von Zins* durch die Notenbank begründet: den Verlust an Eigentumsprämie durch Belastung von Vermögen bei der Geldschaffung im Kredit. Ähnlich wie später Keynes findet er Geld, Kredit und Zins in der Wirklichkeit vor und hält sie für gesellschaftlich ungemein nützlich. Ebenso zirkulär wie Keynes konstatiert er, daß die für das Wirtschaften notwendigen Kredite ohne Zins nicht zustande kämen und dann das doch für alle so hilfreiche Geld einfach brachläge (Steuart 1767, Band II, S. 114).[91] Ungeachtet dieser sich im Kreise bewegenden Erklärung des Zinses moniert Steuart (1767, Band II, S. 151),[92] daß Eigenkapital einer geldschaffenden Bank einen vom – wiederum schlicht vorausgesetzten – Zinsgewinn abzuziehenden Verlust impliziert, wenn das Kapital, wie in seiner Zeit üblich, in Form von Goldmünzen gehalten wird. Er kann nicht erkennen, daß der Verlust nicht der Zinslosigkeit der im Tresor verbleibenden Münzen geschuldet ist, sondern nur aus der Belastung eben solchen Eigenkapitals resultieren kann. Der dabei einsetzende Verlust ist also nicht vom Zins abzuziehen, sondern begründet ihn erst. Auch bei Steuart also rächt sich in Form bloßer Postulate, daß die Differenz von Eigentum und Besitz nicht im Zentrum der Analyse steht.

Immerhin kann Steuart einen Vorteil für den Schuldner benennen, der ihn zur *Zahlung von Zins* bereit macht. Es ist die hohe Zirkulationsfähigkeit von Gläubigergeld, das ihn, anders als von ihm selbst geschaffenes Schuldnergeld, nicht mit Einlösung konfrontiert. «Wofür zahlt er [der Schuldner] diesen Zins? Er hat doch keinen Wert umsonst von der Bank erhalten; denn mit seiner Verpflichtung [der Schuld] hat er das volle Äquivalent für die Noten gegeben. Aber diese Verpflichtung trägt Zinsen, und die Noten tragen keine, warum? Weil das eine wie Geld zirkuliert und das andere nicht. Für diesen *Vorteil der Zirkulation*, nicht für

[91] Original: «Forbidding the loan upon interest has the effect of locking up the very instrument which is necessary for supplying the wants of the society. The loan, therefore, upon interest, as society now stands composed, is established not in favour of the lenders but of the whole community.»

[92] Original: «The profits of the bank proceed from the interest paid upon all the securities which have been granted to it ... out of which must be deducted ... the loss of interest for all the coins they preserve in their coffers.»

einen zusätzlichen Wert, zahlt daher der Grundherr der Bank Zinsen» (Steuart 1767, Band II, S. 131 f.; unsere Hervorhebung).[93]

3 Rechengeld und eigentliches Geld

Der Kreditkontrakt, durch den Geldnoten als Ansprüche gegen Vermögen des Emittenten für einen Schuldner geschaffen werden, konstituiert *uno actu* einen einheitlich-*abstrakten Wertmaßstab*. Der Gläubiger kann gar nicht anders, als dieses *money of account* zu setzen, wenn er seine Eigentumsprämie einschätzt, deren Verlust er durch einen vom Schuldner zu fordernden Zinssatz ausdrücken muß. In der Zentralbankliteratur ist dieser Grund für die Setzung eines einheitlichen Wertmaßstabes durch den Schaffer des Geldes nicht verstanden. Vielmehr geht man einfach von der Tatsache aus, «daß die Recheneinheit [richtiger: das Rechengeld] in einem reinen Zeichengeldsystem in Verbindlichkeiten der Zentralbank *definiert* ist» und flüchtet sich dann in Oberflächlichkeiten, wie die doch von allen begrüßte Erleichterung des ökonomischen Lebens: «Die besondere Eigenschaft von Zentralbanken ... besteht einfach darin, daß sie juristische Personen sind, deren Verbindlichkeiten nun einmal dafür verwendet werden, daß die Recheneinheit in einer Vielzahl von Kontrakten verwendet wird. / Es gibt vielleicht keinen tiefen, universellen Grund, warum das so sein muß. Es ist sicher nicht wesentlich, daß eine solche Einheit für jede Nation politisch geschaffen wird. Nichtsdestoweniger erleichtert die Bereitstellung einer gut gemanagten Recheneinheit – eine, in dem die Gleichgewichtspreise vieler Güter und Dienstleistungen relativ stabil ausgedrückt sind – eindeutig das ökonomische Leben» (Woodford 2003, S. 35 und 37).[94]

[93] Original: «And for what does he [the debtor] pay that interest? Not that he has gratuitously received any value from the bank; because in his obligation [the debt] he has given a full equivalent for the notes, but the obligation carries interest and the notes carry none. Why? Because the one circulates like money the other does not. For this advantage, therefore, of circulation, not for any additional value, does the landed man pay interest.»

[94] Original: «The answer is that the unit of account in a purely fiat system is *defined* in terms of the liabilities of the central bank. / The special feature of central banks ... that they are entities whose liabilities happen to be used to define the unit of account in a wide range of contracts ... there is perhaps no deep universal reason why this need be so; it is certainly not essential that there be one such entity per national

Im Moment der Festsetzung des Zinssatzes – als Verhältnis der Zinsen auf die Leihsumme zur Leihsumme selbst – hat der Geldemittent erstmals Vermögen bewertet. Fishers (1930) bekannte Formel zur Bestimmung eines Vermögenswertes – $i=r/R$ – resultiert aus eben diesem Vorgang. Dabei steht i für den Zinssatz, r für die Erträge und R für den Vermögenswert einer Periode. Bei Annahme konstanter Erträge müssen Änderungen des Zinssatzes den Vermögenswert R gegenläufig verändern. Die Bewertung allen Vermögens gehorcht dieser Formel. Erhöhungen des Zinssatzes reduzieren, Verringerungen des Zinssatzes erhöhen den Wert des Vermögens. Fisher hat das auf seine Weise schon geahnt: «Die jährliche Ernte wird nicht deshalb 5.000 Dollar wert sein, weil der Obstgarten einen Wert von 100.000 hat, sondern weil die jährliche Ernte netto 5.000 Dollar wert ist, wird der Obstgarten einen Wert von 100.000 haben, *wenn* der Zinssatz 5 Prozent ist. Die 100.000 Dollar sind der diskontierte Wert eines erwarteten Einkommens von 5.000 Dollar jährlich; und bei dieser Diskontierung ist bereits ein Zinssatz von 5 Prozent impliziert» (Fisher 1930, S. 55; unsere Hervorhebung).[95] Die Schlußfolgerung, daß der Vermögenswert sich gegenläufig zum Zinssatz ändert, ohne daß der Wertertrag sich ändern muß, hat Fisher nicht ziehen können. Verdoppelt sich nämlich in seinem Beispiel der Zins auf zehn Prozent, dann hätte sich der Wert des Obstgartens bei unverändertem Ertrag von 5.000 Dollar für die Äpfel auf nur noch 50.000 Dollar halbiert, was dem auf den Wertertrag fixierten Neoklassiker jedoch entgeht.

unit. Nonetheless, the provision of a well managed unit of account – one in terms of which the equilibrium prices of many goods and services are relatively stable – clearly facilitates economic life.»

[95] Original: «To obtain the value return on the orchard, we must reduce both physical income and capital goods ... to a common standard of value. If the net annual crop of apples is worth $5000 and the orchard is worth $100,000, the ratio of the former to the latter, or 5 per cent, is a rate of value return. ... The important fact, and the one lost sight of in the naive productivity fallacy, is that the value of the orchard is not independent of the value of its crops; and, in this dependence lurks implicitly the rate of interest itself. ... It is not because the orchard is worth $100,000, that the annual crop will be worth $5000, but it is because the annual crop is worth $5000 net that the orchard will be worth $100,000, if the rate of interest is 5 per cent. The $100,000 is the discounted value of the expected income of $5000 net per annum; and in the process of discounting, a rate of interest of 5 per cent is already implied. ... The orchard is the source of the apples; but the value of the apples is the source of the value of the orchard».

Es ist also nicht der Wert des Gütererträges in Äpfeln, sondern der Zinssatz die Quelle für die Bestimmung des Wertes des Obstplantageneigentums. Die Eigentumsprämie als *Ur*wert und der Zins als sich daraus ergebender *Ur*preis stammen mithin aus dem geldschaffenden Kreditkontrakt und nicht von irgendwo sonst.[96]

Den Schritt vom Kreditvertrag hin zum Geld – und nicht die umgekehrte Reihenfolge – ahnt Ralph Hawtrey in seiner Formulierung, daß «Geld von Schuldkontrakten her definiert werden muß» (1930, S. 545).[97] Unter Geld versteht er (1926, S. 2) dabei «Rechengeld» (*money of account*).[98] Ganz ähnlich sieht Keynes, daß «ein Rechengeld zusammen mit Schuldtiteln entsteht». Darüber hinaus macht er durch die Unterscheidung von Rechengeld und eigentlichem Geld (*money proper*) deutlich, daß ersteres «in der Geldtheorie grundlegend ist», weil letzteres «seinen Charakter aus seiner Beziehung zu einem Rechengeld ableitet, da Schuldtitel ... zuerst in letzterem ausgedrückt worden sein müssen. ... Eigentliches Geld kann nur in seiner Beziehung zu einem Rechengeld existieren» (Keynes 1930, S. 3).[99]

Aus Keynes' Differenzierung folgt, daß eigentliches Geld kein Tauschgut ist, sondern ein Zahlungsmittel zur Begleichung von Schulden, also ein Schuldendeckungsmittel. Es folgt weiterhin, daß das Rechengeld, als ein dem eigentlichen Geld vorgeordneter *Geld*standard, ein *abstrakter* Maßstab ist, der zum Ausdruck der Eigentumsprämie in einem Zinssatz dient. Er darf nicht mit dem aus einem physischen Standard*gut* abgeleiteten, also *konkreten* Maßstab verwechselt werden. Mit der neoklassischen *Recheneinheit – unit of account* oder *numéraire* – werden

[96] Läufer (1998, S. 10) stellt sich vor, daß eigentliches Geld nicht eigentumsbasiert sein könne, da der Wert des Eigentums sich nicht bestimmen ließe, bevor sein Preis über die Wahl eines Standardgutes bekannt sei, weshalb wir bestenfalls eine Warengeldtheorie geliefert hätten. Er übersieht, daß mit der Zinsfestsetzung als Materialisierung der Eigentumsprämie die Größe gegeben ist, aus der die Bewertung erfolgt.

[97] Original: «Money must be defined in terms of debts.»

[98] Original: «Money of account» (Hawtrey 1919, S. 2). Der Terminus geht auf James Steuart (1761, S. 151 und 1767, Band I, S. 526) zurück..

[99] Original: «Money of account ... is the primary concept of a theory of money. A money of account comes into existence along with debts. ... Such debts ... can only be expressed in terms of a money of account. ... Money proper in the full sense of the term can only exist in relation to money of account.»

Besitz-Güter mit Hilfe eines konkreten Normgutes – wie Gerste oder Gold – als Einheit gemessen. Mit dem Rechengeld hingegen werden abstrakte Eigentumstitel, ohne Rekurs auf mit ihnen verbundene Besitztitel, operabel gemacht. Daß es Eigentumstitel sind, aus denen Schuldkontrakte und Zins überhaupt nur erwachsen können, vermögen allerdings weder Hawtrey noch Keynes zu sehen. Ihre scharfsinnigen Beobachtungen haben denn auch die neoklassische Dichotomie zwischen (relativen) Güterpreisen und (absoluten) Geldpreisen nicht überwinden können.

Im neoklassischen Modell der Realtauschwirtschaft erhält die Einheit des Standardguts, das als Recheneinheit – nicht Rechengeld – gewählt wird, den Preis *1* (eins). Dieser Preis dient als *nominaler* Anker für die Preise aller anderen Güter. Dabei werden durch Nutzenschätzungen bewertete Gütermengen, die sich zu ihren Grenznutzen tauschen, in dem Preis des Standardgutes (*1*) gemessen. Deshalb können sie allein in einem *numéraire*-Geld ausgedrückt werden. Mit einem Standardgut-Anker können jedoch nur *relative* Preise als Verhältnisse von Gütermengen ermittelt werden. Lediglich die Anzahl der Tauschrelationen läßt sich durch die Wahl eines Standardgutes verringern.

In der Wirtschaft der Eigentumsgesellschaft hingegen arbeitet der geldschaffende Gläubiger nicht mit einer *Gütereinheit* als nominalem Preisanker. Vielmehr monetarisiert er seine Eigentumstitel. Sie haben zwar immer auch eine Güterseite. Diese Besitzseite wird beim Geldschaffen gerade nicht aktiviert. Der Emittent hat für das Geld also keinen Maßstab durch irgendein bekanntes Gut vorgegeben. Vielmehr setzt er durch die kreditäre Geldschaffung überhaupt erst durch, daß in Geld – und eben nicht in Gütern – gerechnet werden *muß*, in Rechengeld eben. Mit der Einschätzung der im Emissionsakt verlorenen Eigentumsprämie, also der Zinsberechnung setzt der Emittent einen Geldstandard. Mit diesem wird dann festgelegt, in welchen *Geldeinheiten* eigentliches Geld emittiert, Kreditverträge ausgestellt und Einlösungsverpflichtungen eingegangen werden.

Wenn ein Gläubiger *A* erstmals Noten im Wert von hundert A-Mark in einem geldschaffenden Kreditkontrakt zusagt und dafür hundert Quadratmeter seines Grundeigentums belastet, dann bedeutet das also nicht, daß ein zukünftiger Einlöser einer mit dem Kreditkontrakt emittierten A-Mark-Note Anspruch auf einen Quadratmeter Eigentum des *A* erheben kann. Es bedeutet lediglich, daß er Anspruch auf Eigentum des *A* im Wert von einer A-Mark erheben kann. Für den Fall eines Quadratmeters bedeutet dies, daß der Geldemittent den Preis seines Grund und Bodens stabil halten muß.

Zuallererst trifft die Bemessung in Rechengeld selbstverständlich die Eigentumstitel, die im geldschaffenden Kreditkontrakt vom Emittenten selbst belastet werden. Im gleichen Vorgang wird jedoch auch das Vermögen, das sein Schuldner verpfändet, in diesem Rechengeld gemessen. Dieses bedeutet, daß im Falle der Nichttilgung Schuldnereigentum mindestens im Wert der ausgebliebenen Tilgungs- und Zinssumme verkauft wird und das dabei erlöste Geld an den Gläubiger fällt.

Die aus dem Zinssatz resultierende Bewertung von Gläubiger- und Schuldnereigentum zieht die Marktbewertung *nach* sich. Der Kredit- oder *Vermögensmarkt* entsteht überhaupt erst dadurch, daß prinzipiell nun alles Vermögen – ob angeboten oder nicht – einen Preis in diesem Rechengeld erhält. Auf dem Vermögensmarkt wird der Grad der Zinsenbedienungs- und Tilgungsfähigkeit unterschiedlicher Eigentumstitel ermittelt und so die absolute Höhe ihres Preises oder Kurses festgesetzt. Da Zinsenbedienung und Tilgung im Normalfall aus der Besitzseite des Vermögens – *qua* Produktion von Waren, mit denen Geld per Kaufvertrag eingewoben werden kann – erfolgen, ist die Eigentumswirtschaft durch permanente Bestrebungen zur Ertragssteigerung dieser Besitzseite gekennzeichnet. Die Festigung der Kreditwürdigkeit von Eigentümern bzw. die Abstandsvergrößerung zur Überschuldungsschwelle zwingt zu einer ununterbrochenen Suche nach solchen Ertragssteigerungen mit dem Ergebnis von Wettbewerb und Technischem Fortschritt (dazu näher Kapitel IV, Abschnitt 3).

Wie gezeigt, betrachtet der Neukeynesianismus den Vermögensmarkt analog zu einem von Rationierungen gekennzeichneten Gütermarkt. Hingegen erscheint er dem Monetärkeynesianismus als Kernzelle des Wirtschaftens, die den Gütermarkt über den Liquiditätsverzicht bzw. die Geldaufgabe der «Vermögensbesitzer» dominiere und steuere. Kreditkontrakte werden aber nicht in einem aus Gütertauschprozessen entspringenden Standardgut (Klassik und Neoklassik) ausgedrückt, das *vorab* existiert. Sie werden auch nicht *vorab* von einem willkürlich gesetzten Standard einer monetären Behörde, der Autorität Zentralbank, bestimmt (Monetärkeynesianismus). Vielmehr steht der Geldstandard in Relation zu Eigentumstiteln, die nun wirklich *vorab* und zugleich jenseits der Gütersphäre existieren müssen und deren Belast- und Verpfändbarkeit, genauer: der *Bereitschaft* sie zu belasten und zu verpfänden, dem Wirtschaften Antrieb und Grenze setzen. Unabhängig von diesen Titeln kommt es nicht zum Geldstandard.

Diese Einsicht in das «Vorab» der Eigentumstitel versetzt der *real bills*-Doktrin der Banking-Schule den entscheidenden Stoß. Diese begründet ja ihre Zurückweisung der Möglichkeit einer exzessiven Banknotenausgabe damit, daß bei der – ausschließlichen – Hereinnahme von Sicherheiten in Form guter Handelswechsel eine reale Deckung und damit Beschränkung der Notenemission durch die den Wechseln entsprechenden, also bereits vorhandenen Güter gewährleistet sei. Die bereits erwähnte *fallacy* dieser Lehre (Kapitel II, Abschniit 1 oben) liegt nun nicht darin, daß sie überhaupt nach einer Grenze für die Notenemission sucht, sondern mit ihrer Begrenzung durch reale Güter den Widerspruch nicht auflösen kann, daß im Kredit Geld ganz offensichtlich für erst in der Zukunft zu produzierende Güter geschaffen wird. Deshalb muß die Geldschaffung durch etwas anderes beschränkt werden. Diese Grenze besteht in der Bereitschaft, Vermögen für Einlösung (emittierender Gläubiger) und Verpfändung (Kredit nehmender Schuldner) zu belasten. Allein ein solch riskanter Dispositionsverlust über Eigentum generiert Geld, das der «Güter»-Produktion dann in der Tat vorhergeht und deshalb nicht von ihr begrenzt sein kann.

Der Charakter des Eigentums als einziger Sicherheit kann nicht dadurch ausgehebelt werden, daß Vermögen Bewertungsschwankungen unterliegt. Denn diese können nicht dazu führen, daß etwas anderes an seine Stelle tritt. Bei der Geldschaffung wird diesen Schwankungen deshalb dadurch Rechnung getragen, daß es nur gegen risikoarme Eigentumstitel emittiert wird. Risikoreichere Titel werden entsprechend nur mit einem Abschlag hereingenommen, oder sie werden durch Vermögensreserven des Emittenten der Geldnoten unterfüttert. Sein dafür zu erhöhendes Eigenkapital bedeutet, daß der Emittent den Überschuß seiner Eigentumstitel (Aktiva) über seine Verbindlichkeiten (Passiva) steigert. Unterbleibt die Verankerung des Geldes in risikoarmem Eigentum, dann steht die emittierende Instanz ohne Aktiva da, mit denen sie ihr Geld aus dem Umlauf ziehen kann. Ihre Währung erweist sich als ungenügend besichert und gerät in entsprechende Abwertung gegen besser besicherte.

Die Geldschaffung im Kredit führt – wie im vorhergehenden Abschnitt gezeigt – zu zwei unterschiedlichen Dokumenten. Beide sind im Rechengeld denominiert: (i) das zinstragende Dokument bzw. der Kreditvertrag, der durch Kollateral des Schuldners gesichert ist und (ii) das nicht zinstragende Dokument bzw. das eigentliche Geld (Geldnote), das im Eigentum des Gläubigers verankert ist. *Geld wird also im Kredit geschaffen, ohne dadurch selbst ein Kredit zu werden.*

Die These, daß Geld kein Kredit ist, aber immer im Kredit geschaffen wird, ist nicht dadurch eingeschränkt, daß Geld selbstredend auch durch definitiven (*outright*) Ankauf der Notenbank von Vermögenstiteln in die Welt kommen kann. In einem solchen Fall entsteht aber für die Bank das Problem, daß zur Steuerung der Notenbankgeldmenge diese Titel auch regelmäßig wieder verkauft werden müssen. Dies ähnelt dann wieder der Kreditemission von Banknoten, die automatisch ihren Rückfluß garantiert, beispielsweise in der Form der Refinanzierung der Geschäftsbanken durch gute Handelswechsel. Dies war bis Mitte der 1980er Jahre die bevorzugte Methode der Bundesbank. Die heutzutage vorherrschende Methode der Wertpapierpensionsgeschäfte hat den Vorteil, daß Risiken im Wert der angekauften Papiere bei der einliefernden Geschäftsbank bleiben. Diese Geschäfte sind juristisch Verkäufe und Rückkäufe in kürzester Frist[100] und implizieren einen Eigentumswechsel. Anders als beim Kreditkontrakt, in dem die Erträge der verpfändeten Sicherheiten beim Schuldner Geschäftsbank bleiben, also die Fortnutzung seiner Besitzseite, müssen beim Pensionsgeschäft die Erträge selbstredend an den Ankäufer und damit kurzzeitigen Eigentümer Zentralbank übergehen. Gleichwohl werden sie beispielsweise von der Europäischen Zentralbank (EZB) als elegantere Alternative für den besicherten Kredit in einer Währungsunion wie der Europäischen (EWU) gesehen (EZB 2005, S. 17). Anders als beim besicherten Kredit habe das Pensionsgeschäft beim Kreditausfall den Vorteil, daß den national unterschiedlichen «Rechtssystemen zur Begründung und späteren Verwertung» des Pfands Rechnung getragen werden müsse.

Der Fehler der Banking-Schule, Geld mit Kredit gleichzusetzen, resultiert daraus, daß sie zwischen dem, was einen Kreditkontrakt ausmacht und dem, was eine Geldnote bedeutet, nicht unterscheidet. Der Kredit muß immer durch etwas anderes als ihn selbst erfüllt werden, also durch eigentliches Geld bzw. bei Nichterfüllung in Geld durch verpfändetes Schuldnereigentum. Die Geldnote hingegen, obwohl sie in einem Kredit-

[100] In den beiden bedeutendsten Zentralbanksystemen der Welt, der US-*Fed* und dem Eurosystem, beträgt diese Frist eine Woche.

kontrakt geschaffen ist, begründet keinen Anspruch gegen einen Schuldner. Die von ihrem Emittenten eingegangene Einlöseverpflichtung ist ein kontraktloser, aber dennoch für jeden Halter der Note gültiger Anspruch gegen einen Gläubiger, eben den Emittenten der Note.

Geld ist also nicht das, was irrtümlicherweise «Kreditgeld» genannt wird. In dessen augenfälligster Variante, den Depositen oder Sichtguthaben, ist es ebenso wie der Kreditkontrakt eine – allerdings jederzeit fällige – Forderung auf Geld. Im Unterschied zum Kreditkontrakt können mit Sichtguthaben gegenseitige Forderungen verrechnet werden. Sichtguthaben sind dabei jedoch – wie häufig geglaubt wird – kein Substitut für eigentliches Geld. Mit Sichtguthaben können lediglich Forderungen in Geld gegen Verbindlichkeiten in Geld gegenüber Dritten an, also an Stelle von Zahlung in eigentlichem Geld verrechnet werden (vgl. Stadermann/Steiger 2001, S. 289 f.). Bei der Schuldendeckung mit eigentlichem Geld hingegen braucht der Bezahlende keinen Dritten, der ihm gegenüber eine Verpflichtung eingegangen ist bzw. gegenüber dem er eine Forderung auf Geld hat.

Das zinstragende Dokument – der Kreditkontrakt – ist ein spezifizierter Titel, in dem Gläubiger und Schuldner benannt sind. Es verpflichtet einen bestimmten Schuldner, einem bestimmten Gläubiger die geliehene Geldsumme zu refundieren, Zins zu zahlen und Vermögen mindestens im Wert der geliehenen Summe zu verpfänden. Als handelbarer Titel – Anleihe – kann der Gläubiger wechseln, während die Anleihe selbst und ihr Schuldner unverändert bleiben. Der Anleihe-Schuldner muß nichts verpfänden, seine Vollstreckungsfähigkeit (Bonität bzw. Vermögensausstattung) wird jedoch von Spezialisten – Ratingagenturen – geprüft.

Das nicht zinstragende Dokument – die Geldnote – impliziert insofern einen anonymisierten Anspruch auf Vermögen des Emittenten, als nur dieser, nicht jedoch der Schuldner benannt ist, für den das Geld emittiert wird. Die Emissionsbank verpflichtet seinen namentlich genannten Schuldner, ihr die geliehene Summe zu refundieren. Sie will jedoch nicht, daß ihr Dritte, an die das Geld ihres identifizierten Schuldners gelangt ist, die Geldnoten zur Einlösung präsentieren, obwohl alle dazu das Recht haben. Die emittierende Bank wird alles dafür tun, die Noten in der Zirkulation zu halten, also ihre *Zirkulationsfähigkeit* zu sichern. Die Notenbank muß dabei ähnlich wie eine moderne Geschäftsbank handeln. Diese versucht bekanntlich durch seriöses Geschäftsgebaren, das jederzeitige Recht der Depositeure, ihre Guthaben in Bargeld zu verwandeln, nicht zum selben Zeitpunkt wirksam werden zu lassen. Sollten Notenbank oder Geschäftsbank allerdings das Einlösungsrecht aufkündigen, wäre ihre Existenz als Bank wegen des dann unvermeidlich einsetzenden *run* ganz schnell zu Ende.

Es ist nun die Güte des Vermögens, das die Emissionsbank selbst für die Geldnoten belastet, und die Güte des Vermögens, das ihr Schuldner als Pfand stellt, die darüber entscheidet, ob der Bank Geldnoten zur Einlösung präsentiert werden oder nicht. Jeder aktuelle Halter der – für ihn *anonymisierten* – Geldnote hat also eine *Option* zur Einlösung, aber keine Verpflichtung. Nimmt er die Option wahr, gibt er damit dem Gläubiger ein Signal des Mißtrauens über die Besicherung seines Geldes. Der namentlich bekannte Schuldner aus dem ersten Dokument – dem Kreditkontrakt – jedoch hat nicht etwa eine Option, sondern allein die *Verpflichtung* zur Erfüllung seiner Verbindlichkeiten.

Obwohl die Eigentumsökonomik den Keynes'schen Begriff *money proper* verwendet, identifiziert sie sich in keiner Weise mit Keynes' Vorstellung, daß eigentliches Geld immer *Staatsgeld* sei. Wie in Kapitel II, Abschnitt 3a gezeigt, hat die Identifikation von Geld mit Staatsgeld Keynes zu der Empfehlung verführt, öffentliche Ausgaben durch Notenbankfinanzierung zu decken. Sie geistert bis heute in der herrschenden Geldtheorie herum, wenn Geld als öffentliche Schuld definiert wird (beispielsweise Tobin 1963, S. 415, Friedman 1992, Sp. 252b oder Richter 2000, S. 320 f.).

4 *Geld und Nettovermögen*

Die auf gute Sicherheiten bestehende und mit belastbarem Eigentum ausgestattete Notenbank emittiert ein Geld, das die Eigentumsökonomik *Gläubigergeld* nennt. Würde die Bank hingegen für einen nicht Eigentum verpfändenden Schuldner und ohne Belastung eigenen Vermögens Noten herausgeben, wie im Falle der Notenbankfinanzierung, dann wären die emittierten Geldnoten entsprechend ein *Schuldnergeld*. Nur das Gläubigergeld kann das Wirtschaften steuern, da es zur Bildung von Nettovermögen führt. Schuldnergeld ist niemals Vermögen und wird vom Publikum gemieden, solange es an Gläubigerwährungen herankommen kann.

In der herrschenden Geldtheorie ist – wie in Kapitel II, Abschnitt 3 gezeigt – der Unterschied zwischen Gläubigergeld und Schuldnergeld niemals thematisiert, geschweige denn erkannt worden. So kann beispielsweise der Standard-Keynesianer James Tobin (1963, S. 415) unwidersprochen verkünden: Über die ihr unterstehende Zentralbank könnten «Regierungen ... Zahlungsmittel zur Finanzierung ihrer eigenen Käufe von Gütern und Dienstleistungen schaffen».[101] Tobin ahnt nicht, daß er hier einer geldzerstörenden Notenbankfinanzierung des Staates das Wort redet, die seriösen Zentralbanken heute selbstredend verboten ist.[102]

Durch die Ausgabe der Geldnoten an einen Schuldner belastet der Emittent sein Eigentum als Gläubiger, verliert also während des Kreditzeitraums die Dispositionsfreiheit darüber bzw. gibt Eigentumsprämie auf. Dieser Schritt besagt, daß der Emittent mit seinen Noten die Verpflichtung – nicht zu verwechseln mit derjenigen seines Schuldners im geldschaffenden Kontrakt – eingeht, sie jederzeit und gegenüber jedem Halter, also ohne zusätzlichen Kontrakt, in Eigentum einzulösen und solches dafür vorzuhalten, es also zu belasten. Wer Noten emittiert, gibt eine generelle Garantie ab, daß er Vollstreckung in sein Vermögen akzeptiert. Belastung, Einlösungszusage und Vollstreckungshinnahme des Gläubigers bilden eine unteilbare Handlungsabfolge bei der Schaffung von Geldnoten.

Die Existenz der beiden verschiedenen Dokumente der Geldschaffung – Kreditvertrag und Geldnote – wird in der Bilanz des modernen Notenemittenten, der Zentralbank, nicht sichtbar gemacht. Selbstverständlich klassifiziert sie ihre Banknoten als «Verbindlichkeiten». Daraus wird aber ihre wesentliche Verpflichtung nicht deutlich, dem Halter ihrer Noten[103] jederzeit Vermögen herauszugeben, wenn er etwa als Kontraktpart-

[101] Original: »Governments ... can ... create means of payment to finance their own purchases of goods and services».

[102] Gleichwohl ist selbst im noch jugendlichen Eurosystem, dem Verbund aus EZB und den 12 Nationalen Zentralbanken (NZBs) der EWU, versucht worden, nicht etwa aus dem staatlichen Haushalt – hier dem italienischen –, sondern direkt aus der *Banca d'Italia* einen Kredit zu vergeben (an den Libanon). Die EZB hat dies gerade noch einmal verhindern können (Pwe./Tp. 2005, S. 10).

[103] Zur Zeit der privaten Noten- oder Zettelbanken konnte jeder Halter Vermögen einfordern. Heute ist dieses Recht dank der wasserdichten Zweiteilung zwischen Zentralbanken und Geschäftsbanken für die Nichtbanken unmöglich gemacht. Der Grundsatz, daß Banknoten Forderungen auf Vermögen ihres Emittenten darstellen, ist davon nicht tangiert.

ner Geschäftsbank mit ihr in einem notenschaffenden Kreditkontrakt steht.

Diese Unklarheit in der Zentralbankbilanz sorgt in der geldtheoretischen Diskussion für ungebrochene Verwirrung. In den 1960er Jahren führt sie zur *New View* des Geldes, mit der zuerst John Gurley und Edward Shaw (1960) die *Old View* zu widerlegen trachten, daß Geld, verstanden als «Warengeld»,[104] ein Teil des Nettovermögens der Gesellschaft sei. In Übereinstimmung mit der Zentralbankbilanz sehen die beiden Autoren das Geld als Verbindlichkeit der Emissionsbank bzw. als Vermögen der Geschäftsbanken, die es im Kredit erhalten. Daraus folge, daß in der Gegenrechnung für die Wirtschaft als Ganzes das Nettovermögen Geld gleich Null sei. Gegen diese These wollen Boris Pesek und Thomas Saving (1967, S. 143) die *Old View* rehabilitieren: Geld sei keine Schuld, sondern Nettovermögen: «Banknoten sind ein Posten des Nettovermögens, das an den privaten Sektor vermietet wird».[105]

Die Eigentumsökonomik kann nun zeigen, daß Peseks und Saving These zutrifft, aber falsch begründet ist. Sie behandeln die Schaffung von im Kredit verliehenen Banknoten, die ebenso zu einem Netto*nominal*vermögen führten wie die Vermietung einer neu produzierten Maschine, die das Netto*sach*vermögen erhöhe. Dabei übersehen Pesek und Saving, wie schon der oben diskutierte Monetärkeynesianer Riese, daß die Notenbank – anders als ein Maschinenproduzent – *ihr* Nettovermögen keineswegs vergrößert, wenn sie Geld schafft.[106] Aber was ist dann die Ver-

[104] Die *Old View* geht von Edelmetallwährungen aus, bei denen die Banknoten in Gold einlösbar sind. Dabei wird das Gold, wie aus den Noten der *Fed* bis 1935 ersichtlich, als eigentliches oder «gesetzmäßiges Geld» [*lawful money*] verstanden. Gold aber ist nicht eine produzierte Ware Geld, sondern ein Vermögen wie beispielsweise eine produzierte Ware Maschine. Was hier also gegen Banknoten einlösbar ist, erweist sich nicht an sich schon als Geld, sondern lediglich als eine bestimmte Variante von Eigentum, deren Preis von der Notenbank leichter als Wechsel, Hypotheken etc. zu stabilisieren ist. So verspricht im Zeitalter des sogenannten Goldstandards die *Bank of England* jedem Einlieferer ihrer Sterlingnoten 7,32 Gramm Gold pro £ (Stadermann 1994b, S. 174).

[105] Original: «Bank notes are an item of net wealth leased to the private sector».

[106] Auch Alvano Cencini (2001, S. 84) sieht in einer aktuelleren Abhandlung, daß Geld an sich genommen kein Nettovermögen darstellt. Geld werde nicht wie ein Gut produziert, sondern emittiert. Dann fällt er aber doch auf die Produktionssicht zurück, wenn er die Bildung von Nettovermögen aus der «Verknüpfung von Geld mit laufendem Output» erklärt. Erst wenn das emittierte Geld zu neuer Produktion

bindlichkeit der Notenbank? Nicht – wie gezeigt – ihre Banknoten-Dokumente sind ihre Verpflichtung, sondern die Herausgabe ihres Vermögens an die Halter ihrer Noten, wenn diese ihr präsentiert werden. In den Worten des US-Finanzministeriums: «Federal Reserve Noten sind Forderungen auf Vermögen der sie herausgebenden Federal Reserve Bank» (US Treasury 2005).[107] Die Aussage wird selbstredend nur korrekt, wenn das Wörtchen «sind» durch «implizieren» ersetzt wird.

Gegen diese Sicht der Zentralbankverpflichtung könnte eingewandt werden, daß die sich Geld borgende Geschäftsbank doch eine Verbindlichkeit gegenüber der Notenbank eingeht, wenn sie das für sie geschaffene frische Geld ihrem Nettovermögen hinzufügt. Wird dann nicht das Nettonominalvermögen insgesamt wieder auf Null gestellt? Bei dieser Frage wird in der Bilanz der Geschäftsbank der Teil ihres Vermögens übersehen, den sie der Notenbank verpfänden muß, damit das ihr verliehene Geld überhaupt geschaffen werden kann. Geld ist in der Tat zusätzliches Vermögen, weil es Eigentum aktiviert, das dabei kollateralisiert und sogar riskiert, aber eben nicht vermindert wird.[108]

Anders als das Geld wird das Nettovermögen nicht dadurch eliminiert, daß der Geldkredit an die Notenbank refundiert wird. Für die Fähigkeit zur Rückzahlung muß der Schuldner Geschäftsbank einen weiteren Schuldner kontrahieren. Von bloßen Finanztransaktionen einmal abgesehen, muß dieser Schuldner ein Unternehmer-Produzent sein, der beispielsweise eine Maschine für die Erweiterung seines Sachervermögens,

und damit zu Einkommen führe, könne es von den Einkommensempfängern als Nettovermögen gebildet werden – etwa in Form von Depositen bei einer Bank. Übersehen wird wiederum, daß Geld nur über die Belastung von Eigentum emittiert wird und bereits in dem Moment als Nettovermögen zur Verfügung steht, in dem mehr Eigentum belastet ist und nicht erst, wenn mehr Output erzeugt ist.

Original: «Net wealth ... [is] formed through the association of money and current output.»

[107] Original: «Federal Reserve notes are claims on the assets of the issuing Federal Reserve bank». Stuart Enghofer und Manuel Knospe, Universität Bayreuth, haben uns auf diese Formulierung aufmerksam gemacht; vgl. auch Enghofer/Knospe 2005.

[108] Das hat bereits Geoffrey Crowther (1940, S. 47)geahnt: «Die Bank ‹schafft› Geld nicht aus dem Nichts; sie verwandelt andere Formen des Vermögens in Geld.»

Original:«The bank does not ‹create› money out of thin air; it transmutes other form of wealth into money.»

für ihren Verkauf oder für ihre Vermietung produziert. In jedem Fall ist Nettovermögen für die Wirtschaft insgesamt hinzugekommen.

Auch Stadermann (1992, S. 188 f.) hat sich gegen die These gewandt, das das gesamtwirtschaftliche «Geldvermögen» Null sei, weil dadurch «die zur Geldemission fähigen Forderungen ... nur nebenbei» behandelt würden: «Die herrschende Theorie» hat «die Summe der Forderungen und die Summe der Verbindlichkeiten zu Null addiert und ... ein *per saldo* nicht bestehendes Geldvermögen» angenommen. «Dieser Schachzug ist genauso lustig, als würde man – da die gekaufte Menge auf dem Güter- und Ressourcenmarkt mit der verkauften Menge identisch ist – behaupten, der Ressourcen- und Güterreichtum der Gesellschaft sei ebenfalls Null». Erst eine richtige Saldierung, also der Abzug der Verbindlichkeiten vom Sachvermögen, führe vielmehr zu einem positiven Geldvermögen: «Als Vermögen bleiben die auf Geld lautenden Forderungen der Vermögenseigentümer auf die wirtschaftlichen Werte in den Haushalten und Unternehmen übrig, die einer weiteren Ausweitung der Geldemission dienen könnten». Das trifft schon zu. Es geht aber nicht um den unbestritten richtigen Saldo, sondern darum, daß in Höhe der Verbindlichkeiten Eigentum belastet, jedoch gerade nicht reduziert wird. Die Besicherung, beispielsweise in Form einer Hypothek auf Grund und Boden, mündet in einen nominalen Vermögenstitel. Eine Addierung des Nominalvermögens insgesamt zu Null würde die Herkunft des Geldes aus dem Eigentum abschneiden und seine Schaffung unbegreiflich machen.

5 Geldschaffung durch die private Notenbank

Prinzipiell kann jeder Eigentümer als Gläubiger für einen Schuldner Ansprüche gegen sein Vermögen als Geldnoten emittieren. Die Qualifizierung des Emittenten als Eigentümer eines belastungs- und damit einlösungsfähigen Vermögens, der in einem Kontrakt mit einem Schuldner Geld schafft, wobei dieser ihm im Gegenzug Vermögen verpfänden muß, sorgt von ganz alleine dafür, daß allerdings nicht Jedermann Geld schaffen kann. Gläubigergeld kann also niemals ein «Jedermann-Geld»[109] sein.

[109] Spahn (1998, S. 389) – vgl. ähnlich Spahn (1999, S. 28-30 und 74 sowie 2001, S. 60-62) – hat mit diesem Spott die eigentumsökonomische Erklärung des Geldes

Bereits für die historisch erste Stufe der Geldwirtschaft – für die mesopotamische Antike (1. Jahrtausend v.u.Z.) – ist nachgewiesen, daß private – noch nicht als Banken fungierende – Eigentümer damit beginnen, in zinsbelasteten und kollateralisierten Kreditkontrakten Geld zu schaffen: «Der Kredit in seiner juristischen Ausgestaltung, die Sicherheiten und die Zinserhebungen dürften nicht zuerst in den [staatlichen] Tempel[-Banken] praktiziert worden sein. Die *Privatkontrakte sind viel älter als die heiligen Kontrakte*. Wir glauben, daß es *Privatleute, Kaufleute oder Eigentümer*, gewesen sind, die den Schuldkontrakt erfunden haben. ... Die Heiligtümer ... haben dann die *Privat*kapitalisten nachgeahmt» (Bogaert 1966, S. 66; unsere Hervorhebungen).[110]

in Frage stellen wollen. Insbesondere sei nicht klar, warum die Eigentumsbelastung des Gläubigers Geld sein solle, diejenige des Schuldners aber nur Pfand. Er versteht bei dieser Frage den Unterschied zwischen Geld und Kredit nicht. *Mit Gläubigereigentum wird eine Geldnote* – also kein Kredit – *abgesichert, mit dem Schuldnereigentum jedoch ein Kreditkontrakt,* also kein Geld.

Überdies hätte die Eigentumsökonomik nicht gesehen, daß die Depositenverpflichtungen von modernen Geschäftsbanken Ansprüche auf Geld und nicht auf Eigentum seien. Er weiß dabei nicht, daß solche Ansprüche immer Ansprüche auf Eigentum der Bank sind. Die moderne Geschäftsbank zeichnet sich ja dadurch aus, daß sie kein Geld schaffen kann, weshalb Geldnoten, die nur von einer Notenbank geschaffen werden können, bei ihr – anders als bei der Notenbank – ein Aktivum, also Eigentum darstellen. Können die Forderungen der Deponenten nicht aus dieser Eigentumsvariante befriedigt werden, muß die Geschäftsbank andere Eigentumstitel (Aktiva) in Geld verwandeln und notfalls mit ihrem haftenden Eigenkapital sich der Vollstreckung ausliefern.

Solange – das wiederum weiß bereits Steuart (1767, Band II, S. 152) – es sich bei einem Jedermann um «einen ehrbaren, intelligenten und fähigen Banker ... ohne einen einzigen Schilling» handelt, der Noten aber nur gegen gute Pfänder emittiert und die Zinserträge als Eigenkapital einsetzt, könnte er als so angesehen gelten wie die *Bank of England.* Gewiß würde ein derart ehrlicher Jedermann mit einem Schuldnergeld beginnen müssen, dieses dann aber dank der Transformation der Gewinne in Eigenkapital sehr schnell in ein Gläubigergeld transformieren können.

Original: «An honest man, intelligent and capable to undertake a bank ... without one shilling of stock.»

[110] Original: «Le prêt dans sa norme juridique, les sûretés, les taux de l'intérêt ne semblent pas avoir été pratiqués pour la première fois dans les temples. Les contrats privés sont plus anciens que les contrats sacrés. Nous croyons que ce sont des particuliers, marchands ou propriétaires, qui ont été les inventeurs du contrat de prêt. Sous les dynasties de Isin et de Larsa, les sanctuaires ... ont imité les capitalistes privés.»

In einem nächsten Schritt entwickelt sich aus der Konkurrenz unter den Geld schaffenden Gläubigern eine Sozietät der stärksten Eigentümer zu den ersten *Kredit*banken und dabei *uno actu* zu *Geldemission*sbanken. Wir werden sehen, daß – zweieinhalb Jahrtausende später – im Jahre 1833, als die Noten der *Bank of England* den Status eines gesetzlichen Zahlungsmittels (*legal tender*) erhalten, die überragende Akzeptanz dieses Geldes nur deshalb erreicht werden kann, weil die Bank mit dem Privileg der Aktiengesellschaft (Haftung nur mit dem Teil des eingebrachten Vermögens) ein vielfach größeres Gesamtvermögen hinter sich zu bringen vermag als die Zettelbanken – die sogenannten *country banks* –, die maximal über sechs unbegrenzt haftende Teilhaber verfügen dürfen (Hawtrey 1932, S. 131 f.).

In der englischen Finanzkrise von 1793 erleben diese kleinen Emissionsbanken die Ablehnung ihrer Noten selbst durch ihre eigenen Kunden, die stattdessen Noten der *Bank of England* verlangen. Henry Thornton (1802, S. 188) identifiziert die schlechtere Ausstattung dieser Banken mit Eigenkapital als Grund für ihren Untergang in der Krise. Er verlangt daher die «Belehrung der Bankiers dergestalt, daß sie sich mit einer größeren Menge von dem *Eigentum* ausstatten, das problemlos in Noten der *Bank of England* umgewandelt werden kann» (unsere Hervorhebung).[111]

Die Kreditbanken des Altertums emittieren auf verschiedenen Materialien dokumentierte «Noten» (Metallringe oder -plättchen, miniaturisierte Werkzeuge etc.), die gegen ihr Vermögen einlösbar sind. Die historische Forschung unterstreicht, daß es keineswegs Güter gewesen sind, die durch Geld tauschfähig gemacht werden sollten. Im Gegenteil, Geld hat damals «als Mittel zur Umwandlung immobilen Vermögens in rechenbares Vermögen» (Starr 1982, S. 431)[112] gedient. Schon für Mesopotamien wird gesehen: «Das Silber ist gleich dem Feld» (Skaist 1994,

[111] Original: «The country bankers should be taught … to provide themselves with a larger quantity of that property which is quickly convertible in Bank of England notes.»

[112] Original: «Yet money [coinage] did provide a mode of translating immovable assets into reckoning assets.»

S. 130),[113] also dem Grundeigentum und nicht dem auf seiner Ackerkrume bzw. Besitzseite produzierten Getreidegütern.[114]

Der mit dem Eigentum am Acker des Schuldners besicherte Gerstenkredit aus den – in Kapitel III, Abschnitt 2 skizzierten – Anfängen des Wirtschaftens wird im nächsten Schritt mit der Note des Gläubigers erweitert, die mit dessen Grundeigentum besichert ist. In diesem Kredit erhält der Schuldner nicht mehr naturale Gerste, für deren ebenso naturale Refundierung er mit seinem Grundeigentum haftet. Jetzt erhält er Noten, für deren Refundierung er wiederum mit seinem Grundeigentum einsteht. Für diese Noten verkaufen ihm aber Dritte die jeweils gerade benötigte Menge Gerste als Saat- oder Futtergetreide, weil die Noten mit Eigentum ihres Emittenten besichert sind, in dessen Vermögen, in Form von Eigentum an Gerstenäckern, sie im Zweifelsfalle einlösen können.

Das Anhäufen von Getreidegütern mit den Verlusten durch Fäulnis und Ungezieferfraß in den Vorratshäusern feudaler Herren benötigt die Eigentumsgesellschaft mithin nur an ihrem Beginn. Alsbald werden die Durchhaltekosten der Naturalgüter zum Spezialproblem der Händler, die Getreide als Ware verkaufen. Was bleibt, sind die Gewichtsmaße für die Gerste als Namen für die ersten Währungen, die sich als Lira, Peso oder Pfund teilweise bis heute durchgehalten haben und als Gewichtseinheit unverändert nahe bei den 504 Gramm der babylonischen Mine liegen.

Allerdings ist die Akzeptanz bloßer «Noten» etwa bei Nichtmitgliedern des Rechtssystems einer Polis oder Civitas eingeschränkt. Bürger aus anderen Staatsgebieten dürfen in der Emissionsrepublik meist kein Eigentum erwerben und können aus diesem Grunde das Geld faktisch auch nicht gegen Eigentum aus dieser Gesellschaft einlösen, so daß sie von seiner guten Besicherung möglicherweise nichts haben. Das gilt etwa für griechische Stadtstaaten, wo beispielsweise ein Korinther nicht ohne

[113] Original: «The silver is like the field.»

[114] Schon Steuart (1767, Band II, S. 149) – interessanterweise in einer nachgeschobenen Fußnote – gebraucht das Bild des Einschmelzens von Edelmetall («solid property may be melted down») für einen dem Geldkredit dienenden Eigentum an Grund und Boden. Überdies sieht er Gemeinsamkeiten zwischen Grund und Boden und anderen persönlichen Vermögen («personal estates»). Diese vermag er zwar nicht als die Eigentumsseite unterschiedlicher Vermögen zu benennen. Er sieht sie aber durchaus wie Eigentum funktionieren, wenn er die Gemeinsamkeit physisch unterschiedlicher Positionen in ihrer Kreditfähigkeit festmacht. Und diese Gemeinsamkeit wird ja allein durch das Abstraktum Eigentum gestiftet.

weiteres Eigentum in Athen erwerben kann. Sie wollen eine uneingeschränkte Gewißheit über die Zugänglichkeit des Kollaterals. Das gelingt erst durch Amalgamierung der «Noten» mit besicherndem Eigentum, wie sie in der *privaten* Münze aus Edelmetalleigentum gefunden wird, die etwa in Mesopotamien als «runde Silberlinge» oder «Schamaschköpfe» belegt sind (Leemans 1960, S. 128 f.).[115] In der Münze, der gemünzten Geldnote ist das Kollateral direkt greifbar.

Unberührt von der Differenz zwischen bloßer Note und Edelmetallmünze bleibt der Zins, weil er nicht vom Geld, sondern vom Eigentum kommt. Ob man über das Eigentum an einem Gerstenacker zwölf Monate nicht frei disponieren (verkaufen, noch einmal belasten etc.) kann, weil Noten mit ihm besichert sind, oder ob man an das in der Münze steckende Goldeigentum zwölf Monate nicht heran kann, macht keinen prinzipiellen Unterschied. In jedem Fall verliert der Emittent Freiheit über sein Eigentum, also Eigentumsprämie und fordert eben für diesen Verlust Zins. Umgehend allerdings zeigt sich die Beschränkung von Edelmetallwährungen darin, daß die Besitzseite des Metallvermögens während des Kreditzeitraums nicht genutzt werden kann.

Das in der gemünzten Note zirkulierende Edelmetalleigentum ist umgehend dem Verlust durch Abnutzung, Klippen und Umlegierung etc. ausgesetzt, was ein weiteres Akzeptanzproblem hervorbringt. Überdies gefährdet die Münzwährung den wirtschaftlichen Prozeß, wenn aus Metallmangel nicht mehr genügend Münzen im Kredit, für an sich verpfändungsfähige Schuldner bereitgestellt werden können, der Geldumlauf also unfreiwillig einbricht. Wenn bereits verschuldete Unternehmer Waren erfolgreich produzieren und dafür auch Nachfrage finden, aber ausmünzbares Edelmetall nicht ausreichend in die Zirkulation gelangt, ist der Weg zur staatlichen Münze geebnet.

Wie hat man sich das vorzustellen? Der Staat zieht sämtliches Edelmetall ein und prägt es zu nunmehr staatlichen Münzen mit weniger Edelmetallgehalt, aber gleichem oder auch höherem Nennwert um. Schuldner mit einer Refundierungslast im Nennwert von 100 und Münzen von 50, liefern diese ab, erhalten dafür 100 in der neuen Staatsmünze und tilgen damit ihren Kredit. Verlierer sind dabei die Gläubiger, die weniger Metall zurückerhalten, als sie verliehen haben. Zumindest aber bekommen sie ihre Forderungen im Nennwert erfüllt. Aus gutem Grund al-

[115] Original: «Siver roundlings. ... Shamash heads.»

so haben die Griechen Solon einen Weisen genannt, dem der erste Schritt zu einem staatlichen Münzmonopol zugeschrieben wird. Denn dieser ermöglicht ja nicht nur die Erfüllung der Kredite, sondern hält das Wirtschaften selbst in Gang, woran auch die durchaus geschädigten Gläubiger zunächst alles Interesse haben. Auch der historische Befund siedelt den Schritt zur Staatsmünze in Griechenland an: «Die Münze schufen wohl *Privatleute* für wirtschaftliche Zwecke, doch lassen Bilder wie der lyd. [ische] Löwe, die Biene von Ephesus u.a. erkennen, daß die Ausgabe bald in staatliche Regie gelangte» (Chantraine 1979, Sp. 1448; unsere Hervorhebung).

Beiläufig sorgt das staatliche Münzmonopol dafür, daß dem «Diebstahl» am Kollateral durch Klippen oder Umlegieren härter, mit der Todesstrafe nämlich, begegnet wird. Allerdings kann durch eigene Münzverschlechterung nun der Staat selbst Diebstahl am Kollateral begehen. Der Weg vom Gläubigergeld zu einem Schuldnergeld ist damit offen. Sobald die Staatsmünze existiert, setzen denn auch schon in den antiken Stadtstaaten Griechenlands Versuche ein, steigende öffentliche Schulden mit geringerwertigen Münzen zu bezahlen und auf diesem Wege auch Banken aufzuzwingen, die Münzen selbst nicht mehr schaffen dürfen. Um die daraus resultierenden Verluste zu beschränken, hält das Publikum die höherwertigen Münzen zurück oder verkauft sie als eingeschmolzene Ware, um einen höheren Nennwert als den gerade neu aufgezwungenen zu erlangen.

Erst in der Frühen Neuzeit findet das eigentumsverteidigende Interesse der Kreditgeber zu einem Verfahren, staatlicher Geldverschlechterung zu entkommen. Am berühmtesten wird dabei die im Jahre 1609 gegründete Bank von Amsterdam (Bagehot 1873, S. 79-82 und Stadermann 1994a, S. 45-54). In der niederländischen Hauptstadt erhalten Waren anbietende fremde Kaufleute von den einheimischen Kaufleuten Wechsel, die von den Banken in Amsterdam in vollwertige Münzen hätten eingelöst werden müssen. Wenn dann aber diese Banken bei Fälligkeit der Wechsel zu deren holländischen Ausstellern gegangen wären, hätten sie von diesen Münzen im geforderten Nennwert, aber mit geringerem Gewicht bekommen, also einen Verlust gemacht. Dieses Problem löst die Bank von Amsterdam dadurch, daß sie den Wechselausstellern Guthaben in Höhe des realen Edelmetallswertes, nicht aber des aufgeprägten Nennwertes der von ihnen eingelieferten Münzen einräumt. Zusätzlich berechnet sie Einschmelzkosten und sonstige Managementaufwendungen. Von nun an kann ein niederländischer Kaufmann nur noch mit Wechseln bezahlen, wenn er ein Guthaben bei der Bank von Amsterdam unterhält. Diese Guthaben werden «Bankgeld» genannt. Von da ab können Forderungen und Verbindlichkeiten zwischen den Inhabern solcher Guthaben durch Verrechnung beglichen werden. Käufer und Verkäufer vollziehen also ohne das Risiko eines Verlustes von Edelmetalleigentum den Kaufkontrakt.

Wenn man beiläufig verstehen will, warum das kleine Holland (zusammen mit Seeland) von 1590 bis 1740 mit der Hälfte aller seegehenden Schiffe den Welthandel beherrscht und dann auch Banken wie die von Amsterdam benötigt, müssen «seine neuen Verfahren der Finanzierung für Schiffbau und Reederei» (Israel 1989, S. 21)[116] angeschaut werden. Während sich in den alten nordeuropäischen Handelszentren Lübeck und Antwerpen maximal drei bis vier Eigentümer die Unternehmung teilen, erfindet Holland den Kleinstanteilseigner. Dadurch wird ein viel höherer Prozentsatz des in der Nation vorhandenen Gesamtvolumens an Eigentum fürs Wirtschaften aktiviert als irgendwo sonst auf der Welt. «Eigentumsanteile nicht nur von einem Sechzehntel oder einem Zweiunddreißigstel, sondern selbst von einem Vierundsechzigstel werden die Regel. ... Typische Eigentümer der holländischen *fluyts* [flötenförmige Frachter] werden Holzhändler, Schiffsbauer, Segelmacher, Brauer, Müller und so weiter» (Israel 1989, S. 21 f.).[117]

Die relative Kleinheit von Land und Bevölkerung macht Holland also dadurch wett, daß selbst Handwerker und Bauern, die anderswo von der Teilnahme an großen Unternehmen ausgeschlossen sind, ihre schmalen Eigentumspositionen riskieren können. Weil die feudalen Fesseln der spanisch-habsburgischen Herrschaft erfolgreich zerrissen und zugleich patriziale Privilegien – wie sie etwa die Senatorenfamilien Lübecks und Danzigs genießen – gar nicht erst etabliert werden, können die zahllosen Kleineigentümer Holland zu einer Nation von Unternehmern transformieren. Seine mit Kleineigentum versehenen Bauern treten mit der Butter- und Käseproduktion für den Export gegen die ansonsten feudalen

[116] Original: «New ways of financing ship building and ownership had to be found.»

[117] Original: «Ownership not just of sixteenth and thirty-second, but also of sixty-fourth shares became commonplace. ... Typically, the owner of Dutch *fluyts* were timber dealers, shipbuilders, sailmakers, brewers, millers, and so forth..»

Großbesitzer an, die ihre Leibeigenen für die Getreideerzeugung und den Holzeinschlag schinden und ansonsten mit patrizialen Händlerdynastien in den hanseatischen und mediterranen Stadtrepubliken kooperieren. Obwohl Amsterdam zur reichsten aller Städte aufsteigt, wird sie das gerade nicht dadurch, daß sie Beherrscherin ihres Umlandes wäre, sondern mit diesem permanent konkurrieren muß. Entsprechend verliert Holland seine Position wieder in dem Maße, indem es sich von der kleinteiligen Eigentümerproduktion abwendet und in der Rolle als «Europas ‹Handelsemporium par excellence›» (Israel 1989, S. 400)[118] bequem macht. Diese fragile Stellung kann dann durch die napoleonische Kontinentalsperre leicht zerstört werden.

England hingegen wird nicht dadurch groß, daß es die holländische Position des Welthandelsherren quasi erobert, sondern weil es sich durch eine weit gestreute Eigentümerproduktion die Innovationen bei Produkten und Herstellungsprozessen erarbeitet, die dann überall nachgefragt werden und dadurch die bis dahin rückständige Insel an die Spitze bringen (dazu mehr unten in Kapitel IV, Abschnitt 3).

Doch zurück zur monetären Verwendung von Edelmetallen. Für Gesetzgeber und Banker, aber auch für Geldtheoretiker, wie beipielsweise die großen Neoklassiker Léon Walras und Knut Wicksell (Stadermann/Steiger, 2001, S. 256 und 268 f.) wirkt die Verwendung wertvoller Waren für die Ausmünzung zu Geld-«Noten» lange Zeit verwirrend. Die sehr späte Anerkennung der Banknote als gesetzliches Zahlungsmittel – beispielsweise 1833 in England und erst 1910 im Deutschen Reich – trägt zu dieser Konfusion bei. Das gilt fast noch mehr für den Aufdruck auf den Dollarnoten vor Aufhebung der Goldeinlösepflicht im Jahre 1973. Bis dahin tragen die Noten der US-*Fed* den Aufdruck rechtmäßiges Zahlungsmittel (*legal tender*), das in gesetzliches Geld (*lawful money*) einlösbar sei.

Die immer noch gängige Vorstellung eines *Warengeldes* als ein vom intrinsisch wertlosen Papiergeld fundamental unterschiedenen Geldes (etwa Friedman 1992, Sp. 251b f. und 262a) findet in dieser durchaus dunklen Gegenüberstellung von *legal* und *lawful* ihren Ursprung. Bis heute hält sich der Glaube, daß bis zur Beseitigung des Goldstandards

[118] Original: «Europe's ‹trade emporium par excellence›.» «Emporium» bezeichnet Handelsstädte, deren Kaufleute den Zwischenhandel beherrschen, wo Fremde also nicht direkt mit anderen Fremden handeln können.

nur Gold und andere Edelmetalle wirkliches Geld gewesen seien, während Banknoten dieses Geld lediglich verträten, weil sie in das «Geldgut» (Richter 2000, S. 319 f.) Gold eingelöst werden könnten. Gold liefert jedoch lediglich *eine Variante* von Eigentum. Es kann also Geld ohne Gold emittiert werden, aber niemals ohne Eigentum. Moderne Zentralbanken, die mittlerweile ganz auf Gold verzichten – wie etwa die australische und zunehmend auch die schweizerische –, müssen statt Gold dann ausschließlich andere Aktiva einsetzen. Gültig bleibt, daß allein gegen dafür zu belastendes Vermögen Geld emittiert werden darf.

In der Antike wie auch in der Neuzeit ist es die Kreditbank – und nicht die *Depositen*bank –, die zur Notenbank wird. Immer noch hält sich die populäre Ansicht, in der Frühen Neuzeit wäre Papiergeld von Goldschmieden erfunden worden. Sie hätten Quittungen für bei ihnen *deponiertes* Gold ausgestellt, die dann wie gut gesicherte Banknoten zirkuliert seien (beispielsweise Dowd 2000, S. 144 f.). Aus dieser Sicht wäre die Notenbank aus der Depositenbank entstanden. Dieser Glaube verdeckt allerdings, daß Geld erst bei einer Bank deponiert werden kann, wenn es zuvor in einem Kreditkontrakt geschaffen worden ist. Die Depositenbank ist mithin ein Sprößling der notenschaffenden Kreditbank.

Diese Abfolge unmißverständlich deutlich zu machen, ist Walter Bagehot in seiner berühmten *Lombard Street* (1873) deshalb ein so wichtiges Anliegen, weil er erklären will, warum in seiner Zeit nur in England ein nennenswerter Geldmarkt existiert. Bagehot versteht als einziger Geldtheoretiker des 19. Jahrhunderts, daß Banknoten im Kredit geschaffen werden und dabei nicht allein gegen Zins, sondern nur gesichert, also immer auch gegen die «Verpfändung von Eigentum» (Bagehot 1873, S. 89)[119] an einen Schuldner gelangen. Ein so geschaffenes Geld drängt weder zur Einlösung noch zur Hortung. Das Publikum beginnt dem Emittenten der Banknoten so sehr zu trauen, daß es seine Noten bei ihm *nicht* einlöst, sondern – gegen Zins – als Sichtguthaben deponiert: «Die Art und Weise, in der die Emission von Noten durch einen Bankier den Weg zu ihm zurück als Depositen finden, ist leicht zu verstehen. Sobald eine Privatperson eine große Menge Banknoten angehäuft hat, stellt sie schnell fest, daß sie dem Bankier großes Vertrauen schenkt, ohne dafür

[119] Original: «A note issue is mainly begun by loans. ... The persons borrowing» are those who own property titles, «the value of any property they wish to pledge» that means, the bank of issue is «lending money safely.»

etwas zu bekommen. ... Die Glaubwürdigkeit des Bankiers ist durch seine Noten sehr überzeugend verbreitet worden. Ihre Akzeptanz durch das Publikum führt dazu, daß er mit der so gewonnenen Glaubwürdigkeit gute Geschäfte machen kann» (S. 87 f.).[120]

Lange vor Bagehot weiß der bereits mehrfach erwähnte Merkantilist Steuart (1767), daß die ersten Notenbanken der Neuzeit aus Zusammenschlüssen von starken Eigentümern entstehen. Diese verbinden in sich die Funktionen von Gläubiger *und* Schuldner. Das von ihnen geschaffene Geld, ihre Banknoten, erhalten anfänglich nur Teilhaber dieser Eignerbank: «Wohlhabende Eigentümer verbinden sich vertraglich zu einem Bankunternehmen. ... Zu diesem Zweck bilden sie einen Vermögensbestand, der aus jeder Art von Eigentumstiteln bestehen kann. ... Dieser Aktiva-Fonds steht den Anteilseignern der Bankgesellschaft gemeinsam als Sicherheit für die Noten zur Verfügung, die sie emittieren wollen. ... Sobald Vertrauen beim Publikum erlangt worden ist, stellen sie Kredite oder Guthaben gegen gute Sicherheiten [auch an das Nichtbanken-Publikum] zur Verfügung» (Steuart 1767, Band II, S. 150).[121]

Die Glaubwürdigkeit einer Notenbank wird durch die Vermögensposition ihrer Anteilseigner, also ihrer Gläubiger begründet, deren einlösungsfähiges Eigenkapital zu Steuarts Zeiten aus Goldeigentum in Münzform besteht: «Sie [die Notenbanken] stellen im Verhältnis zu den *qua* Kredit emittierten Noten eine Münzsumme bereit, die sie für ausreichend erachten, um mögliche Einlösungsansprüche erfüllen zu können. Allein die Erfahrung befähigt sie, das Verhältnis der Münzen, die sie im Tresor

[120] Original: «The way in which the issue of notes by a banker prepares the way for the deposit of money with him is very plain. When a private person begins to possess a great heap of bank-notes, it will soon strike him that he is trusting the banker very much, and that in return he is getting nothing. ... The credit of the banker having been efficiently advertised by the note, and accepted by the public, he lives on the credit so gained.»

[121] Original: «A number of men of property join together in a contract of banking ... . For this purpose, they form a stock which may consist indifferently of any species of property. This fund is engaged to all the creditors of the company, as a security for the notes they propose to issue. So soon as confidence is established with the public, they grant credits, or cash accompts, upon good security [also to the public].»

halten [ihr Eigenkapital], zum zirkulierenden Papier zu bestimmen» (Steuart 1767, Band II, S. 150).[122]

Für die private Emissionsbank ist die Haftung der Anteilseigner mit ihrem Eigenkapital und damit das Einlösungsrecht für die Halter ihrer Noten unverzichtbar. Ihre Noten sind also nur solange Gläubigergeld, wie auf haftungsfähiges Eigentum durchgegriffen werden kann. Selbstredend kann sich die Notenbank am Pfand ihrer Schuldner schadlos halten. Dritte jedoch werden ihre Noten überhaupt nur annehmen, wenn für die Einlösung nicht sie selbst den Schuldnern hinterherlaufen müssen, für die das Geld von der Notenbank geschaffen wird. Im nächsten Abschnitt ist zu zeigen, daß im zweistufigen Bankensystem aus zentraler Notenbank und Geschäftsbanken die Haftung des Emittenten der Noten in einem ersten Schritt auf die Geschäftsbanken übergeht.

Die mit Eigenkapital untermauerte *Bonität einer Notenbank* wird ausgebaut durch die Bonität ihrer Schuldner, die nicht Anteilseigner sind, also das Publikum. Die Evolution von einer Notenbank als reiner Anteilseignerbank zu einer voll entwickelten Notenbank wird ebenfalls bereits von Steuart herausgearbeitet: «Wenn Papiergeld ohne erhaltenen Wert emittiert wird, dann besteht die Sicherheit einer solchen Note allein aus dem ursprünglichen Kapital der Bank. Wenn dagegen das Papiergeld gegen einen erhaltenen Wert [Eigentumspfand der Schuldner aus dem Publikum] herausgegeben wird, dann ist dieser Wert die Sicherheit, auf dem es unmittelbar beruht, und das Bankkapital fungiert – genau gesagt – lediglich subsidiär [das heißt früher für die Einlösung und heute die Liquiditätsreserve]» (Steuart 1767, Band II, S. 151).[123]

Es sind also die verpfändeten Vermögenswerte des Banknoten *qua* Kredit erhaltenden Publikums, die diesen Kredit sichern und damit – als Ergänzung zum Eigenkapital des Emittenten – den Noten höhere Akzeptanz beim Publikum verschaffen, also ihre *Zirkulation* sichern. Wären die

[122] Original: «In proportion to the notes issued in consequence of those credits, they [the banks of issue] provide a sum of coin, such as they judge to be sufficient to answer such notes as shall return upon them for payment. Nothing but experience can enable them to determine the proportion between the coin to be kept in their coffers [own capital], and the paper in circulation.»

[123] Original: «When paper is issued for no value received the security of such paper stands alone upon the original capital of the bank, whereas when it is issued for value received that value is a security on which it immediately stands, and thc bank stock is, properly speaking, only subsidiary.»

Pfänder nicht von bester Qualität, würde die Notenbank bei Zahlungsunfähigkeit ihrer Schuldner Einlöseforderungen, aus den ja weiter umlaufenden Noten, die diesen Schuldnern geliehen worden sind, aus ihrem Eigenkapital bedienen müssen. Das könnte zu Zahlungsunfähigkeit der Notenbank führen. Aus einer solchen Zwangslage kann sie sich nicht dadurch befreien, daß sie Noten für sich selbst aus dem Nichts schafft. Ein solches Schuldnergeld würde nur weitere Einlöseforderungen gegen seinen Emittenten begründen, die sein Eigenkapital eliminiert. Wiederum ist es Steuart, der dies deutlich sieht und damit der immer noch populären Vorstellung (etwa Riese 2000b, § 39, Sp. 493b) widerspricht, daß eine Notenbank in ihrem eigenen Geld niemals zahlungsunfähig werden könne. Steuart versteht, daß eine Noten emittierende Bank für diese immer mit Eigentum haften muß – mit ihrem Eigenkapital im weitesten Sinne, also einschließlich ihres Gewinns: «Ich habe mich umso eingehender mit diesem Sachverhalt auseinandergesetzt, weil viele, die mit der Natur der Bank nicht vertraut sind, nicht recht zu begreifen scheinen, wie diese Institution jemals ohne Geld dastehen könne, da sie doch eine Münzstätte ihr Eigen nennt, die nichts als Papier und Tinte erfordert, um Millionen zu schaffen. Wenn sie aber die Bankprinzipien näher betrachten, so werden sie finden, daß jede Note, die für einen konsumierten statt für einen erhaltenen und aufbewahrten Wert herausgegeben wird, nicht mehr und nicht weniger ist als ein partieller Verlust am [Eigen-]Kapital oder am Profit der Bank» (Steuart 1767, Band II, S. 151 f.).[124]

Warum geht die Periode der Zettelbanken zu Ende? Das liegt daran, daß diese Banken nicht alleine, sondern mit anderen in Konkurrenz, aber auch in Abhängigkeit agieren. Es ist das *System* aus privaten Notenbanken, das von einzelnen Mitgliedern zu Fall gebracht werden kann und am Ende auch zu Fall gebracht wird. Die Forschung vernachlässigt dieses Thema, weil sie glaubt, daß eine schlecht besicherte Emission einzelner Banken mit Abschlägen auf ihre Noten bestraft worden sei und diese daraufhin sorgfältiger agiert hätten. Abschläge hat es durchaus gegeben,

[124] Original: «I have dwelt the longer upon this circumstance, because many, who are unacquainted with the nature of banks, have a difficulty to comprehend how they should ever be at a loss for money, as they have a mint of their own, which requires nothing but paper and ink to create millions. But if they consider the principles of banking, they will find that every note issued for value consumed, in place of value received and preserved, is neither more or less, than a partial spending either of their capital, or profits on the bank.»

aber sie können – wie bereits die zahlreichen Bankenkrisen des 18. Jahrhunderts zeigen – nicht verhindern, daß eine unvorsichtige Ausgabe von Noten zum Problem für andere Banken und damit für das Bankensystem insgesamt führen: «Damals waren Banken Notenbanken ... . Ständig wurden allen Banken ihre eigenen Noten von anderen Banken präsentiert, die diese im Geschäftsverkehr erhalten hatten. Die Verrechnung (*clearing*) der Noten führte – nicht anders als die Verrechnung von Schecks – zu Verbindlichkeiten zwischen Bank und Bank» (Hawtrey 1932, S. 132).[125] Damit nicht jede Bank mit jeder anderen in komplizierte und Unsicherheit schaffende Austauschprozesse ihrer Noten gezwungen wird, schaffen sich die Zettelbanken Englands im Jahre 1773 die Institution des *clearinghouse*. Durch Einlieferung fremder Noten ins *clearinghouse* wird schnell offensichtlich, welche Bank – nennen wir sie Bank *D* – mehr und womöglich für schlechtere Schuldner Noten als andere im Kredit geschaffen hat.

Davor präsentieren die Banken *A, B* und *C* bei Bank *D* deren Noten zur Einlösung. Bank *D* hat aber nicht genügend Goldeigentum oder Noten der Banken *A, B* und *C*, um deren Forderungen zu erfüllen. Da das nicht geheim bleibt, beginnt ein *run* des Nicht-Banken-Publikums – ihrer Depositeure also – auf Bank *D*. Zugleich wird offenbar, daß die Banken *A, B* und *C* auf nicht mehr einlösbaren Bank *D*-Noten sitzen, also wie *D* in die Gefahr geraten, zahlungsunfähig zu werden. Daraufhin müssen sie ihre Ausleihungen einschränken und erwecken gegenüber ihren Einlegern ebenfalls den Eindruck, deren Einlöseforderungen nicht erfüllen zu können. Sie erleben nun ebenfalls einen *run* ihrer Einleger. Das ganze Bankensystem droht zu kollabieren.

Um solche Liquiditätskrisen zu vermeiden, treffen – seit der Finanzkrise von 1857 auch in den USA – die *clearinghouses* zwei Maßnahmen. Sie erklären (i) die Aufhebung der Einlösepflicht aller Banken gegenüber ihren Einlegern und schaffen (ii) für die Banken *A, B* und *C* sogenannte *clearinghouse loan certificates*, die wie Bargeld im Geschäftsverkehr an-

[125] Original: «In those days banks were banks of issue , and ... there was a continuous presentation to each bank of those of its notes which the others received in the course of business. The clearing of notes like the clearing of cheques gave rise to liabilities between bank and bank.»

genommen werden (Gorton 1997, Sp. 99a-b).[126] Mit diesen Zertifikats-Noten können die Banken *A, B* und *C* dann ihre Einleger auszahlen, so daß ein allgemeiner *run* vermieden oder in letzter Minute gestoppt werden kann.

Diese neu geschaffenen Verbindlichkeiten der *clearinghouses* entstehen aber keineswegs aus dem Nichts, sondern nur gegen zusätzlich eingelieferte Sicherheiten der Banken *A, B* und *C*. Das *clearinghouse* funktioniert also bereits wie eine *LOLR*-Instanz der modernen Zentralbank. Zugleich entwickelt sich das *clearinghouse* unvermeidlich zu einer Bankenaufsicht, die Banken vom *D*-Typ unter Beobachtung hält. In den Vereinigten Staaten läuft dieses System noch bis zur Gründung der *Fed* im Jahre 1913. Diese aus Eigeninteresse der Banken geschaffenen *clearinghouse loan certificates* mangeln einer gesetzlichen Absicherung. Daher argumentieren die Politiker, die hinter dem *Fed*-Gesetz stehen, daß es «vor allem auf eine legale Basis stellen soll, was bisher illegal gemacht worden ist» (Timberlake Jr. 1984, S. 140).[127]

In England hingegen nimmt bereits 1797 – im Zuge der Aufhebung der Einlösepflicht nach den Goldabflüssen während der napoleonischen Kriege – die *Bank of England* die *LOLR*-Funktion erstmals wahr. Sie kann dieser Aufgabe nur aufgrund ihrer überragenden Eigentumsposition nachkommen. Sie hat ja, wie erwähnt, als einzige Notenbank das Privileg, eine Aktiengesellschaft sein zu dürfen, also unbegrenzt viele Teilhaber aufnehmen zu können, während die anderen Notenbanken auf das Vermögen von sechs Teilhabern beschränkt sind. Die 1694 gegründete Bank erhält dieses Privileg im Jahre 1708, weil sie von Beginn an für die Finanzierung eines besonders großen Schuldners gegründet wird, nämlich für die Regierung Englands. Wegen dieses Vorlaufs können englische *clearinghouses* statt eigener *loan certificates* immer schon Noten der *Bank of England* für die Aufrechterhaltung der Liquidität der *country banks*, der zahlreichen kleinen Zettelbanken, verwenden.

[126] In der US-Bankenkrise von 1907 emittieren die *clearinghouses* Anleihezertifikate in der Höhe von 500 Millionen Dollar, was immerhin 4,5 Prozent der Geldmenge *M1* (Sichtguthaben und Bargeld) bzw. um die 50 Prozent des Bargeldes entspricht (Gorton 1997, Sp. 99b).

[127] Original: «This bill, for the most part, is merely putting into legal shape that which hitherto has been illegally done.»

Für die *Bank of England* schafft Bagehot (1873, S. 88) daher die Bezeichnung «Zentralbank».[128] Er denkt dabei keineswegs an eine staatliche monetäre Behörde (*monetary authority*), mit der die heutige geldtheoretische Literatur Zentralbanken gleichsetzt. Er meint vielmehr eine zentrale Notenbank, deren Ratio gerade dadurch bestimmt ist, daß sie anders als die miteinander konkurrierenden privaten Notenbanken als *LOLR* operieren kann. Ihre Essenz besteht also weder darin, wie wiederum die herrschende Theorie meint, daß sie das Monopol der Notenemission hat, noch darin, daß sie dem Staat gehört. So gibt es während der Zeit der Reichsbank in Deutschland auch private Notenbanken, und bis heute sind etliche Zentralbanken Aktiengesellschaften – wie die Schweizer Nationalbank – oder gar Allianzen von Privatbanken. So wird etwa der Hongkong-Dollar von gleich drei privaten Geschäftsbanken emittiert, die gemeinsam als *LOLR* fungieren (Jao 1992).

6 Geldschaffung durch die zentrale Notenbank

Im heutigen zweistufigen Bankensystem aus zentraler Notenbank und Geschäftsbanken in ihrer Rolle als Kreditbanken können letztere – anders als in Steuarts Zeitalter des einstufigen Systems privater Notenbanken mit einlösbaren Banknoten – das Geld, für das ihre Schuldner Eigentum verpfänden, nicht selbst schaffen.

Wie kommt es in diesem System zu frischem Geld? Dafür muß die Geschäftsbank bei der Notenbank, die eben keine Behörde, sondern ebenfalls eine Bank ist und deshalb wie jeder Akteur in der Eigentumswirtschaft Eigenkapital aufweisen muß, vorstellig werden. In dieser geldschaffenden Begegnung kommen – das gleiche gilt für die private Notenbank – die in Kapitel III, Abschnitt 2 erwähnten beiden Dokumente ins Spiel. Die zentrale Notenbank leiht der Geschäftsbank (i) Zentralbanknoten, die primär mit ihrem Eigenkapital besichert sind. Zugleich setzt sie (ii) einen Kreditkontrakt auf, der primär mit handelbaren Forderungen der Geschäftsbank gegen das Eigentum gesichert ist, das ihr private und staatliche Schuldner verkauft haben. Im Kreditkontrakt sind wiederum Rückzahlung, Verzinsung, Verpfändung und Terminierung niedergeschrieben. Der Unterschied zum System der privaten Notenban-

[128] Original: «Central bank.»

ken besteht lediglich darin, daß der geldschaffende Kontrakt nicht zwischen einer Notenbank als Gläubiger und einer Nichtbank als Schuldner läuft, sondern zwischen der zentralen Notenbank und einer Geschäftsbank, wobei die Nichtbank mit ihren Sicherheiten jetzt nur indirekt beteiligt ist. Anders als die private Notenbank, die als Notenbank *und* Geschäftsbank Gläubiger ist, übernimmt die Geschäftsbank jetzt gegenüber der zentralen Notenbank die Rolle des Schuldners. Nur als Kreditbank gegenüber der Nichtbank bleibt sie Gläubiger.

Was verpfändet die Geschäftsbank als Schuldner gegenüber der zentralen Notenbank? Im System privater Notenbanken werden gute Sicherheiten von Schuldnern, die Nichtbanken sind, für die Notenemission gestellt. Nunmehr werden nicht etwa Sicherheiten aus dem Vermögen der Geschäftsbank für die Notenemission akzeptiert, sondern deren Forderungen an Nichtbanken, für die allerdings die Geschäftsbank als Gläubiger mit ihrem Eigenkapital haftet.

Es sind allerdings nicht die Kontrakte zwischen Geschäftsbanken und ihren verpfändenden Schuldnern selbst, die bei der Zentralbank beliehen werden.[129] Bei Ausfall der Kreditforderung haftet also nicht der Schuldner der Geschäftsbank, sondern sie selbst. Es erfolgt mithin keine Forderungsabtretung. Auch muß bei Forderungsausfall die zentrale Notenbank nicht mehr – wie die private Emissionsbank, die gleichzeitig Kreditbank für Nichtbanken ist – hinter dem verpfändeten Vermögen der Nichtbank herlaufen. Sie hält sich bei der Geschäftsbank als Gläubiger der Nichtbank schadlos, damit ihr Eigenkapital erst in letzter Linie in Anspruch genommen wird.

Um nicht auf dem Umweg über die Geschäftsbanken das Gläubigergeld der zentralen Notenbank zu gefährden, akzeptiert sie von diesen nur Titel, die problemlos handelbar, also *marktfähig* sind.[130] Sie müssen mit-

[129] Allerdings kann im Eurosystem eine Geschäftsbank bei ihrer NZB Kreditforderungen gegenüber privaten Unternehmen und öffentlichen Stellen – bei der Bundesbank nur gegenüber privaten Unternehmen – einreichen. Sie werden aber nur mit Abschlägen bis zu 25 Prozent akzeptiert (EZB 2005, S. 47-54).

[130] Im Eurosystem wird dieser Grundsatz verwässert. Hier werden «marktfähige Schuldtitel mit begrenzter» und «eingeschränkter Liquidität» akzeptiert sowie sogar «nicht marktfähige Schuldtitel», die «kaum liquide sind» (EZB 2005, S. 53). Die EZB versteht durchaus, daß die mangelnde Liquidität solcher Titel für das Eurosystem zu Verlusten führen können, denen sie daher mit Abschlägen und anderen Risikokontrollmaßnahmen zu begegnen versucht.

hin direkte Forderungen gegen das Eigentum ihrer Schuldner erst einmal in *neue Titel* verwandeln, die auch Dritte jederzeit anzukaufen bereit sind, die also voll *liquide* sind. Das können zum Beispiel Pfandbriefe sein, die von einer Hypothekenbank emittiert und einer Geschäftsbank erworben worden sind, also für letztere Forderungspapiere bedeuten. Für diese haftet die Geschäftsbank gegenüber der Zentralbank mit ihrem Vermögen und nicht etwa mit dem Eigentum der Hypothekenbank. Selbstredend besteht weiterhin die Haftung des Emittenten der Papiere gegenüber ihrem Erwerber, was aber die Zentralbank nicht weiter zu interessieren braucht.

Von einer Geschäftsbank nur gegen eigenes Vermögen emittierte Schuldnerpapiere – etwa Bankschuldverschreibungen – sind nicht zentralbankfähig. Das gleiche gilt für Schuldtitel, die von einem mit der Geschäftsbank eng verbundenen Unternehmen herausgegeben worden sind.[131] Werden diese Papiere hingegen von einer anderen Geschäftsbank gekauft, erweisen sie also ihre Marktfähigkeit, dann werden sie in ihrer Hand ein Forderungspapier gegen die emittierende Geschäftsbank und damit zentralbankfähig. Bei der Zentralbank muß eine Geschäftsbank also Schuldtitel einliefern, die sich als Forderungen gegen Dritte in ihrem Eigentum befinden.

Die zentrale Notenbank schafft Geld also nicht gegen bloße Verbindlichkeiten, auch nicht gegen solche einer Geschäftsbank oder eines Unternehmens, an dem sie Anteile hält, sondern allein gegen Forderungen einer Bank, deren Verbindlichkeit bei anderen liegt. Diese Unterscheidung mag verwirren, da jeder Forderungstitel immer auch ein Schuldtitel ist. Wie bereits in Kapitel III, Abschnitt 3a gegenüber Keynes gezeigt, wird ein Schuldtitel (*debt*) aber erst dann zu einem Vermögen (*asset*), wenn er nicht beim ausstellenden Schuldner verbleibt, sondern von jemand anderem erworben, also gut genug für dessen Vermögen befunden

[131] Auch dieser Grundsatz wird im Eurosystem verwässert, da er nicht für enge Verbindungen zwischen einer Geschäftsbank und öffentlichen Stellen gilt (EZB 2005, S. 44, Fn. 15 und S. 47, Fn. 22). Dies bedeutet eine Priviligierung staatlicher Banken, die ja mit öffentlichen Stellen eng verbunden sind, und somit eine Umgehung des Grundsatzes des Verbots der Notenbankfinanzierung; vgl. Heinsohn/ Steiger 2006a, Spethmann/Steiger 2005, S. 59 und Steiger 2006j [2004].

wird. Dieser Eigentümer ist dann Gläubiger des Titels, den der Schuldner ausgestellt hat.[132]

Zentralbanknoten haben einen höheren – wie wir gleich sehen: dreifachen – Besicherungsgrad als die Noten der Privatbanken mit ihrer bloß doppelten Besicherung. Hinter den Noten einer Zettelbank steht primär ihr eigenes Vermögen und zusätzlich – zur Besicherung des Noten schaffenden Kredits – die verpfändeten Eigentumstitel ihrer Schuldner. Die Hauptbastion hinter den Noten der Zentralbank bildet also ihr Eigenkapital. Allerdings wird sie es bei Forderungsausfall erst dann angreifen, wenn zuvor das Eigenkapital der bei ihr verschuldeten Geschäftsbanken als nicht ausreichend befunden worden ist. Damit auch ihre Kontaktpartner Angriffen nicht hilflos ausgesetzt sind, achtet die Zentralbank zudem darauf, daß die von ihnen eingereichten Titel mit dem Vermögen von Nichtbanken unterfüttert sind.

Die Noten, die von der Zentralbank herausgegeben werden, sind mithin schon vor ihren Toren mit dem Vermögen der anklopfenden Geschäftsbank und dem des Schuldners dieser Geschäftsbank gesichert. Die selbst gegenüber ihrem Nichtbank-Schuldner in Gläubigerposition stehende Geschäftsbank verliert als zinszahlender Schuldner gegenüber der Zentralbank, der sie Eigentum verpfänden muß, Eigentumsprämie. Diese Prämie gewinnt jedoch ihr Gläubiger, eben die Zentralbank, nicht. Die Eigentumsprämie der Geschäftsbank geht verloren. Für diesen eigenen Verlust gewinnt die Geschäftsbank bei Weiterverleihung des Zentralbankgeldes von ihrem Nichtbank-Schuldner einen Zins, der höher ist als derjenige, den sie an die Zentralbank zahlt. Wie ihr Nichtbankschuldner behält auch die Geschäftsbank die Nutzungsrechte aus der Besitzseite des von ihr an die Zentralbank verpfändeten Vermögens. Sie verliert also materiell – ganz wie ihr eigener Schuldner – nichts.

Wo liegt nun die Sicherungslinie der Zentralbank selbst und warum kann sie weder von den Geschäftsbanken noch von deren Nicht-Bankschuldnern bestückt werden? Weil die Zentralbank bei der Notenemission genau so den Grundsätzen des Bankwesens unterworfen ist wie die private Notenbank. Das bedeutet, daß die Zentralbank ihre Noten primär

[132] Die mangelnde Unterscheidung zwischen der *debt*-Seite und der *asset*-Seite ein und desselben Titels hat – wie in Kapitel III, Abschnitt 3c gezeigt – Hajo Riese dazu verleitet, das im Kredit geschaffene Geld der Zentralbank als ihr Vermögen (*asset*) zu bezeichnen, das sie halten oder Schuldnern gegen Zins übereignen könne.

mit Eigenkapital besichert und erst in zweiter Linie durch die für den notenschaffenden Kredit hereingenommenen Titel der Geschäftsbank. Die Besicherung mit Eigenkapital kann ihr von niemandem abgenommen werden. Deshalb muß auch eine zentrale Notenbank über Vermögen verfügen, das bei der Emission belastet wird, dessen Eigentumsprämie also verloren geht. Es ist eben dieser Verlust, den die Geschäftsbank mit Zins ausgleichen muß. Die Besitzseite des Zentralbankvermögens bleibt dabei ebenso unberührt wie die Besitzseite des verpfändeten Vermögens der Geschäftsbank und die der Nichtbank. Im geldgenerierenden Prozeß nutzen also Zentralbank, Geschäftsbank und Nichtbank die Besitzseiten ihrer Vermögen weiter.

Die Kapazität zur Geldschöpfung der Zentralbank ist also durch ihr Eigenkapital begrenzt. Allerdings kann selbst eine gut ausgestattete Notenbank für das Herankommen an diese Grenze ihre Geschäftspartner nicht zwingen, Schuldner zu werden. Entsprechend kann sie die Geldmenge *niemals exogen* bestimmen. Die *Bereitschaft* der zentralbankfähigen Geschäftsbanken, *Vermögen zu verpfänden*, also ihr Angebot an zentralbankfähigen Titeln, und nicht der Zins der Notenbank, liefert die wesentliche Restriktion der Geldschöpfung. Der Zins der Zentralbank sorgt allerdings dafür, daß die Summe des geschuldeten Geldes höher ist als die des geschaffenen, wodurch es für die Gesamtheit aller Schuldner automatisch knapp ist. Gleichwohl wird die Geldmenge *nicht völlig endogen* bestimmt, wie der Postkeynesianismus glaubt (Moore 1988, S. 112). Die Zentralbank muß keinesfalls sämtliche Kreditwünsche selbst erstklassiger Schuldner erfüllen. Ihr bleibt somit eine bedingte Entscheidungsfreiheit, über das Volumen an Geld zu entscheiden, das sie in die Zirkulation bringen will. Sie kann zwar nicht mehr Geld emittieren als die Geschäftsbanken nachfragen, aber durchaus weniger als diese wünschen (Steiger 2006b). Eine Entscheidungsfreiheit bei der Setzung des Zinses ist nur dann gegeben, wenn die Notenbank als Zentralbank das Monopol der Geldschöpfung ausübt, also nicht mit anderen Zettelbanken konkurrieren muß.[133]

[133] Selbstredend ist die Entscheidungsfreiheit der Monopol-Notenbank über den Zins nicht absolut. Im Wettbewerb mit den Noten der Zentralbanken anderer Währungsgebiete ist sie bisweilen durchaus gezwungen, auf deren Zinsentscheidungen zu reagieren.

Die Geschäftsbanken als Schuldner des neu geschaffenen Zentralbankgeldes – Zentralbanknoten sowie Einlagen bei der Zentralbank[134] – zahlen Zins und gewinnen die Potenz des Geldes, seine Liquiditätsprämie. Für die Eigentumsökonomik wohnt diese Prämie – wie in Kapiteln II, Abschnitt 3a und III, Abschnitt 2 gezeigt – nicht dem Geld als solchem inne. Sie besteht vielmehr im Charakter dieses Dokuments, Anspruch auf Vermögen seines Schaffers zu sein und *deshalb* Vermögen in Kauf- und Kreditkontrakten endgültig übertragen oder auslösen zu können.

Die Potenz des Geldes ermöglicht der Geschäftsbank ihr typisches Bankgeschäft seiner Weiterverleihung gegen einen Zins, der über dem ursprünglichen Geldschaffungszins liegt. Dieser Zins entsteht aber nicht aus der Aufgabe einer geldinhärenten Liquiditätsprämie, wie man analog zu Keynes und dem Monetärkeynesianismus annehmen könnte. Der Zins beim Weiterverleihen der Noten resultiert, ganz wie der Geldschaffungszins, aus der Aufgabe der Eigentumsprämie des Gläubigers Geschäftsbank. Ihr Zins fällt nicht deswegen höher aus, weil sie sonst keinen Gewinn machen könnte, sondern die Bank kann überhaupt nur deshalb einen Profit verdienen, weil sie mit Belastung ihres Eigenkapitals Eigentumsprämie verliert. Sobald die Zentralbanknoten außerhalb des Bankensystems zirkulieren, können sich die hier dargelegten Kreditvorgänge beliebig oft wiederholen.

Es muß noch einmal in Erinnerung gerufen werden, daß die zentrale Notenbank nicht deshalb Zins verlangt, weil sie ein «Geldvermögen» (Riese) aufgebe, das sie auch noch für sich selbst schaffen könne. Sie muß den Zins vielmehr deshalb verlangen, weil sie bei der Notenemission Eigentumsprämie verliert. Diese Prämie fließt – nicht anders als bei der Geschäftsbank und der Nichtbank – aus ihrem Eigenkapital, das sie eben nicht selbst schaffen kann, sondern verdienen oder sonstwie einwerben muß. Nur weil in der Literatur die Zentralbank als eine Institution aufgefaßt wird, deren Eigenkapital nicht weiter wichtig sei, kann aus der

[134] Im Eurosystem besteht – anders als bei der alten Bundesbank und ungebrochen in der *Fed* – der einheitliche Charakter des Zentralbankgeldes (Banknoten gleich Einlagen bei der Zentralbank) nicht mehr. Die Einlagen der Geschäftsbanken bei ihren NZBs werden hier verzinst (EZB 2005, S. 26 und 63 f.), also ganz wie Sichtguthaben bei einer Geschäftsbank behandelt. Entsprechend müßten im Eurosystem die Einlagen bei den NZBs als Forderungen auf Zentralbankgeld und nicht mehr Zentralbankgeld *per se* definiert werden.

Zirkulation der Zentralbanknoten zwischen den Geschäftsbanken sowie zwischen ihnen und dem Publikum oberflächlich der Eindruck entstehen, daß der Zins von der Geldaufgabe und nicht von der Geldschaffung komme.

In welcher Situation erweist sich, ob eine Zentralbank die Bankregeln für ein Gläubigergeld befolgt hat oder nicht? Das geschieht beim Fallen der Kurse all ihrer Aktiva, deren Kursrisiko allein sie trägt. Dabei geht es um definitiv (*outright*) gekaufte Forderungswerte der Geschäftsbanken sowie um Devisen und Gold. Für diese Kursrisiken muß die Zentralbank Rückstellungen tätigen, also ihr Eigenkapital erweitern.

Die Zentralbank kann Kursrisiken darüber hinaus dadurch begegnen, daß sie die Titel der Geschäftsbanken mit der Methode der – in Kapitel III, Abschnitt 3 beschriebenen – Wertpapierpensionsgeschäfte (gleichzeitige Rückkaufverpflichtungen der einliefernden Geschäftsbanken) hereinnimmt. Dabei verbleibt – ähnlich wie beim Wechsel – das Risiko des Kursverfalls oder des völligen Ausfalls bei den einliefernden Geschäftsbanken.

Bei ihren Aktiva Gold und Devisen wird eine bankmäßig operierende Zentralbank das *Niederstwertprinzip* anwenden, also nach dem *Anschaffungspreis* – wie früher die Bundesbank und heute noch die *Fed* – und nicht nach dem aktuellen, also Kursgewinne berücksichtigenden *Marktpreis* – wie neuerdings das Eurosystem (vgl. dazu Heinsohn/ Steiger 2002b und 2006a).

Fallen ihre Aktiva im Wert, dann gerät auch eine Zentralbank in die Gefahr der Zahlungsunfähigkeit. Sie kann dann nicht mehr mit ihren Aktiva, gegen die sie emittiert hat und die jetzt im Wert gefallen sind, ihre Noten aus dem Umlauf ziehen. Sie hat also einen Verlust erlitten, den sie aus ihrem Eigenkapital – oder zu Lasten eines möglichen Gewinns – ausgleichen muß, wobei ihr Eigentums- und Besitzseite gleichzeitig verloren gehen. Wie schon bei Steuart gesehen, ist also die – insbesondere Riese'sche – Vorstellung abwegig, eine Zentralbank könne niemals zahlungsunfähig werden, weil sie das, was die Zahlungsunfähigkeit ausmache – fehlende Noten also –, jederzeit problemlos selbst produzieren könne. Natürlich kann eine Zentralbank Noten produzieren, aber sie kann die Aktiva, die Eigentumstitel, nicht produzieren, die diese Noten umlauffähig machen und mit denen sie die Noten aus dem Umlauf ziehen kann.

Erst spät ist in der Fachliteratur bemerkt worden, daß viele Zentralbanken – zumeist in Entwicklungsländern – immer wieder so große Verluste erleiden, daß sie durch ihre Regierungen rekapitalisiert werden müssen (Stella 1997; Fry 1997): «So betrugen etwa die Zentralbankverluste in Uruguay in den späten 1980er Jahren 3% des Bruttoinlandsprodukts (BIP), in Paraguay ... im Jahre 1995 4% des BIP und in Nicaragua erstaunliche 13,8% des BIP im Jahre 1998. Zum Jahresende 2000 hatte die Zentralbank von Costa Rica Verluste von 6% des BIP» (Bindseil/Manzanares/Weller 2004, S. 8f.).[135]

Ein anschauliches Beispiel für den Beinahebankrott einer Zentralbank liefert während der südostasiatischen Finanzkrise 1999 die *Bank Indonesia.* Sie leiht den einheimischen Geschäftsbanken zur Aufrechterhaltung ihrer Zahlungsfähigkeit 50.000 Milliarden Rupien (damals 7 Milliarden US-Dollar) gegen in der Krise wertlos gewordene Sicherheiten. Ein Großteil der Rupien wird umgehend ins Ausland transferiert und in US-Dollar umgetauscht. Als etliche Geschäftsbanken dann nicht an die *Bank Indonesia* zurückzahlen können und bei ihnen keine Werte mehr zu holen sind, kann die Notenbank mit ihrem Eigenkapital die Bilanz nicht wieder glattstellen. Ihr Eigenkapital wird also negativ, so daß sie «technisch» bankrott ist. Diesem Zustand beugt die indonesische Regierung – als uns noch interessierender allerletzter *LOLR* – dadurch vor, daß sie Mittel zur Rekapitalisierung bereitstellt, also mit Steuergeldern gekaufte Titel der Zentralbank überträgt (vgl. Leahy 2000).

Nicht nur diese Beispiele aus Entwicklungsländern offenbaren Mängel der herrschenden Zentralbanktheorie. Neben dem Monetärkeynesianismus (siehe oben Kapitel II, Abschnitt 3c), lebt auch im viel prominenteren Monetarismus die Idee einer Omnipotenz und Unverletzlichkeit der Zentralbank bei der Geldschaffung. So vertritt Milton Friedmans langjährige Mitautorin Anna Schwartz die These, daß die Zentralbank unbegrenzt Geld schaffen könne: «Die einzige Institution, die in einer [Liquiditäts-]Krise die Mittel hat, Kredite zur Verfügung zu stellen, ist die Zentralbank. Weil sie *unbegrenzt* Zentralbankgeld schaffen kann, wird

[135] Original: «For instance in Uruguay in the late 1980s, the central bank's losses were equal to 3% of GDP; in Paraguay the central bank's losses were 4% of GDP in 1995; in Nicaragua losses were a staggering 13.8% of GDP in 1989. By end of 2000, the central bank of Costa Rica had negative capital equal to 6% of GDP.»

sie zum Kreditgeber letzter Hand» (Schwartz 2002, S. 450; unsere Hervorhebung).[136]

Wie kann es zu so einer gravierenden Fehleinschätzung kommen? Ein einziger Blick in ökonomische Standardwerke zeigt, daß ihre Autoren sich niemals fragen, warum die Zentralbank – genauso wie die Geschäftsbank und die Unternehmung – in ihrer Bilanz die Position Eigenkapital auf der Passivseite aufweisen muß. Oft genug wird das Eigenkapital nicht einmal erwähnt, wie etwa bei Bofinger 2001, S. 41-43 oder Blanchard 2003, S. 76. Und wo es Erwähnung findet, wird es als zu vernachlässigende Größe abgetan, wie etwa bei Krugman/Obstfeld 2003, S. 486 f. oder, wie bei Mishkin 2001, S. 214 f. und 392-394, als nur für Geschäftsbanken relevant analysiert (siehe dazu näher Steiger 2006b).

Wenn solche Berühmtheiten der Wirtschaftstheorie die Essenz übersehen, daß eine Zentralbank Gläubigergeld nur schaffen kann, wenn sie Eigenkapital nicht nur hat, sondern es dabei auch belastet, dann rächt sich darin einmal mehr, daß die gesamte ökonomische Theorie vom Eigentumsfundament des Wirtschaftens nichts weiß. Nur weil die Zentralbank unverstanden bleibt, kann sie den unbegrenzten Optimismus der Fachautoren in ihre *LOLR*-Potenz so bitter enttäuschen. Jede Bankenkrise zeigt nämlich sehr schnell die Grenzen der Zentralbanken, weil die möglichen Verluste aus der Geldschaffung durch ihr Eigenkapital begrenzt werden: «Während eine Zentralbank in der Krise Kredite in unbegrenzter Höhe bereitstellen kann, ist ihre Kapazität, Verluste zu absorbieren, (durch die Größe ihres Kapitals) begrenzt» (Schoenmaker 2000, S. 222;[137] siehe ähnlich bereits Folkerts-Landau/Garbert 1992, S. 99). Die Zentralbank hat zwar die besondere Aufgabe als *LOLR* jederzeit die Zahlungsfähigkeit der Geschäftsbanken zu gewährleisten, aber sie muß diese Aufgabe selbst dann als Geschäft betreiben, wenn sie eine «öffentlich rechtliche Körperschaft» ist. Darauf weist Charles Goodhart, der gegenwärtig bedeutendste Zentralbanktheoretiker, immer wieder hin: «Der *LOLR*-Kredit einer Zentralbank gleicht jedem anderen Kredit darin, daß er mit Zinsen zurückgezahlt werden muß. Geschieht das nicht, wird der

[136] Original: «The only institution that had the resources to provide … loans in a [liquidity] crisis is the central bank, which could create high-powered money without limit, and hence was the lender of last resort.»

[137] Original: «While a central bank can extend emergency loans for unlimited amounts, its capacity to absorb losses is limited (up to the size of its capital).»

Kredit uneinbringbar und damit zur Verlustquelle» (Goodhart 1999, S. 233).[138]

Warum sind *LOLR*-Kredite besonders risikoreich? In jeder Finanzkrise – wie etwa nach den Anschlägen vom 11. September 2001 in New York, als die Börsen geschlossen wurden – bleiben der Zentralbank nur wenige Stunden für die Beruhigung der Märkte. Die zeitaufwendige Prüfung, ob bestimmte Geschäftsbanken illiquide sind, ist dann nicht mehr möglich. Deshalb können Ausleihungen nicht nur an bloß illiquide, sondern real längst insolvente Banken gelangen. Die dadurch möglich werdenden Extremverluste haben längst dafür gesorgt, daß die *LOLR*-Funktion als Mythos gesehen wird: «Der ... Mythos besteht darin, daß es generell möglich sei, zwischen Illiquidität und Insolvenz zu unterscheiden. / Wann immer also eine einzelne Geschäftsbank sich an die Zentralbank wegen eines direkten bilateralen Kredits (*LOLR*) wendet ..., gilt der allgemeine Satz: Die Zentralbank muß/sollte den Verdacht hegen, daß das Scheitern der Bank, sich auf dem offenen Markt Liquidität zu besorgen, zumindest einen Hauch des Verdachts der Insolvenz bedeutet. Jedoch ist es für die Zentralbank nicht möglich, zumindest in dem relevanten Zeitrahmen, einzuschätzen, ob solche Befürchtungen zutreffen oder nicht – und wenn sie sich bewahrheiten, welches Ausmaß das Solvenzproblem hat» (Goodhart 1999, S. 229/232).[139] Der Grundsatz, daß eine Zentralbank bei der Geldschaffung durch den Umfang ihres dabei zu belastenden Eigenkapitals immer begrenzt ist, wird ja gerade von der Krise nicht außer Kraft gesetzt. Deshalb muß eine Regierung, der an Krisenvermeidung liegt, selbst zum *LOLR* werden (Steiger 2002).

Bei drohendem Bankrott einer Zentralbank muß neues Eigenkapital von außen kommen, in aller Regel alsovom Staat: «Die Spendierhosen

[138] Original: «A LOLR [lender of last resort] loan by a CB [central bank] is like any other loan, in that it may be repaid (plus interest) or alternatively will be subject to default and some potential loss», and independently whether the central bank is private or «becomes explicitly a public sector body. »

[139] Original: «The … myth is that it is generally possible to distinguish between illiquidity and insolvency. / So, as a generality, whenever an individual commercial bank approaches the CB for direct bilateral loans (LOLR) …, the CB must/should suspect the failure of the bank to adjust its liquidity on the open market means that there is, at least a whiff within the relevant timescale, to ascertain whether such suspicions are valid or not; and if valid, what the extent of the solvency problem is.»

trägt mithin nicht die Zentralbank, wie gerne geglaubt wird, sondern die Regierung. / Was hinter den Verbindlichkeiten der Zentralbank steht, ist *nicht* ihr Kapital, sondern die Stärke und die Besteuerungskraft des Staates» (Schoenmaker 2000, S. 222 / Goodhart 1999, S. 234).[140] Die Regierung kann natürlich nur Vermögen der Steuerzahler einsetzen, und auch das ist nicht unbegrenzt. Darüber hinaus würde jede solche Inanspruchnahme des Staates durch die Zentralbank auf den Finanzmärkten nicht anders bewertet werden als eine Zentralbankfinanzierung des Staates, bei der Regierungsschuldtitel, die auf dem Markt nicht abzusetzen sind, per Gesetz ins Portfolio der Notenbank gedrückt werden. Im einen wie im anderen Falle verlöre sie ihre Reputation als Emittent von Gläubigergeld. Im ersten Fall ersetzt der Staat wertlos gewordene Sicherheiten der Schuldner der Zentralbank, die ihrer Gläubigerhaftung nicht mehr nachkommen kann, während im zweiten Fall auf die Gläubigerhaftung bei der Geldschaffung von vornherein verzichtet wird.

In der herrschenden Zentralbanktheorie wird – wie erwähnt – kein Unterschied zwischen Gläubigergeld und Schuldnergeld gemacht. Auch die Experten des Internationalen Währungsfond (IWF), die durch ihre Beistandsprogramme Inflation in den Griff bekommen wollen, monieren bei ihren Klienten vorrangig hohe staatliche Budgetdefizite, machen aber keine Vorgaben für die Transformation der jeweiligen Notenbank in ein wirklich bankenmäßiges Unternehmen. Das klassische Beispiel liefert hierfür Argentinien mit seinem – nach der neuen Währung benannten – Plan Austral im Dezember 1983 unter Präsident Alfonsin, der vom IWF unterstützt wird. Dieser Plan zielt vor allem auf die Bekämpfung der hohen Inflation durch Rückführung des Budgetdefizits von damals 5 Prozent des BIP. Kurze Anfangserfolge ändern nichts am Scheitern das Plans, unter dem die Inflation bis 1988 erst einmal auf jährlich 400 Prozent hochschnellt, um dann zwischen März 1989 und März 1990 in einer Hyperinflation von 20.000 Prozent zu kulminieren (Jonas 2002, S. 6 f.).

Liefern aber wirklich Budgetdefizite die Ursache für das Scheitern des Plans Austral? In Japan etwa, wo seit Mitte der 1990er Jahre jährliche Defizite von bis zu acht Prozent gefahren werden, um die gesamtwirt-

[140] Original: «The deep pockets do therefore not lie with the central bank as sometimes is suggested, but with the government. / What stands behind the liabilities of the CB [central bank] is *not* the capital of the CB but the strength and taxing power of the State.»

schaftliche Nachfrage zu stimulieren, tritt – ungeachtet der Tatsache, daß die Staatsschuld im Jahre 2005 bei 170 Prozent des BIP liegt – keineswegs Inflation ein. Vielmehr wird damit die seit der Aktien- und Immobilienkrise Ende der 1980er Jahre drohende Deflation in Schach gehalten, ohne daß dabei die Regeln für Gläubigergeld verletzt werden.

Wodurch würde es zur Inflation kommen? Neben einer Finanzierung durch die Notenbank wäre dafür eine Monetarisierung der Staatsschuld durch die Zentralbank in der Weise notwendig, daß – wie beispielsweise in den USA während des Zweiten Weltkrieges – die Zentralbank die an die Geschäftsbanken verkauften Staatstitel umgehend vom Markt zu einem fixierten Höchstpreis ankaufen würde (Axilrod/Wallich 1992, Sp. 76b).[141] Ähnlich inflationär wirkt in Schweden der bis 1983 bestehende gesetzliche Zwang, daß die Geschäftsbanken einen bestimmten Anteil ihres Portfolios in Staatspapieren halten müssen. Eine weitere Möglichkeit zur Inflation ist die Methode des britischen Schatzkanzlers, Staatstitel nicht direkt am offenen Markt, sondern über die *Bank of England* zu verkaufen. Da die Bank aber zum Weiterverkauf nicht gezwungen ist, eröffnet sich hier die Möglichkeit zum schieren Gelddrucken – eine Option, die nach ihrer Verstaatlichung 1948 durchaus wahrgenommen worden ist und zum Verfall des Pfundes entscheidend beigetragen hat (Stadermann/Steiger 2001, S. 292 f.).

Schaut man sich – gemeinsam mit den IWF-Wissenschaftlern – die Finanzierung des argentinischen Budgets näher an, wird umgehend deutlich, daß vor und nach der Regierung Alfonsin (1983-1989) die Defizite direkt durch die Notenbank ausgeglichen werden: «Während der Periode 1960-1988 wurden 82,6% der konsolidierten Staatsdefizite durch Zentralbankkredite finanziert» (Jonas 2002, S. 7).[142] Der Mißbrauch wird vom IWF nun nicht darin erkannt, daß der Austral genauso wie zuvor der Peso als Schuldnergeld emittiert worden ist, sondern im fortgesetzten Defizit verortet. Die Notenbankfinanzierung wird als unpassende Dominanz der Fiskalpolitik über die Geldpolitik verharmlost oder als fiskalischer

[141] Original: «Budgetary ... deficits would indirectly ... lead to inflationary financing. This occured as a means of war finance during World War II in the United States when the central bank purchased government securities from the market at a fixed ceiling price, thus in effect monetizing the debt; price controls were employed in an effort to suppress the inflation.»

[142] Original: «During the period 1960-1988, 82.6 percent of consolidated government deficits were financed by central bank advances.»

Mißbrauch dämonisiert. Ganz ins Abseits führt schließlich die Klage, daß aufgrund des wertlos gewordenen Austral die Notenbankfinanzierung nicht länger möglich gewesen sei: «Keiner wollte die schnell an Wert verlierende Währung halten. Die argentinische Währung wurde mehr und mehr demonetarisiert. Aber die Demonetarisierung unterminierte die Fähigkeit der Regierung, ihre Budgetdefizite durch Gelddrucken zu finanzieren» (Jonas 2002, S. 7).[143]

Es ist nicht der Mißbrauch des Finanzministers, der zur Entwertung des Austral geführt hat, sondern die Unfähigkeit der Notenbank ihre Geschäfte wie eine Bank zu führen. Dies wiederum resultiert daraus, daß die argentinischen Banken nicht fähig sind, der Notenbank erstklassige Sicherheiten anzubieten. Der IWF räumt das lediglich indirekt dadurch ein, daß er 1991 unter der Regierung Menem einen *currency board* (CBA) unterstützt, in dem die neue Währung, die wieder Peso heißt, im Verhältnis 1:1 an den US-Dollar gebunden wird (*convertability plan*). Damit läßt sich zwar Gelddrucken und Inflation stoppen, nicht jedoch die notwendige Schaffung eines tiefen Kapitalmarkts herbeiführen, der eine interne Verschuldungsfähigkeit ermöglicht hätte. Dafür ist die Verankerung einer zuverlässigen Eigentumsstruktur notwendig, die in Argentinien ungeachtet der Privatisierungen unter Menem in den 1990er Jahren gerade nicht gelingt. Allein eine solche hätte Argentinien von neuem wirtschaftsfähig und die enormen Staatsschulden beim Ausland weitgehend überflüssig gemacht, die sich zwischen 1991, dem Beginn des CBA, und 2000 von 64,7 Milliarden Dollar auf 144,8 Milliarden mehr als verdoppeln. Daß Argentinien sich nicht ausreichend im Inland verschulden kann, und keineswegs der CBA als solcher, führt dann Ende 2001 zum Zusammenbruch des *convertability plan*. Bis heute begreift der IWF sein Scheitern in Argentinien nur ungenügend. Alles was ihm einfällt, sind Warnungen vor weiterem Mißbrauch der Zentralbank (Jonas 2002, S. 40). Statt endlich Auflagen für ihr bankmäßiges Funktionieren zu machen, wird auch Mitte 2005 kaum anders als 1983 oder 1991 lediglich gemahnt: «Weitere fiskalische Konsolidierung ist erforderlich, um ein im

[143] Original: «No one wanted to hold the currency, which was rapidly loosing value. Argentinian economy was becoming demonetized. But demonetization was undermining the ability of the government to finance budget deficits by printing money.»

zweiten Halbjahr 2005 wachsendes Budgetdefizit zu vermeiden» (IMF 2005).[144]

Aus der argentinischen Erfahrung darf nicht der Fehlschluß gezogen werden, daß staatliche Schuldpapiere an sich für die Schaffung eines Gläubigergeldes von Nachteil sein müssen. Im Gegenteil, heute werden beispielsweise in der *Fed* ausschließlich *Treasury bills* über Wertpapierpensionsgeschäfte als Sicherheiten der Geschäftsbanken akzeptiert. Ähnlich gelten zur Refinanzierung der Geschäftsbanken im Eurosystem Wertpapiere des deutschen Finanzministeriums (*bunds*) als die erstklassigen Sicherheiten, an denen die Qualität der staatlichen Wertpapiere der übrigen Mitgliedsländer der EWU als Refinanzierungsmaterial gemessen wird. Auch die Bank von Japan akzeptiert im wesentlichen kurzfristige Schuldverschreibungen der japanischen Regierung.[145] In der Tat kann in einer Eigentumsgesellschaft ein staatliches Wertpapier der sicherste und liquideste Titel überhaupt sein. Das liegt aber nicht daran, daß es vom Eigentum aus dem Inneren der Ökonomie abgetrennt wäre. Zwar sind Titel, die eine Regierung herausgibt nichts anderes als Schuldtitel (*debts*). Allerdings sind sie *per se* keine Schuldtitel von Eigentümern. Erstklassige Vermögenstitel (*assets)* werden sie dadurch, daß sie vom einheimischen und internationalen Publikum im Vertrauen auf die Besteuerungsmacht des Staates über das Eigentum der Bewohner seines Territoriums freiwillig angekauft werden. Denn obwohl diese Titel nicht mit spezifiziertem Eigentum der öffentlichen Hand besichert sind, können ihre Zins- und Tilgungszusagen mit Hilfe der Steuereinzugsgewalt aus dem Einkommen der Gesamtbevölkerung bedient werden.

Staatstitel können Titel selbst größter Unternehmen schlagen, weil sie wie verbriefte zukünftige Steuerforderungen (Enghofer/Knospe 2005, S. 30) mit dem Vermögen aller Bürger unterfüttert sind. Solange eine Regierung diese Titel lediglich in einem Volumen schafft, dessen Zinsbe-

[144] Original: «Further fiscal consolidation is needed to avoid a budgetary financing gap from arising in the second half of 2005.»

[145] Daraus folgt nun keineswegs, daß erfolgreiche Zentralbanken für ihre Operationen Staatspapiere bevorzugen *müssen*. So hat beispielsweise die *Bank of England* seit Mitte der 1980er Jahre die zuvor dafür verwandten *Treasury bills* durch *commercial bills* ersetzt (Axilrod/Wallich 2002, Sp. 77a). Das ist höchstwahrscheinlich als Reaktion darauf zu sehen, daß, wie oben gezeigt, der britische Schatzkanzler seine Papiere nicht direkt am offenen Markt verkauft, sondern – mit der Gefahr der Notenbankfinanzierung – über die *Bank of England*.

dienung das Steueraufkommen nur marginal tangiert, sind sie erstklassig, weil sie dann sicherer bedient werden können als selbst solche der stärksten Unternehmen, für deren Leistung ja nur ein Teil aller Eigentümer in einem Staatsgebiet aufkommen kann. Man könnte also sagen, daß die wichtigste Eigentumspotenz des Staates in seiner Steuerhoheit besteht, die gerade dadurch definiert ist, daß er in das Eigentum der Bürger eingreifen darf.

Wenn diese Potenz aber in Zweifel steht, werden Staatstitel nicht länger oder nur mit höherer Verzinsung gekauft. Am Variieren dieser Kaufbereitschaft wird offenkundig, wie eng die Güte dieser Titel in jeder Sekunde mit dem «Inneren» der Wirtschaft verbunden ist, aus der ihre Bedienung ja geleistet werden muß. Zweifel an weiterer Bedienungsfähigkeit verwandeln öffentliche Titel sehr schnell in schlechte Sicherheiten, wie mächtig auch immer die dahinter stehenden Regierungen[146] – man denke in der Vergangenheit an Hitlerdeutschland und an Rußland heute – aussehen mögen.

Anders als die Noten der privaten Zettelbanken und die der frühen Zentralbanken (in den USA sogar bis 1971) sind heutige Zentralbanknoten *nicht einlösbar*. Nicht nur für den Laien kann deshalb der Eindruck entstehen, als seien sie von haftenden Sicherheiten – bestehe solches Eigentum nun aus Goldvermögen oder Forderungstiteln – entkoppelt und würden somit aus dem Nichts geschaffen. So glaubt Rudolf Richter (2000, S. 320), der führende deutschsprachige Vertreter der Neuen Institutionenökonomik, daß die Zentralbank eine monetäre Behörde oder «Zentralstelle» sei und deshalb, anders als die private Notenbank, nicht zum «privatrechtlich geregelten Teil der Wirtschaft» gehöre. Daher leiste dieses Amt «mit der Ausgabe von Banknoten kein Austauschversprechen. Der Inhaber einer Banknote kann ... die Zentralstelle nicht im Wege der Zwangsvollstreckung zur Erfüllung einer Forderung zwingen.» Ihr «Leistungsversprechen» bestünde allein «in der Abwicklung des Zahlungsverkehrs und der Geldwertsicherung.»

Diese Vorstellung verkennt, daß die Einlösbarkeit nach wie vor gegeben ist und auch gegeben sein muß. Unabhängig davon, ob die Zentralbank sich in staatlichem Eigentum befindet oder nicht, ist sie keine

[146] Dies wird etwa von Paul C. Martin (2006) nicht erfaßt, wenn er gegen die Eigentumsökonomik damit argumentiert, daß Geld zuvörderst machtvolle Regierungen zur Voraussetzung habe.

sich dem Eigentumsrecht entziehende Behörde, sondern zusätzlich zu ihren geldpolitischen Aufgaben eine Bank wie jede Privatbank. Ein «völlig uneinlösbares Papiergeld» (Friedman/Schwartz 1986, S. 45)[147] gibt es daher nicht, es sei denn, es handelt sich um Schuldnergeld.

Beim Gläubigergeld beschränkt sich die Einlösbarkeit selbstredend auf diejenigen Halter der Zentralbanknoten, die sich bei der Zentralbank refinanzieren dürfen. Das sind heute ausschließlich zentralbankfähige Geschäftsbanken, die sehr wohl die Zentralbank, sollte sie sich weigern oder dazu nicht fähig sein, «im Wege der Zwangsvollstreckung zur Erfüllung [ihrer] Forderung» auf Rückgabe der Pfänder «zwingen» können. Diese Exklusivität ist allein dem Umstand geschuldet, daß heutige Zentralbanken – anders als ihre Vorläufer des 19. Jahrhunderts – keine Kredite an Nichtbanken vergeben, so daß das Publikum nicht an ihren Schalter gelangt.

Die Zentralbanknoten sind also *ein*lösbar, weil die Geschäftsbanken, die sie von der Zentralbank in einem Kredit erhalten haben, fähig sein müssen, die Noten zurückzahlen zu können, um auf diesem Wege *ihre* verpfändeten Titel wieder *aus*zulösen. Wie eine Einlösung wirkt allerdings auch jeder definitive Verkauf von Zentralbankvermögen (Gold, Devisen, Forderungen an Geschäftsbanken aus geldpolitischen Operationen) am offenen Markt, wobei wiederum nur zentralbankfähige Banken zum Kauf berechtigt sind. Die dabei von ihnen an die Zentralbank zurückgegebenen Noten (eben dieser Zentralbank) sind dann als Geld vernichtet. Es geht ihnen nicht anders als den durch jedermann einlösbaren Banknoten im Zeitalter der Zettelbanken. Hier können alle Halter bei einer Notenbank – privat oder zentral – die dort emittierte Note gegen Goldeigentum einlösen. Dabei werden die Noten *als Geld*, nicht notwendigerweise jedoch auch als Formular, vernichtet.

Der trügerische Eindruck unbesicherten Zentralbankgeldes resultiert ein Stück weit auch aus der bereits behandelten *LOLR*-Rolle der Zentralbank. Die Ratio dieser Funktion liegt darin, die Zahlungsfähigkeit der Geschäftsbanken jederzeit zu garantieren. Diese unstrittige Verpflichtung ist aber – wie gezeigt – durch das Eigenkapital der Zentralbank begrenzt. Auch wo dieses keinesfalls überstrapaziert wird, gelten für die Liquidität suchenden Geschäftsbanken Bedingungen, aus denen auch dem Laien ersichtlich wird, daß selbst zur Abwendung einer Krise neu geschaffenes

[147] Original: «A purely inconvertible fiduciary money.»

Geld keineswegs aus dem Nichts geholt wird. Walter Bagehot, der Begründer der Zentralbank als «the last lending-house» (Bagehot 1873, S. 53), hat zur Vermeidung einer Liquiditätskrise folgende Grundsätze aufgestellt: «Zu beachten sind zwei Regeln. – Erstens: Für die Kredite [an die Geschäftsbanken] ist ein sehr hoher Zinssatz zu verlangen. Das wird sich als schwere Ahndung für irrationale Ängste auswirken und so die Mehrzahl der [Kredit]-Anträge von Personen verhindern, die sie gar nicht brauchen. ... Zweitens: Zu diesem hohen Zins soll *gegen alle guten Banksicherheiten* so viel ausgeliehen werden, wie das Publikum verlangt. Der Grund dafür ist leicht zu verstehen. Es soll eine unnötige Unruhe im Keim erstickt werden. Daher sollte alles unterlassen werden, was Unruhe verursacht. Denn die Art und Weise, Unruhe zu verursachen, besteht darin, jemanden abzuweisen, obwohl er *gute Sicherheiten* anbieten kann» (Bagehot 1873, S. 197; unsere Hervorhebungen).[148]

Bagehot weiß zwischen der Zahlungsunfähigkeit bei Insolvenz – also Überschuldung – und der Zahlungsunfähigkeit bei Solvenz, also zwischen Solvenz- und Liquiditätskrise zu unterscheiden. Im letzteren Falle hat eine Geschäftsbank zwar ausreichend gute Sicherheiten, kann sie aber am Inter-Bankenmarkt nicht schnell genug in Geld verwandeln und wird deshalb gegenüber Forderungen ihrer Einleger illiquide. Allein für solvente Banken ist die *LOLR*-Funktion gedacht.

Bagehot weiß nur zu gut, daß vom Prinzip der Gläubigergeldschaffung nur gegen gute Sicherheiten selbst bei Gefahr einer Liquiditätskrise nicht abgewichen werden darf. Das bedeutet, daß in keinem Fall den Geschäftsbanken erlaubt wird, Titel einzureichen, die im normalen Kreditgeschäft niemals als Sicherheit anerkannt würden. Ralph Hawtrey, der nach Bagehot zweite und vor Goodhart letzte große Theoretiker der Zentralbank, formuliert diese Einsicht wie folgt: «Die wesentliche Aufgabe der Zentralbank als Kreditgeber letzter Hand ... kann nicht bedeuten, daß sie *jeder* Bank – unabhängig von ihrer aktuellen Lage und Verhaltens-

[148] Original: «For this purpose there are two rules: – First. That these loans should only be made at a very high rate of interest. This will operate as a heavy fine on unreasonable timidity, and will prevent the greatest number of application by persons who do not require it. ... Secondly. That at this rate these advances should be made on all good banking securities, and as largely as the public ask for them. The reason is plain. The object is to stay alarm, and nothing therefore should be done to cause alarm. But the way to cause alarm is to refuse someone who has good security to offer.»

weise – Geld leiht. Weder in ihrer Rolle als Geschäftsbank noch als öffentliche Institution darf die Zentralbank es wagen, insolventen Borgern Liquidität anzubieten» (Hawtrey 1932, S. 126; unsere Hervorhebung).[149] Dieses Verbot begründet er – ähnlich wie Steuart – mit der Notwendigkeit auch der Zentralbank, ihr Eigenkapital zu schützen: «Insbesondere in ihrer Funktion als Geschäftsbank kann sich eine Zentralbank niemals Risiken erlauben, die in keinem Verhältnis zu ihrem Eigenkapital stehen» (Hawtrey 1932, S. 126).[150]

Bagehot formuliert seine Begründung des Verbots, Geld gegen «schlechte Sicherheiten» zu emittieren, nicht so klar wie Steuart und Hawtrey. Ihm geht es vor allem um den Schutz, «so weit wie möglich», der «Reserven» der Zentralbank und darüber hinaus um den Schutz der «‹gesunden› Leute, die gute Sicherheiten anzubieten haben.» Ziel dieses doppelten Schutzes sei die Vermeidung der Hereinnahme «schlechter Wechsel oder schlechter Sicherheiten ..., wodurch die Zentralbank letztlich Verluste macht» (Bagehot 1873, S. 198).[151] Der mögliche Verlust der Zentralbank bedeutet hier aber nicht – wie bei Steuart und Hawtrey – einen von Bagehot gar nicht thematisierten Verlust an Eigenkapital, sondern lediglich einen Verlust an der Banknoten-«Reserve».

Das Halten einer solchen Reserve bei der *Bank of England* ist zu Bagehots Zeit allein ihrer Zweiteilung in ein *Issue* und ein *Banking Department* geschuldet. Ohne eine solche Besonderheit hält eine Zentralbank niemals ihre eigenen Noten als Reserve, sondern bucht sie aus, sobald sie durch die Rückgabe der Vermögenswerte, die ihre Emission bewirkt haben, zu ihr zurückfließen. Bei der *Bank of England* erfolgt damals diese Einlösung im *Issue Department*, wenn von dort Gold gegen die Einlieferung seiner Noten herausgeht. Das *Banking Department*, das

[149] Original: «The essential duty of the central bank as a lender of last resort ... cannot mean that it should lend to *any* bank that needs cash, regardless of the borrowing bank's behaviour or circumstances. Neither a commercial concern nor a public institution could undertake to supply cash to insolvent borrowers.»

[150] Original: «A commercial concern in particular cannot afford to take risks out of proportion to its own capital.»

[151] Original: «No advances indeed need be made by which the Bank will ultimately loose. ... That in a panic the bank ... holding the ultimate reserve should refuse bad bills or bad securities will not make the panic really worse; ... The ‹unsound› people are a feeble minority ... . The great majority, the majority to be protected are the ‹sound› people, the people who have good security to offer.»

die Noten nicht schaffen kann, muß aber über eine Notenreserve im Umfang der Guthaben verfügen, die von den Londoner Banken bei ihm unterhalten werden. Die Banken selbst verfügen über keine Notenreserven (Bagehot 1871, S. 163).[152] Bagehot erkennt nicht, daß die Notenreserve des *Banking Department* durch Hereinnahme guter Sicherheiten erweitert werden kann. Er betrachtet sie vielmehr als eine unveränderliche Größe, die als solche geschützt werden müsse. Das ist letztlich auch die Ratio für seine erste Regel über einen sehr hohen Zins für ihre Kredite zur Vermeidung einer Liquiditätskrise.[153] Würde er nicht erhoben, dann drohe ein Bankrott des *Banking Department*: «Man kann sagen, daß die Reserve des *Banking Department* für all diese Ausleihungen *nicht ausreichen* wird. Wenn dem so ist, *muß* das *Banking Department bankrott* gehen» (1871, S. 198, unsere Hervorhebungen; dazu näher Steiger 2002, S. 58 f. und 2006b).[154]

Immerhin aber versteht Bagehot, was Zentralbanktheoretiker gewöhnlich übersehen, nämlich daß die Bereitschaft des Publikums, gute Sicherheiten gegen Geld herzugeben nicht als gegebene, sondern als ungemein empfindliche, also veränderliche Größe angesehen werden muß (vgl. auch Stadermann 1994a, S. 200). So argumentiert er für den Fall, daß « ‹ungesunde› Leute» Geld auch für schlechte Sicherheiten bekommen, die « ‹Gesunden› » ihre guten zurückhalten (Bagehot 1873, S. 198). Eine Liquiditätskrise kann also nicht nur dadurch eintreten, daß die Zent-

[152] Für eine aufschlußreiche Verschmelzung der Bilanzen beider *Departments* der *Bank of England* – diese getrennte Bilanzierung existiert übrigens noch heute (allerdings ohne Notenreserve) – zu einer konsolidierten Zentralbankbilanz, bei der die Notenreserve dann entfällt, vgl. A.M. Andréadès 1904, S. 296, Stadermann/Steiger 2001, S. 85 und Stadermann 2002, S. 54.

[153] Die in der Literatur häufig anzutreffende Auffassung, Bagehot habe hier «eine Politik des *teuren* Geldes» (Riese 1993, S. 457) oder gar eine «penalty rate» (Humphrey/Keleher 1984, S. 94), also einen Zinssatz über dem des Marktes, gefordert, läßt sich in *Lombard Street* nicht verifizieren, wie Goodhart (1999, S. 228) gezeigt hat. Vielmehr bedeutet der hohe Zins lediglich, daß er «early in the panic» über dem Marktzins liegen soll, aber nicht während derselben. Hier soll er den Bedingungen des Marktes entsprechen, das heißt dem dann ohnehin hohen Marktzins. Das wiederum bedeutet, daß die Zentralbank ihre Kredite genausowenig gegen Vorzugszinsen gewähren darf wie gegen «schlechte Sicherheiten» (vgl. Bagehot 1871, S. 197).

[154] Original: «It may be said that the reserve in thc Banking Deparment will not be enough for all such loans. If that be so, the Banking Department must fail.»

ralbank ihre *LOLR*-Funktion nicht wahrnimmt, sondern auch dadurch, daß die «gesunden» Geschäftsbanken ihr diese Funktion verweigern.

Bagehots Regel über die Bedeutung guter Sicherheiten, die zu seiner Zeit als private Handelswechsel am sogenannten Diskontfenster der Zentralbank präsentiert werden mußten, wird heutzutage als zweitrangig angesehen, weil das Zentralbankgeld ganz überwiegend durch Ankauf von Staatstiteln in die Zirkulation kommt. In der zentralbanktheoretischen Literatur werden beide Formen der Schaffung von Zentralbankgeld unterschieden: (i) Die Diskontierung der Handelswechsel, der sogenannte *discount loan* oder die *borrowed base*, diene zur Schaffung von sogenanntem *inside money*, also von Zentralbankgeld, das aus dem *Inneren* der Wirtschaft komme. (ii) Der Ankauf von Staatspapieren, die sogenannte *non-borrowed base* diene zur Schaffung von sogenanntem *outside money*, das «als *außerhalb* der Wirtschaft geschaffenes Geld gesehen wird» (Axilrod/Wallich 1992, Sp. 75a; unsere Hervorhebung).[155]

Da in der Gegenwart der Ankauf von Staatstiteln durch die Zentralbank überwiegt, wird vielfach geglaubt, daß Bagehots «offenes Diskontfenster» (für *inside money*) durch ein «offenes Offenmarktfenster» (für *outside money*) ersetzt worden sei und daher die mangelnde Bereitschaft der Vermögenseigentümer, gute private Sicherheiten anzubieten, jederzeit durch die Emission von Staatstiteln ausgeglichen werden könne. Dem ist aber nicht so. Denn diese Titel können, wie gezeigt, nicht von der Regierung der Zentralbank direkt angeboten werden – das wäre dann schlichte Notenbankfinanzierung –, sondern müssen in Auktionen erst einmal von Geschäftsbanken, also Unternehmungen aus dem Inneren der Wirtschaft angekauft werden. Diese sind es nun, die ununterbrochen einschätzen müssen, ob die jeweilige Regierung in ihrem Herrschaftsbereich über genügend Eigentümer verfügt, deren Steuerkraft die Bedienung der Staatstitel über jeden Zweifel erhaben machen. Die Geschäftsbanken prüfen mithin zu jedem Zeitpunkt, ob im Inneren der Wirtschaft das Leistungspotential wirklich vorhanden ist, auf das hin Staatstitel begeben werden. Der Terminus *outside money* erweist sich mithin als höchst irreführend. Seine Berechtigung hätte er nur bei einem Schuldnergeld, das in

[155] Original: «In a sense, the product of open-market operations – the non-borrowed portion of the monetary base … – can be viewed as being created from outside the economy. It is ‹outside› money, exogenous to the economic process, but capable of strongly influencing that process.»

der Tat zu einem Zwangskurs und eben nicht über den offenen Markt in die Zirkulation geworfen wird.

Wenn die Bereitschaft von Bagehots «gesunden Leuten» gepflegt werden muß, Vermögenstitel zu halten, die im gleichen Rechengeld denominiert sind wie die Zentralbanknoten, dann müssen auch die *Halter* dieser Noten bzw. von Sichtguthaben, die jederzeit in Noten umgewandelt werden können, gegen Vermögensverluste geschützt werden. Deshalb muß die Zentralbank sich um ein stabiles Preisniveau nicht weniger kümmern als um einen stabilen Wechselkurs.

Natürlich kann sie versuchen, den Kurs ihrer Währung gegen Fremdwährungen dadurch zu verteidigen, daß sie hohe Zinsen für ihre Noten verlangt. Damit aber schreckt sie die verschuldungsbereiten Eigentümer innerhalb ihres Geltungsbereiches ab, deren Ertragserwartungen unterhalb solcher Zinssätze liegen. Das Mittel der Wahl gegen Inflation und Abwertung besteht deshalb in der Emission ihrer Noten gegen erstklassige Sicherheiten, mit denen sie jederzeit ihre Noten ohne Verlust aus dem Umlauf ziehen könnte. Gelingt das nicht, ist ihr das entscheidende Mittel zur Bekämpfung der Inflation entwunden. Im Extremfall kann dies zur Kapitalflucht und zur Inkonvertibilität der Währung führen.

In einer empirischen Untersuchung des Zusammenhangs von zentralbankfähigen Sicherheiten und Inflation in insgesamt 34 Währungsgebieten kommt Philipp Lehmbecker (2005, S. 38) unter Anwendung der Regressionsanalyse zu einem Resultat, das von der Inflationstheorie der Eigentumsökonomik her zu erwarten ist: «In zwei Stichproben von 17 Nationen [Zentralbanken] für die Jahre 1980 bis 1989 und von 33 für 1998 bis 2003 wurde eine robust negative und statistisch signifikante Korrelation zwischen der Qualität zentralbankfähiger Sicherheiten und Inflation ermittelt. Dieses Resultat bekräftigt die Hypothesen der Eigentumsökonomik. Auf Grundlage dieser Untersuchung müssen die Kollateralisierung bei der Emission von Geld und die Unterbindung der Finanzierung des staatlichen Defizits durch die Zentralbank als entscheidende Faktoren für monetäre Stabilität angesehen werden.»[156]

[156] Original: «In two samples of 17 and 33 countries for the periods 1980 to 1989 and 1998 to 2003, respectively, a robust negative and statistically sufficient correlation between quality of eligible collateral and inflation has been found. This result supports the hypothesis of Property Economics. On thc basis of the survey, the collateralisation of the issuance of money» and the abandonment of «financing of the

Da Geld nur in und *uno actu* mit einem Kreditkontrakt geschaffen werden kann und bei dessen Erfüllung auch wieder vernichtet wird, gibt es keine Basis für die weit verbreitete und auch von Keynes geteilte Idee des *Hortens* von Geld. Die populäre Vorstellung «leihbarer Fonds» (*loanable funds*), wie es im Bild einer *Geldtruhe* zum Ausdruck kommt, deren kostbarer Inhalt aufbewahrt wird, um ihn bei guter Gelegenheit gegen Zins verleihen zu können, lebt vom Nichtverstehen des Geldes und des Zinses. Gehortet wird Geld allenfalls dann, wenn der Warenpreis des bei Münzen aus Edelmetall mit in die Zirkulation gehenden Gläubigereigentums steigt oder sein Anstieg erwartet wird. Wären Banknoten aus Gold oder Silber, dann könnten sie in der Tat für ihren Warenwert gehortet werden und aus der Zirkulation verschwinden. Banknoten aus wertlosem Material widerfährt solches Schicksal gewöhnlich nicht. Die Ausnahme liefert die Deflationskrise, in der Banknoten deshalb zurückgehalten werden, weil dann der Preis des Geldes, das reziproke Preisniveau (*1/P*), steigt und daher erwartet wird, daß die Noten in der Zukunft mehr kaufen können als in der Gegenwart.

Ganz wie die Noten der Zettelbanken verfallen auch die Zentralbanknoten als Geld der Vernichtung, sobald der Kredit, in dem sie geschaffen worden sind, von der Geschäftsbank getilgt ist. Weil die Zentralbank bei der Tilgung Sicherheiten ihrer Schuldner zurückgibt, muß sie die ihr zufließenden Noten ausbuchen. Für die neuerliche Schaffung – und das heißt immer zugleich Neukreditierung – von Banknoten kann die Zentralbank die zurückgeflossenen Noten selbstverständlich ein weiteres Mal benutzen. Sie sind aber bis zu ihrer Wiederverwendung *kein* Geld. Sie müssen zwar in einem Tresor aufbewahrt werden, sind dort aber lediglich Formulare. Werden diese allerdings gestohlen, also unter Umgehung eines Vertrags, in dem sich ein Schuldner zu Tilgung, Verzinsung und Verpfändung verpflichtet hat, in die Zirkulation gebracht, sind sie von korrekt emittiertem Geld nicht zu unterscheiden.

Auch wenn die Formulare so verschlissen sind, daß sie physisch vernichtet werden müssen, dann sind zwischen Ausbuchung des Geldes und Verbrennung der Formulare dieselben ebenfalls im Tresor zu halten, um lückenlos verfolgt werden zu können. Selbst ein Griff in die Flammen macht – wie bei der Bundesbank in den 1990er Jahren vorgekommen –

public deficit directly via the central bank have to be seen as crucial factors for monetary stability.»

die Formulare in den Händen der diebischen Heizer zu Noten, die dann wieder in der Zirkulation landen und dort von korrekt emittiertem Geld ununterscheidbar sind. Wenn die Zentralbank die ihr refundierten Dokumente nicht noch einmal benutzt, sondern zerstört, verliert sie also kein Geld, sondern nur den Materialwert ihrer Formulare. Die emittierende Zentralbank holt das unzerstörte Material also nicht aus einer Kiste, in der ein Vorrat fertigen Geldes liegt, sondern bringt das alte Material durch neuerliche Belastung ihres Eigentums und neuerliche Verpfändung von Eigentum der Geschäftsbanken als Banknoten in den Umlauf. Als Geld sind sie dann genauso *neu* wie solches auf neu gedruckten Formularen.

Wenn Notenbanken Münzen herausgeben, dann verwenden sie fast immer die an sie zurückfließenden Stücke für die neuerliche Emission. Das ist bei den privaten Notenbanken und den frühen Zentralbanken der Fall und wird beispielsweise bei der schwedischen *Riksbank* auch heute noch so gehandhabt. Die Bundesbank hingegen und die meisten anderen Zentralbanken schaffen kein Münzgeld, sondern kaufen die Münzen vom Staat, der für ihren Nennwert Banknoten erhält. Die Münzen werden dann zu ihrem Nominalwert auf der Aktivseite der Zentralbankbilanz als Forderung gegen den Staat verbucht. Kraft seines Münzregals darf nur der Staat Münzen prägen. Die Differenz zwischen Prägekosten und Nominalwert streicht er als Münzgewinn ein. Diese Seignorage bringt heute ungleich mehr ein als beim Edelmetallstandard, bei dem die Kurantmünzen einen deutlich höheren Metallwert hatten als moderne Scheidemünzen.

Obwohl der Staat mit den Münzen praktisch aus dem Nichts Zahlungsmittel produzieren zu können scheint, sorgt ihr Ankaufsübergang in die Zentralbank dafür, daß von dort ihr bankmäßiges Eingehen in die Zirkulation kontrolliert werden kann. Die Geschäftsbanken müssen für ihren Münzbedarf bei der Zentralbank also mit Noten bezahlen, die dann ausgebucht werden. Insofern führt der staatliche Münzgewinn nicht zu einer Vermehrung der Banknoten (vgl. Enghofer/Knospe 2005, S. 27 f.).

IV Der Markt als Institution der Eigentumswirtschaft

Die Eigentumsökonomik zeigt, daß Zins und Geld ohne eine Eigentumsverfassung und der ihr zugehörigen Eigentumsprämie weder zu verstehen noch zu haben sind. Eigentumsprämie, Zins und Geld liefern dem Wirtschaften die Grundlage und konstituieren es als gesellschaftliches Geflecht von gegenseitigen *monetären Verpflichtungen*, denen nicht nur die Schuldner, sondern auch die Gläubiger nachzukommen haben. Zwar sind es geldschaffende Gläubiger, von denen die Schuldkontrakte ausgehen, in deren Rechengeldeinheit dann alle Akteure – Gläubiger und Schuldner – ökonomisch operieren müssen. Aber bei den Geldemittenten bleibt die Verantwortung dafür, daß ohne Unterbrechung Geld zum Wirtschaften geschaffen und vernichtet wird, indem durch Ausstellung und Erfüllung von Kreditkontrakten permanent Eigentum belastet und wieder entlastet wird, wobei Zinspflichten begründet und abgelöst werden. Dieser alles überragenden Verpflichtung können die Emittenten nur dadurch nachkommen, daß ihre Schuldner nicht nur gegen Zins, sondern vor allem gegen gute Sicherheiten Geld im Kredit erhalten und daß die Gläubiger selbst für das so geschaffene Geld mit ebenso gutem Vermögen einstehen. Die Operationen der Eigentumswirtschaft werden also nicht durch eine «unsichtbare Hand» (Klassik) oder durch einen Auktionator (Neoklassik) gelenkt. Was verborgen erscheint, sind viele hundert Millionen, im selben Rechengeld denominierte Kontrakte, deren Vollstreckungssanktionen alle Akteure – vom Bankier über den Lohnarbeiter bis zum Sozialhilfeempfänger – in Bewegung halten. Allein die deutsche SCHUFA beobachtet weit über 300 Millionen Schuldkontrakte.

Wie erzeugen die Gläubiger-Schuldner-Kontrakte nun die typischen Elemente der Eigentumswirtschaft, die es eben nur in ihr gibt: Vermögensmarkt, Profit und Kapital, Güterproduktion und Warenmarkt, Akkumulation, freie Lohnarbeit und Technischer Fortschritt sowie Konjunktur und Krise?

1 Der Unternehmer als Wirtschafter eigenen Rechts und die Konstitution des Marktes

Eigentümer, die sich als wirtschaftende Akteure in dem Sinne begegnen, daß sie über Geld laufende nominale Verträge eingehen, diese zinsleistend erfüllen und dafür mit Vermögen haften, schaffen in Folge eben dieser Kontrakte erst die Märkte, die von allen großen ökonomischen Schulen an den Anfang des Wirtschaftens und seiner Analyse gestellt werden.[157]

Da Märkte den Besitzsystemen absolut fremd sind, fällt ihre Etablierung keineswegs leicht. Weil der Mensch als solcher eben kein Äquivalententauscher ist, muß er als Verschuldeter das Marktgeschehen erst einmal mühsam lernen. Ein beredtes Beispiel bietet die Einführung des Grundeigentums in Österreich im Jahre 1848, als Leibeigene gegen eine vierzigjährige Abzahlung vormaligen Feudalbesitz als Eigentum erhalten. «Die Folgen der Befreiung [von den feudalen Fesseln] waren für die Bauern nicht nur positiv ... . Die 1. Generation kannte ... die marktwirtschaftlichen Bedingungen nicht» (Österreich-Lexikon 2005). Die Bauern produzieren nun zwar für sich selbst, müssen sich mit dem Verkaufen zur Begleichung ihrer Schulden aber erst vertraut machen. Dafür müssen Märkte konstituiert werden. Bis das gelingt, geraten viele in Überschuldung und verlieren dabei ihre Höfe, was mit dem Schlagwort «Bauernlegen» nur polemisch beschrieben, aber nicht verstanden wird.

[157] Für den Merkantilismus kann so generell nicht geurteilt werden. Der Vollender dieser Schule, Steuart (1767, Band I, S. 178), weiß sehr wohl, daß der ihn interessierende Handel nicht aus dem Tausch einfacher Unterhaltsmittel entsteht, obwohl er diesen nicht in Abrede stellt. Er schaut von vornherein auf geldgesteuerte Unternehmen, deren Produkte nur für Verkauf erzeugt werden: «Leute, die früher beispielsweise nur einerlei Kleidung für alle Jahreszeiten kannten, werden nun gerne etwas Geld hergeben, um sich mit verschiedener Art von Gewändern, die dem Sommer und dem Winter richtig angepaßt sind, zu versehen, deren Erfindung durch den Scharfsinn der Gewerbetreibenden und ihren Wunsch, Geld zu erwerben, angeregt worden sein mag.»

Original: «People, I shall suppose, who formally knew but one sort of clothing for all seasons, willingly part with a little money to procure themselves different sorts of apparel properly adapted to summer and winter, which the ingenuity of manufacturers in their desire of getting money may have suggested to their invention.»

Erst nach 1868 schaffen die neuen Landeigentümer Genossenschaften für die Vermarktung ihrer Waren und stabilisieren so das System.

Kontrakte zwischen Personen, von denen nicht zumindest einer Eigentümer ist, einschließlich Kontrakte zwischen solchen, bei denen Güter tatsächlich einmal getauscht werden, haben mit Märkten nichts zu tun, und sie bringen diese auch nicht hervor. Deshalb versagt die Vorstellung der Klassik, die sich den Markt als Ort zur Realisierung der physischen Reproduktion mit Überschuß (Profit) vorstellt. Die neoklassische Idee vom Markt als Ort zur Bestimmung optimaler Ressourcenallokation geht ebenso fehl. Der beiden Schulen gemeinsame Glaube an die ewige, universale Neigung der Menschen zum Tausch von Gütern und Ressourcen als Ursache des Wirtschaftens ist ebenso abwegig wie die Vorstellung, daß es einer Abneigung zum Tausch (oder seinem Verbot) gelingen könne, das Wirtschaften zu unterbinden.

Selbst Polanyi als findigster Gegner der klassischen und neoklassischen Marktideen in der ökonomischen Ethnologie bleibt eine eigene Erklärung des Marktes schuldig. Obwohl er weiß, daß Märkte in Stamm und Feudalismus fehlen, unterscheidet er sich bei ihrer Beschreibung von seinen Kontrahenten nicht. Auch für ihn ist der *homo oeconomicus* «eingebettet in den Markt», wo der «Tausch von Gütern erleichtert» wird durch «quantifizierbare Objekte» oder «physische Einheiten» (Polanyi 1977, S. 102 f.).[158] Das ist neoklassisches *numéraire*-Geld aus der Gütersphäre *par excellance*.

Auch der Monetärkeynesianismus, der das Wirtschaften auf knappgehaltenes Geld zurückführt, kann das Wesen von Märkten nicht erfassen, weil er die Voraussetzung für knappgehaltenes Geld – die Bereitschaft zur Belastung und Verpfändung von Eigentum – nicht zu diskutieren vermag. Als Beispiel dafür soll die «Keynesianische Makroökonomie» von Michael Heine und Hansjörg Herr (1999, S. 315-379) dienen. Darin wird von einer Welt «kapitalloser» Unternehmer, Banken und Zentralbanken ausgegangen, weil Unternehmen – zum Eigenkapital von Banken und Zentralbanken wird gleich ganz geschwiegen – doch über die Ausgabe von Aktien Eigenkapital direkt bei den «Haushalten» einwerben könnten. Dort erscheine dann den Akteur, der «sein Geld» (Heine/Herr 1999, S. 376) als Teil seines Reinvermögens dem Unternehmer zur Verfügung

[158] Original: «Quantifiable objects» or «physical units» through which «barter is facilitated»; siehe dazu näher G. Heinsohn 2005 und 2006.

stelle. Wo das herkommt, was da beiläufig als «sein Geld» und «sein Reinvermögen» bezeichnet wird, was es überhaupt ist und wie es geschaffen wird, bleibt gänzlich unerklärt. Dazu paßt auch, daß Heine und Herr ganz genau – und direkt gegen die Eigentumsökonomik gerichtet – nur eines wissen, nämlich, daß «eine wie auch immer geartete Bindung der Geldschöpfung an Eigentum ... dysfunktional wäre» (S. 377). Gewiß erübrigen sich bei Abwesenheit von Eigentum alle Sorgen um seine Funktionalität. Allerdings entfällt dann auch das Geld, dem solcher Kummer doch gerade auf die Beine helfen soll.[159]

Der Monetärkeynesianismus weiß schlichtweg nicht, daß auf *allen* Ebenen des Wirtschaftens die Wirtschafter als Eigentümer am Werke sind und nicht etwa bloß an der Spitze einer Hierarchie der Märkte solche speziellen Personen stehen, die von dort alle Akteure auf den übrigen Märkten dominieren sollen und dabei auch noch irreführend als «Vermögensbesitzer» (Riese) angesprochen werden. In diesem Hierarchiegedanken lebt die Klassik wieder auf, die ganz oben zwar nicht die Herren des Geldes, aber doch die Herren der Produktionsmittel ansiedelt. Die lassen sich – wie in Kapitel II, Abschnitt 1 gezeigt – in allen Einzelheiten als Besitzer dechiffrieren, werden von der Klassik aber als «Privateigentümer» ebenfalls falsch etikettiert.

Beginnen wir mit dem Eigentümer als Warenproduzent oder Unternehmer, der als Schuldner unumgänglich im Zentrum der Eigentumswirtschaft steht. Er ist weder neoklassischer Vikar eines Ressourcen besitzenden Haushaltes, der diese Ressourcen durch Produktion in Güter transformiert und diese dann vermarktet, noch ist er monetärkeynesianischer Vikar eines «Vermögensbesitzers», der dieses Vermögen vermehrt. Der Unternehmer ist für niemanden Vikar, sondern ein *verschuldungsfähiger* und *verschuldungsbereiter* Eigentümer, der die Produktion durch Aufgabe seiner Eigentumsprämie in Gang setzt und durch den permanenten Wechsel zwischen Aufgabe und Wiedergewinnung von Eigentumsprämie das Wirtschaften in Gang hält.

[159] Die Analyse der Autoren gerät allerdings schnell in Widerspruch zu ihrer Grundannahme von der Bedeutungslosigkeit des Eigentums, wenn sie bei der bloßen *Beschreibung* geldpolitischer Instrumente nicht umhin können, zähneknirschend einzuräumen, daß «die Banken für die Dauer des Kredits Wertpapiere als *Pfand* bei der Zentralbank hinterlegen müssen» (Heine/Herr 1999, S. 337; unsere Hervorhebung).

Die Verschuldungsfähigkeit des Unternehmers liegt in seiner Kapazität, Eigentumsprämie zu haben und in seiner Bereitschaft, Vermögen durch Aufgabe von Eigentumsprämie zu bewirtschaften. Nur durch diese Aktivierung bzw. Verpfändung seines Eigentums ist es dem Unternehmer möglich, Geld im Kredit von einer Geschäftsbank zu erlangen, für dessen Weiterverleihung er ein unverzichtbarer Partner ist. Dieser Kredit für die Produktion unterliegt also den gleichen Gesetzmäßigkeiten wie der Kredit zwischen Notenbank und Geschäftsbank. Eine künstliche Aufteilung des Kredits *à la* Riese (1999, S. 152) in «Geldschöpfung» einerseits und «Ressourcenkredit» andererseits kennt die Eigentumswirtschaft nicht.

Es versteht sich, daß ein Unternehmer, der Geld geerbt, geraubt oder in der Lotterie gewonnen hat, sich ebenfalls wie ein Schuldner verhalten muß, der wegen der Zinslast mehr herausholen muß, als er einsetzen kann. Auch die Investition des auf solchen Wegen erlangten Geldes konkurriert mit dem Zins, gegen den es weiterverliehen werden könnte. Die Zinsen sind im Kalkül dieser Unternehmer also als Opportunitätskosten einzusetzen. Die Differenz zwischen beiden Unternehmern besteht allerdings darin, daß Diebe und Erben kein Eigentum verpfändet haben.

Wirtschaften kann also nur jemand, der auch als Schuldner ein Nettogläubiger bleibt. Er muß immer über einen Überschuß seines Vermögens (*assets*) über seine Verbindlichkeiten (*liabilities*) verfügen. In diesem Überschuß (*net worth*) manifestiert sich das Eigenkapital (*own capital*). Eine Vermögensbilanz ist also kein bloßes Dual von *assets* und *liabilities*, sondern besteht aus der Trinität von *assets, liabilities* und *own capital*. Die Essenz des Eigenkapitals kann daher nicht darin gesehen werden, daß es in Analogie zu Fremdkapital eine Verbindlichkeit – allerdings nicht gegen andere, sondern gegen sich selbst – darstellt und deswegen auf der Passivseite der Bilanz anzusiedeln sei, also in der Analyse als eine gesonderte Größe vernachlässigt werden dürfte. Ganz im Gegenteil! Das Eigenkapital als Überschuß der Aktiva über die Passiva ist als unbelastetes Eigentum für die Fähigkeit zur Verschuldung essentiell. In der Vermögensbilanz des Eigentümers wird es nur deshalb auf der «Passiv»-Seite verbucht, damit die Bilanz auf beiden Seiten die gleiche Summe ausweist. Es wird dadurch aber nicht zur Verbindlichkeit, sondern bleibt ein Eigentum, gegen das kein anderer eine Forderung hat. Umgekehrt wird ja auch bei einem negativen Saldo das dann negative Eigenkapital nicht deshalb zu einem Vermögen, weil es in diesem Fall zum Ausgleich der Bilanz auf der «Aktiv»-Seite verbucht werden müßte.[160]

Im Monetärkeynesianismus, der – wie in Kapitel II, Abschnitt 5 gezeigt – in einer kapitallosen Welt lebt, beobachten immerhin Heine und Herr, daß «die meisten Unternehmen auch Eigenkapital aufweisen» (vgl. ähnlich für Geschäftsbanken Hauskrecht 2001, S. 51-54). Gleichwohl könne es für die Analyse vernachlässigt werden, da diese Position, nicht anders als das Fremdkapital auf der Passivseite der Unternehmensbilanz, eine bloße Gegenbuchung ihrer Aktivposten darstelle, also wie jenes lediglich einen Anspruch auf Verzinsung von Kapital anzeige: «Denn das Eigenkapital eines Unternehmens kann durchaus als Direktkredit des Eigentümerhaushalts an das eigene Unternehmen aufgefaßt werden. Implizit ist somit unterstellt, daß Eigenkapital eine Verbindlichkeit des Unternehmens gegenüber dem Eigentümerhaushalt darstellt und im Gleichgewicht die Verwertung von Fremd- und Eigenkapital gleich ist» (Heine/Herr 1999, S. 334).

Diese Aussage ist selbstverständlich nicht falsch, aber auch trivial. Denn wer wollte bestreiten, daß auf der Passivseite einer Bilanz das Kapital als Gegenbuchung steht, also ausdrückt, daß mit ihm Vermögenswerte auf der Aktivseite erworben worden sind und Eigenkapitalgeber nicht anders als Fremdkapitalgeber entsprechend ihrem Anteil Anspruch auf die Erträge dieser Werte haben? Gleichwohl muß eine Theorie des Eigenkapitals zeigen, daß es mehr ist als ein bloßes Indiz für die Herkunft des Kapitals. Das Eigenkapital gibt vor allem Auskunft über die Fähigkeit der zusätzlichen – über die guten Sicherheiten hinausgehenden – *Absicherung der Aktiva zur Vermeidung von Zahlungsunfähigkeit.* Diese Qualität des Eigenkapitals kommt im Monetärkeynesianismus niemals vor. Einsichtsvollere Zentralbanktheoretiker bezeichnen daher die Passivseite der Bilanz der Zentralbank nicht einfach mit «liabilities side», sondern mit «liabilities *and capital side*» (Blenck *et al.* 2002, S. 39-43; unsere Hervorhebung).

Mit dem aus Eigentumsbewirtschaftung resultierenden Geldvorschuß, dem Fremdkapital, erwirbt der Unternehmer Produktionsmittel oder *Sachkapital.* Durch diesen Geldeinsatz transformiert er sie in Sachvermögen und bewirkt erst dadurch die monetär bewertete Produktion von *Waren* mit dem Ergebnis von Beschäftigung und Einkommen. Dieses

[160] Dazu näher oben Fn. 75.

Erwerben oder *Kaufen ist* bereits *Markt*, in diesem Fall ein *Faktormarkt* für Sachkapital. Ebenso wie das Geld ist der Markt nicht einfach da und wartet darauf, daß jemand auf ihm aktiv wird, sondern er konstituiert sich allein durch Käufe und bleibt bei Nichtkäufen aus.

Für seine Verschuldungsfähigkeit muß der Unternehmer Eigentum überhaupt erst einmal haben oder jemanden finden, der als Eigentümer für ihn bürgt. Seine Verschuldungsbereitschaft jedoch wird nicht nur durch ihn und auch nicht allein von Profiterwartungen bestimmt. Er wird diese Bereitschaft nur stetig aktivieren, wenn er sich darauf verlassen kann, daß über den Kreditvertrag an ihn gelangendes Geld von anderen Eigentümern akzeptiert wird, also nach bankgemäßen Regeln als Gläubigergeld geschaffen worden ist. Ist das nicht der Fall, kann er mit seinem Geld keinen Markt konstituieren, also andere Eigentümer nicht dazu bringen, ihm für stofflich wertlose Scheine Waren zu verkaufen. Er steht dann mit schlecht besichertem Geld, also Schuldnergeld da und kann doch die notwendigen Folgeoperationen – Investieren, Produzieren, Verkaufen und Tilgen – nicht ausführen, zu denen er als Schuldner gleichwohl weiterhin verpflichtet bleibt. Weil das so ist, muß jede Zerstörung von Gläubigergeld zur Zerstörung des Wirtschaftens führen, also zum Zerreißen des Geflechts aus gegenseitigen Verpflichtungen (vgl. das Beispiel des Deutschen Reiches in Kapitel IV, Abschnitt 3).

Ein Unternehmer als Wirtschafter ist also vor allem ein Akteur, der einen Kreditkontrakt zu erfüllen hat, damit er sein verpfändetes Vermögen nicht verliert. Dieser Kontrakt ist in einem Rechengeld denominiert, in dem er auch Zins und Tilgung zusagt und in dem sein Eigentum bewertet ist, das er mindestens im Volumen der Kreditsumme verpfändet. Wirbt ein Unternehmer Geld über die Ausgabe von *Aktien* ein, dann erweisen sich diese keineswegs als ein zusätzliches «Geld der Unternehmen», wie es populär heißt (Heinsohn/Steiger 2000c und 2000d). Auch das so erlangte Geld ist nicht etwa als monetärkeynesianisches «Reinvermögen» wunderbarerweise einfach da, sondern muß zuvor in einem Kreditkontrakt geschaffen worden sein. Erst die Verschuldungsbereitschaft durch Aufnahme von Krediten oder die Begebung von Anleihen sowie die Bereitschaft zur Erweiterung um Miteigentümer durch die Ausgabe von Aktien kann den *Vermögensmarkt* konstituieren. Wie es den geldschaffenden Kredit nur geben kann, wenn die Notenbank für ihr Geschäft einen verpfändungswilligen Schuldner findet, so können auch Geldgeber erst dann auf einem Vermögensmarkt ins Geschäft kommen, wenn andere zur Verschuldung oder – wie im Falle der Aktien – zur Aufnahme gewinnberechtigter Teilhaber bereit sind. Die Vermögensmärkte haben also nichts mit einer monopolaren Welt von «Vermögensbesitzern» (Riese) zu tun, deren Entscheidungen allein den Gang der Wirtschaft bestimmten.

Das wie immer gewonnene Geld verschafft dem Unternehmer erst die aus Gläubigergeld resultierende Liquiditätsprämie. Seine von Keynes hervorgehobene spezielle Qualität, jederzeit Kredit- und Kaufverträge endgültig erfüllen zu können, lebt davon, daß mit einem bloßen Dokument Vermögen endgültig übertragen und ausgelöst werden kann, weil das Dokument einen Anspruch auf Eigentum des Geldschaffers impliziert. Diese Grundlage der Liquiditätsprämie entgeht sowohl Keynes wie auch dem Monetärkeynesianismus. Bei Keynes soll die Aufgabe der Liquiditätsprämie zum Zins führen, wobei das aufgegebene Geld entweder vorausgesetzt ist oder gar als Schuldnergeld gefaßt wird. Beim Monetärkeynesianismus soll die Aufgabe dieser Prämie das Wirtschaften starten, wobei das aufgegebene Geld aus dem Nichts geschaffen wird und in der Verfügungsgewalt des «Vermögensbesitzers» liegt.

Die Eigentumsökonomik muß demgegenüber auf der logischen Abfolge bestehen, daß bei Einsatz der Eigentumsprämie Geld als Gläubigergeld geschaffen wird, während der Einsatz der Liquiditätsprämie durch die temporäre *Aufgabe* oder das *Ausgeben* von bereits geschaffenem Gläubigergeld erfolgt. Ausgeben von Geld bedeutet immer die endgültige Erfüllung, also die Auflösung von in Rechengeld denominierten Schuldkontrakten, und zwar sowohl von Kreditkontrakten als auch von Kaufkontrakten.

Aus der Sicht des Schuldners ist die im Kredit gewonnene Liquiditätsprämie nichts anderes als die Kompensation seiner bei der Verpfändung verlorenen Eigentumsprämie.[161] Einmal mit dem Gläubigergeld in der Welt, überträgt sich die Liquiditätsprämie auch auf alle Vermögens-

[161] Spahn (2001, S. 58 f. und 61) hat versucht, die Liquiditätsprämientheorie des Zinses zu retten, indem er Steuarts oben (Kapitel III, Abschnitt 2) zitierte Einsicht, daß ein Schuldner bereit ist, wegen der Zirkulationsfähigkeit der kreditär zur Verfügung gestellten Banknoten Zins zu zahlen, dahingehend interpretiert, die Zirkulationsfähigkeit sei mit der Liquiditätsprämie identisch. Diese Gleichsetzung ist durchaus korrekt, verkennt aber, daß die Liquiditätsprämie erst durch Belastung des Eigentums der Notenbank, also ihres Eigenkapitals, die für sie ein Verlust an Eigentumsprämie bedeutet, in die Welt kommt.

formen – Nominal- und Sachvermögen –, die nicht Geld sind und deshalb Kontrakte nicht endgültig auflösen oder die – wie insbesondere bei der Verrechnung über Sichtguthaben – an Zahlungs Statt eingesetzt werden können. Der Grad der Leichtigkeit der Transformierbarkeit aller Vermögensformen in Geld bestimmt die Höhe ihrer Liquiditätsprämie oder ihren Liquiditätsgrad.

Da Produktionsmittel von einem Unternehmer immer mit einem zu verzinsenden Vorschuß an Geld erworben werden, sind die Produktionsmittel nicht selbst *Kapital*, sondern werden überhaupt nur durch den Geldvorschuß zu produzierten Kapitalwaren bzw. Sachkapital, das der Neoklassik als Bestand von Kapital*gütern* erscheint. Das eigentliche Kapital ist deshalb immer ein Geldvorschuß. Es müssen mithin keine vorab existierenden Güter und Ressourcen zur Verfügung stehen, auf deren Konsum jemand zu verzichten hätte, die also zu sparen wären, damit es zur Bildung von Sachvermögen kommt. Dem Geld des Kapitalvorschusses entsprechen gerade keine physischen Güterbestände. Ihm liegt vielmehr immaterielles Eigentum zu Grunde, das von dem Gläubiger, der dem Unternehmer-Schuldner das Kapital im Kredit vorschießt, belastet, letzterem aber niemals verliehen oder sonstwie auf Zeit übergeben wird. Die Bildung von Sachvermögen ist also nicht durch rein physische Güter oder Ressourcen begrenzt, sondern durch die Bereitschaft, verfügbares Eigentum zu belasten, Eigentumsprämie also aufzugeben.

Das über den Kreditkontrakt an den Unternehmer gelangte Geld erzwingt – bei Risiko des Eigentumsverlustes – einen Mechanismus, über den die Produkte als *Waren*, also gegen Geld zum Kauf und nicht etwa für den Austausch anderer Güter angeboten werden. Der *Warenmarkt* konstituiert sich für die Wiedererlangung des Geldvorschusses sowie für die Gewinnung der Zinsschuld, also einen Überschuß über den Geldvorschuß, das heißt des *Profits*. Der Unternehmer muß sich für das Erlangen von Geld einsetzen, weil nur mit ihm seine Schuldverpflichtungen endgültig aufgelöst und sein verpfändetes Eigentum wieder ausgelöst werden kann. Erst dann ist es wieder frei und wirft von neuem Eigentumsprämie ab.

Der Warenmarkt ist also kein Tauschplatz für Güter, die nach den – durch subjektive Nutzenschätzungen bestimmten – Präferenzen von Konsumenten (Neoklassik) oder nach den – objektiven – Kosten von Produzenten (Klassik) ihren Besitzer zu deren Vorteil wechseln. Der Warenmarkt ist auch nicht monetärkeynesianisch als Gütertauschplatz längst in der Welt, um endlich durch den Geldzins – als Preis für verliehenes Vermögen – von dem hierarchisch angeblich höherstehenden Vermögensmarkt her dominiert zu werden. Der Warenmarkt ist vielmehr eine *uno actu* mit dem geldschaffenden Schuldkontrakt notwendig werdende Instanz zur Einwerbung von Kaufverträgen über Waren, das heißt zur Gewinnung von Schuldendeckungsmitteln.

Im *Kaufkontrakt* wird der Unternehmer, der im Kreditkontrakt Schuldner einer Geldforderung – seinem Fremdkapital – ist, als Eigentümer einer Ware zum Gläubiger einer Geldforderung. Jede Firma ist mithin nicht nur auf eine Schuldnerposition reduziert, sondern notwendigerweise immer auch auf eine Gläubigerposition angelegt. Erst bei Realisierung dieser Position im Verkauf kann die Schuldnerposition wieder geräumt und der primäre Gläubiger des Unternehmens aus seiner Forderungsposition entlassen werden. Erst danach werden beide Eigentumsvolumina für das Fortsetzen des Wirtschaftens von neuem aktivierbar bzw. ihre Prämien aufgebbar.

Dem zum Verkäufer werdenden Unternehmer-Schuldner steht – analog zum Kreditkontrakt – der Käufer als Schuldner einer Geldforderung gegenüber. Er verpflichtet sich, die für den Verkauf geforderte Geldsumme zu leisten. In der Frist bis zur Erfüllung dieser Forderung wird der Käufer-Schuldner lediglich Besitzer der Ware, weil die Eigentumsübertragung – also das, was nur Geld final erreichen kann – noch nicht erfolgt ist. Anders als im Kreditkontrakt kann zum Schutze des Gläubigers keine Verpfändung von Schuldnereigentum vorgenommen werden. Deshalb muß das Gläubigereigentum dadurch geschützt werden, daß es vor Bezahlung in Geld – also nicht schon bei Bezahlung mit Scheck oder Kreditkarte – nicht final übergeht, also unter *Eigentumsvorbehalt* gestellt wird.

Wo in der herrschenden Lehre die Rolle des Unternehmens als Gläubigers einmal thematisiert wird (Stiglitz/Greenwald 2003, S. 137-145), kommt eben dieser Vorbehalt niemals in den Blick. Hervorgehoben wird lediglich, daß der Unternehmer als Gläubiger nicht anders als die Bank das Problem der Zahlungsunfähigkeit seines Kunden nicht durch einen Zinsaufschlag in den Griff bekommen könne, da erhöhte Zinsen dieses Risiko nur noch vergrößern würden. Daß die Verpfändung als Sicherungsmechanismus der Bank im Eigentumsvorbehalt des Verkäufers ihr Gegenstück hat, wird nicht bedacht. Deshalb muß wieder auf Informationsbeschaffung über die Kreditwürdigkeit des Schuldners zurückgegriffen werden, für die sich die Bank das Mittel der Pfandstellung ausgedacht habe. Was beim Unternehmen dieses Informationsbeschaffungsmittel ersetzen soll, bleibt entsprechend vage. Es wird bei einer Spezialbranche angesiedelt, die aus «Informationsvorteilen» Differentialgewinne ziehen und damit in das Kreditgeschäft eindringen könne (Stiglitz/Greenwald 2003, S. 143).[162]

2 Monetäre Preissetzung versus Anpassung an relative Preise

Sobald der Unternehmer-Schuldner mit dem Geldvorschuß Produktionsmittel oder Produktionsfaktoren kauft und dafür über Rechengeld laufende – nominale – Kontrakte eingeht, existieren diese für ihn unausweichlich und immer als monetäre Größe. Das bedeutet, daß die Menge der Produktionsmittel mit *Preisen* – sogenannten Faktorpreisen oder *Kosten* – zu bewerten ist, die in demselben Rechengeld denominiert werden müssen wie der kontrahierte Geldvorschuß, also in absoluten *Geld*preisen.

Das gleiche gilt für die Preise der mit den Produktionsmitteln geschaffenen Produkte, den sogenannten Güterpreisen. Die Produkte müssen mit einem Preis bewertet werden, der zumindest der geschuldeten Summe aus Kapital und Zins sowie der Summe aus Faktormenge multipliziert mit ihren Kosten entsprechen muß. Es ist diese besondere *monetäre Produktion*, die zu *Waren* und nicht lediglich zu physischen Gütern führt. Sie sorgt dafür, daß der Unternehmer nicht an einer Güterproduktion *per se*, an bloßen Mengen also, interessiert sein darf, sondern an mit Geldpreisen gemessenen Produkt*werten*, erzielbaren Geldsummen mithin.

Die Preise haben also nichts mit den relativen Preisen der an einem Gütertausch orientierten Werttheorien zu tun. Sie ergeben sich mithin nicht aus wie auch immer bestimmten Gütertauschrelationen, die dann über eine vorgegebene Geldmenge als absolute Preise bestimmt werden. Die Preise bestimmen sich auch nicht aus den Relationen der in den Gütern über den Reproduktionslohn *vorgegebenen* Arbeitsmengen *à la* Klassik. Schließlich resultieren sie auch nicht aus den – gleichermaßen *vorgegebenen* – Güter- oder Faktormengenrelationen *à la* Neoklassik, an

[162] Original: «Each firm will presumably earn rents on its informational advantage; and it is these rents that make it attractive for firms to enter the lending business.»

die sich die Grenznutzenrelationen der Haushalte bzw. die Grenzproduktivitätsrelationen der Produzenten *anpassen*.

Bereits von den Begründern der Neoklassik, Carl Menger, William Stanley Jevons und Léon Walras, sind die Mechanismen der Preisbildung immer nur behauptet, aber niemals erklärt worden (Stadermann/Steiger 2001, S. 221-251): «Die ‹Nutzengrade› *erklären* also nicht die Preise, sondern dienen nur noch als gelehrte Floskel, um die einmal gegebenen Preisrelationen als ‹richtig› zu behaupten. / Zu seiner Bestimmung des maximalen Tauschnutzens war Walras nur gelangt, indem er ... die Preise als *gegeben* ansah. Dies vergißt er im weiteren, um nun umgekehrt von dem nur mit Hilfe seiner Preis-Annahme gewonnenen Theorem die Preise selbst abzuleiten» (Hofmann 1964, S. 167 / 178 f.; unsere Hervorhebungen).

Auch in der modernen Mikroökonomik hat sich an dieser zirkulären Argumentation nichts geändert. Das läßt sich gut an den beiden grundlegenden Modellen der mikroökonomischen Partialanalyse demonstrieren, der Nutzenmaximierung des Konsumenten und der Kostenminimierung des Produzenten. Beide Optimierungsannahmen gehen von Akteuren aus, die über ein vorgegebenes Budget zum Erwerb von Konsumgütern bzw. von Produktionsmitteln verfügen, deren jeweilige Mengen unbekannt sind. Bekannt und damit vorgegeben sind lediglich ihre relativen Preise, das heißt das Verhältnis, in dem die Mengen sich tauschen. Dies bedeutet, daß die Akteure diejenigen Mengen aus dem vorgegebenen Budget wählen, die den maximalen Nutzen bzw. die minimalen Kosten ergeben.

Im einfachsten Modell – dem Fall zweier Güter (zweier Faktoren) – können die Akteure die im Budget enthaltenen Mengen zu den vorgegebenen relativen Preisen der Güter (Faktoren) beliebig tauschen, das Budget also für jeweils nur ein Gut (einen Faktor) oder Teilmengen davon ausgeben. Die Akteure tauschen die jeweiligen Mengen so lange, bis der Gesamtnutzen (im Modell für den Konsumenten) bzw. die Gesamtproduktionsmenge (im Modell für den Produzenten) größer wird als in einer beliebigen Ausgangskombination. Der Gesamtnutzen (die Gesamtproduktionsmenge) ist dadurch gekennzeichnet, daß beim Gütertausch (Faktortausch) die Summe der Grenznutzen (Grenzproduktivitäten) der jeweiligen Güter (Faktoren) multipliziert mit ihren getauschten Mengen unverändert bleibt. Das bedeutet, daß das Verhältnis möglicher Mengenkombinationen, die sogenannte Grenzrate der Substitution, gleich dem umgekehrten Verhältnis ihrer Grenznutzen (Grenzproduktivitäten) ist. Da andererseits die Grenzrate der Substitution gleich dem umgekehrten Verhältnis der relativen Preise ist, wird Nutzenmaximierung (Kostenminimierung) dann erreicht, wenn die Grenznutzenrelationen (Grenzproduktivitätsrelationen) sich an die vorgegebenen Preisrelationen angepaßt haben. Da also Grenznutzen und Grenzproduktivitäten sich lediglich an angenommene Preise anpassen, können sie diese Vorgaben nicht auch noch erklären. Nicht über Grenznutzen und Grenzproduktivitäten gelangt man also zu den relativen Preisen, sondern die Grenznutzen und Grenzproduktivitäten werden durch mengenmäßige Anpassungen an vorab bestimmte Tauschrelationen herangeführt.

In der Allgemeinen Gleichgewichtstheorie werden die Preise für sämtliche Güter eines Marktsystems in einem beliebigen Standardgut ausgedrückt, dessen Preis gleich Eins gesetzt wird und in dem alle Preise voneinander abhängig sind. Im Unterschied zur Partialanalyse werden die relativen Preise jetzt als «laufende Preise» (*current prices*) bezeichnet, die dann – gewissermaßen schleichend und ohne weitere Erklärung – den Eindruck erwecken können, als handele es sich dabei um Geldpreise. In Wirklichkeit sind diese Preise aber für die Analyse der Allgemeinen Gleichgewichtstheorie ganz unumgängliche *Rechenpreise* und das Standardgut eben eine *Recheneinheit*, die nicht mit dem Rechengeld (*money of account*) der Eigentumsökonomik zu verwechseln ist.

Wenn Geld selbst ein Gut sein soll, ergibt sich umgehend die Frage, wie der Preis des Geldes bestimmt wird: «Kann ein Gut numerischer Ausdruck von Preisen sein und gleichzeitig ein Gut, dessen Preis in Geld ausgedrückt wird? Betrachten wir den relativen Tausch zwischen dem Warengeld *m* und einem realen Gut *a*. Wenn beispielsweise 10 Einheiten von *m* gegen eine Einheit von *a* getauscht werden, kann man genausogut sagen, daß 10 Einheiten von *m* der Preis einer Einheit von *a* oder eine Einheit von *a* der Preis von zehn Einheiten von *m* ist. Daher ist *m* genauso wenig der Standard von Gut *a* wie *a* der Standard von *m*. Allerdings ist zur eindeutigen Bestimmung von Geldpreisen notwendig, daß nur *eine* Einheit als Maß existiert. Das Problem kann weder dadurch gelöst werden, daß man eines der beiden Güter als Bezugsgröße wählt noch durch die willkürliche Annahme, daß man es einer bloßen Zahl gleichsetzt. Relativer Austausch kann nur zwischen realen Größen existieren. Dies ist eine notwendige Bedingung, die weder die Bestimmung einer einzigen Maßeinheit erlaubt noch die Verknüpfung von Zahlen mit realen Gütern und Dienstleistungen» (Cencini 2001, S. 30; unsere Hervorhebung).[163] Der Versuch, Preise über realen Tausch zu bestimmen, scheitert also unausweichlich daran, daß Geld nun einmal kein reales Gut ist. Andererseits muß bei der Bestimmung von relativen Preisen das Geld aber als ein Gut angesehen werden. Aus dieser Paradoxie gibt es kein Entrinnen.

Auch im Modell der Allgemeinen Gleichgewichtstheorie sind die Budgets sämtlicher Akteure und die Preise der damit zu tauschenden Güter (Faktoren) gegeben. Das Interesse richtet sich hier nicht auf die Nutzenmaximierung bzw. die Kostenminimierung, wodurch relative Preise mit Grenznutzen bzw. Grenzproduktivitäten ins Gleichgewicht gebracht werden – die Optimierung der Akteure wird vorausgesetzt – , sondern auf den Mechanismus, mit dem die Märkte insgesamt ins Gleichgewicht gebracht werden. Dies geschieht dadurch, daß die gesetzten Preise durch Variationen wie bei einer Auktion so lange geändert werden, bis die sogenannten Überschußnachfragen bzw. Überschußangebote der Einzelmärkte beseitigt, die Märkte im Gleichgewicht also geräumt sind. Das allerdings, was da variiert wird, bleibt ohne Erklärung. Denn es wird lediglich gefragt, ob bestimmte Preise zur Überschußnachfragen führen oder nicht. Die Preise werden also nicht durch gegebene Überschußnachfragen bestimmt, sondern es wird lediglich die Funktion der Preise dahingehend betrachtet, wie diese durch Erhöhung oder Senkung die Überschußnachfragen beseitigen. Warum überhaupt ein positiver Preis da ist, also auf Auktionen nicht für einen Preis Null verschenkt, sondern immer ein sogenannter Reservations- oder Mindestpreis gefordert wird, bleibt unerhellt.

[163] Original: «If money is a commodity, what is its price? Can a commodity be, simultaneously, the numerical expression of prices and a real good whose price must be expressed in terms of money? Consider the relative exchange between commodity money *m* and a real good *a*. If, for example, 10 units of *m* are exchanged against 1 unit of *a*, it can equally be said that 10 units of *m* are the price of 1 unit of *a*, or that 1 unit of *a* is the price of 10 units of *m*. Yet, in order for moeny prices univocally determined, it is necessary to have 1 unit of measure. The problem can be solved neither by choosing one of the two commodities as a reference nor by arbitrarily assuming that it can be taken to be equal to a mere number. Relative exchange can only occur between real terms, an necessary condition which allows neither for the determination of a unique unit of measure nor for the association of numbers with real goods and services.»

Es kann nicht überraschen, daß auch in der mikroökonomischen Markttheorie gewinnmaximierender Produzenten die Preise wiederum nicht erklärt, sondern als Marktpreise gesetzt werden. Wie in der Allgemeinen Gleichgewichtstheorie werden sie als «laufende Preise» für die Transaktionen der Güter und Dienstleistungen in einer bestimmten Marktperiode definiert und dabei wie absolute Preise und nicht mehr wie Tauschrelationen betrachtet, ohne daß diese Differenz thematisiert wird. Dies ist daraus zu erklären, daß Geld in der Mikroökonomik keine Rolle spielt, absolute Preise aber immer Geldpreise sind, die unter dem harmlosen Begriff laufender Preise versteckt werden.

Im Modell des sogenannten polypolistischen oder vollständigen Wettbewerbs, also einer unbegrenzbaren Zahl von Produzenten, hat der einzelne Produzent keinen Einfluß auf den Marktpreis, so daß dieser für ihn eine fixe Größe ist. Der Produzent hat nur die Wahl, seine Produktionsmenge an den Marktpreis solange anzupassen, bis sein Grenzumsatz, das heißt der Marktpreis, gleich seinen Grenzkosten ist.

Im Modell des Monopols, also eines marktbeherrschenden Produzenten, ist der Marktpreis zwar ebenfalls von außen vorgegeben, aber nicht fix. Der Produzent kann ihn mit Blick auf die Nachfrageelastizität variieren, um sein Gewinnmaximum bei Gleichheit von Grenzumsatz und Grenzkosten zu erreichen. Was an diesem Preis gegeben ist, liegt allerdings jenseits seiner Preisänderungsmacht. Dasselbe gilt für das Modell des monopolistischen Wettbewerbs, in dem die Zahl der Produzenten wie im Modell der vollständigen Konkurrenz unbegrenzbar ist, der einzelne Produzent aber den vorgegebenen Preis durch Kundenbindung wie ein Monopolist variieren kann. Im Modell des oligopolistischen Wettbewerbs schließlich, in dem ein Großer auf die Preispolitik eines anderen Großen reagieren kann, mag der eine für die Eindämmung des Konkurrenten den Marktpreis unterbieten. Diese Untergrenze aber muß er kennen. Sie wird also nicht durch den Preispoker der Giganten bestimmt.

Die Autoren dieser Modelle sehen natürlich, daß bei ihren Preisen Geld im Spiel ist. Dieses aber wird nicht verstanden und auch seine Herkunft kann nicht rekonstruiert werden. Es wird einfach als neutrales Standardgut zur Tauscherleichterung bzw. als *numéraire* aufgefaßt. An ihm interessiert lediglich der Befund, daß Veränderungen der Geldmenge die relativen Preise nicht verändern können. Da gleichzeitige Änderungen der absoluten Preise bzw. Marktpreise aber nicht bestritten werden können und über eine *numéraire*-Verwendung unerklärbar bleiben, steht man erst einmal ratlos vor der Differenz zwischen relativen und absoluten Preisen. Wie will man sie überwinden? In einem ersten Schritt zieht man Fishers Verkehrsgleichung, $MV = PT$, heran, wobei M für die Geldmenge steht, V für die Umlaufsgeschwindigkeit des Geldes, P für das Preisniveau und T für die Summe der Überschußnachfragen nach Gütern. Unter der Annahme, daß V und T konstant sind, werden die absoluten Preise durch die Geldmenge bestimmt, während die relativen Preise unverändert bleiben, da sie ja über die Überschußnachfrage bzw. Angebot und Nachfrage nach Gütern bestimmt werden. Es entsteht also die sogenannte klassische Dichotomie: Reale Faktoren bestimmen die relativen Preise, aber monetäre Faktoren die absoluten bzw. Geldpreise.

Zur Überwindung dieser Dichotomie hat Don Patinkin (1965) das Konzept der Realkasse (M/P) in die Allgemeine Gleichgewichtstheorie eingeführt. Darin wird die Nachfrage nach Gütern als eine Nachfrage der Güterhaltung betrachtet, in die die Nachfrage nach Realkasse integriert ist. Das bedeutet, daß die relativen Preise genauso wie die Geldmenge mit dem Preisniveau deflationiert werden und die Überschußnachfrage nach Realkasse als Differenz zwischen der von den relativen Preisen und der Realkasse abhängigen Nachfrage und dem Angebot gefaßt werden kann. Bei Patinkin wandeln sich unter der Hand die laufenden, aber immer noch relativen Preise der Gütermärkte in Geldpreise, um das Preisniveau als gewichteten Durchschnitt der laufenden Preise bestimmen zu können.

Im grundlegenden Modell der Neoklassik lassen sich absolute Preise gar nicht bestimmen. Im Fisher-Modell kann man die absoluten Preise zwar ermitteln, landet aber in der Dichotomie zu den relativen Preisen. Im Patikin-Modell schließlich werden absolute und relative Preise gleichermaßen durch die Überschußnachfrage bestimmt. Es wird also die Geldnachfrage analog zu einer Güternachfrage betrachtet. Die Dichotomie zwischen Gütermarkt und Geldmarkt kann aber nur deshalb vermieden werden, weil der Geldmarkt ganz wie ein zusätzlicher Gütermarkt behandelt wird. Das Preisniveau ist darin nichts anderes als der relative Preis des Gutes Geld. Die Geldmenge und das Preisniveau fungieren nicht anders als das Standardgut Geld mit seinem gleich Eins gesetzten Preis. In beiden Preisen, Preisniveau und Preis gleich Eins, lassen sich die relativen Preise ausdrücken.

Die Geldtheorie der Eigentumsökonomik argumentiert weder mit relativen Preisen noch mit dem Preis Eins eines Standardgutes Geld und auch nicht mit einem gewichteten Durchschnitt der laufenden Preise als Preisniveau mit dem bloßen Etikett Geldpreis. Die Eigentumsökonomik verwirft auch den Versuch von Keynes und den Postkeynesianern, das tauschtheoretische Modell von Klassik und Neoklassik dadurch zu überwinden, daß Geld – statt ein Standardgut zu sein – als Vermögen betrachtet werden müsse, das als Mittel gegen Unsicherheit zwischen Gegenwart und einer ungewissen Zukunft gehalten wird. Diese Rolle kann Geld durchaus spielen, es kann aus ihr aber nicht erklärt werden, da Unsicherheit eine ewige Konstante menschlicher Systeme darstellt, Geld und Geldpreise aber nur in der Eigentumsgesellschaft vorkommen.

Woher kommen die Geldpreise und wie werden sie bestimmt? Diese Frage führt zurück zur Genese des verschuldeten Unternehmers (Kapitel II, Abschnitt 2). Er ist ein auf der Besitzseite seines Vermögens in Schwierigkeiten geratener Produzent, der noch auf die Eigentumsseite seines Vermögens zurückreifen kann, also kreditwürdig ist. Die Erhaltung und die Ausweitung der Kreditwürdigkeit durch Vermehrung von Vermögen müssen zum Hauptmotiv aller Eigentümer werden. Da sie auf Zuteilung von Rationen aus Solidar- oder Herrschaftssystemen nicht rechnen können, kann Einkommenssicherung nur über den Einsatz von Eigentum optimiert werden. Dieser Zwang schließt auch diejenigen ein, die womöglich erst morgen aus der Besitzseite ihres Vermögens nicht mehr genügend Einkommen erzielen können.

Durch das Eingehen von Kreditverpflichtungen gewinnt der Eigentümer zusätzlich zu seiner Besitzseite Geld, unterwirft sich dafür aber einer Forderung, die in Rechengeld – und nicht in der Recheneinheit eines Standardgutes – denominiert ist. Es sind die Kreditkontrakte, die zur Denominierung auch der Kaufkontrakte in eben diesem Rechengeld nötigen. Mengen müssen also in Preisen bewertet werden, die niemals schlichte Rechenpreise, sondern immer Rechengeld- oder Geldpreise sind.

Die Produzenten, und in ihrem Gefolge alle anderen Wirtschafter, sind also nicht mit einem Güterbudget ausgestattet, das sie optimieren. Vielmehr werden sie aufgrund der Verpfändung der Eigentumsseite ihres Vermögens gezwungen, das geliehene Geld so auf der Besitzseite zu investieren, daß sie – durchaus durch «Optimierung» – das Vermögen verteidigen, die Pfänder also wieder auslösen können. Mißlingt dieses, stecken sie nicht etwa nur in noch härteren Schwierigkeiten auf der Besitzseite, sondern verlieren auch die Eigentumsseite des Vermögens und damit ihre Kreditwürdigkeit.

Wie nun werden die Geldpreise gesetzt? An ihrer Höhe unbeeinflußbar für den Unternehmer ist die Eigentumsprämie und damit der Zins auf den ihm gewährten Geldvorschuß sowie die zu tilgende Summe dieses Kapitals. Der Zins ist – nicht anders als der Geldvorschuß, auf den er sich bezieht – eine in Rechengeld denominierte Größe und damit ein *absoluter* Preis. Der Zins ist aber – wie an Fishers Formel $i = r/R$ gezeigt – nicht nur ein Kostenpreis, sondern der Preis, der den Wert von Nominal- und Sachvermögen bestimmt. Für die Preissetzung des verschuldeten Produzenten ist das insofern von Belang, als eine Wertminderung seines Vermögens durch Zinserhöhung seine Kreditwürdigkeit mindert und er auf den höheren Zins auch noch einen Risikoaufschlag einkalkulieren muß. Diese für die am Gütertausch orientierte Neoklassik höchst unangenehme Tatsache versetzt ihrer Theorie vom Zins als intertemporalem relativen Preis – Verhältnis von Verzicht auf eine Menge an Gegenwartskonsum zugunsten einer größeren Menge an Zukunftskonsum – den härtesten Schlag. Daß Änderungen der Zinshöhe nicht vorrangig die Allokation des Konsums zwischen zwei Zeitpunkten betreffen, sondern das Vermögen und damit die Kreditwürdigkeit eines Schuldners verändern, wird von der Neoklassik nicht einmal gesehen, geschweige denn thematisiert.

Bei der Preissetzung Einfluß nehmen kann der Unternehmer, anders als beim Zins, auf dem Faktormarkt. Die Kostenkomponenten Arbeitslohn und Vorprodukte können durch alternativ einsetzbare Möglichkeiten der Produktionstechnik variiert werden. Es ist vor allem jedoch die Preissetzung auf dem Warenmarkt, bei der dem Unternehmer nichts vorgegeben ist, weil er die Möglichkeit hat, durch neue Produkte, innovative Technologien und Angebote für bisher nicht kommerzialisierte Bedürfnisse voranzugehen. Diese Preissetzung unterscheidet sich daher von der monopolistischen Preissetzung der Neoklassik. In ihr orientiert sich der Unternehmer an Preisen, die durch die *gegebenen* Präferenzen der Konsumenten bereits vorgegeben sind. Die sich darin widerspiegelnden relativen Preise sind dem Unternehmer bei seiner Preissetzung jedoch unbekannt und auch nicht weiter von Interesse. Lediglich in einer *ex post*-Betrachtung kann man dann – für das Zusammenspiel der Märkte durchaus interessante – Preisrelationen feststellen. Relative Preise aber sind – wie gezeigt – niemals der *Grund* der Preisbildung und haben somit in einer Preistheorie nichts zu suchen. «Die relativen ‹Tauschverhältnisse› sind nicht Ursache der gerade in Unkenntnis aller Tauschverhältnisse gesetzten absoluten Preise. Vielmehr führen erst die gleichgewichtigen Preissetzungen der Anbieter im Ergebnis auf ein System relativer Preise und auf die Allokation der Güter im Wirtschaftsraum, ohne allerdings mehr als eine Augenblickskonstellation schaffen zu können, da neue Preissetzungen die Statik des Systems immer wieder überwinden» (Stadermann/Steiger 2001, S. 373).

Warum kann das immer nur eine flüchtige Konstellation sein? Jede Innovation, die auch andere Produzenten benötigen, enthält ein Moment der Preissetzungsmacht, da die Neuerung eben dadurch definiert ist, daß andere sie nicht haben und deshalb vorerst auch nicht billiger anbieten können. Über diese Preismacht mag gejammert werden, aber sie ist es dann, an die sich die Nachfrager anpassen müssen. Sie reagieren dabei nicht nur mit Mengenreaktionen auf die angebotene Ware oder Verzicht auf andere Waren. Wie erwähnt können sie – etwa für die Erhaltung der eigenen Konkurrenzfähigkeit durch das neue Produkt – sich sogar gezwungen sehen, für das Aufbringen des Preises neue Schulden aufzunehmen, also Eigentum zu verpfänden.

Auch bloße Konsumenten können den Produzenten nicht zwingen, sich an ihren Präferenzen zu orientieren. Wenn er verführerisches Marketing betreibt oder sie gar mit einem unwiderstehlichen Produkt im Sturm erobert, dann zeigt sich, daß Bedürfnisse niemals etwas Gegebenes sind. Sie brauchen auch nicht «künstlich» geschaffen, sondern müssen lediglich geweckt werden, wie die sogenannten Marktrevolutionen in Schlummernden Märkten zeigen (Ballin 2005).

Als ganz simples Beispiel sei an Steuarts Hinweis auf die Nachfrage nach saisonabhängiger Kleidung erinnert (siehe oben Fn. 157). Während der unfreie Leibeigene Europas vom selben Kleidungstypus einmal weniger (Sommer) und ein andermal mehr (Winter) auf dem Leibe trägt, gelingt es Gewerbebetrieben bei den Freien, die nun über Lohngeld verfügen, das schlummernde Bedürfnis nach leichter Sommerkleidung und schweren Wintermänteln zu wecken. Ganz ähnlich erfolgt der Übergang von den Fußlappen zu Schuhen für jedermann. Aktuellere Beispiele liefern die Optikerbranche mir ihrem ästhetischen Angebot für kassengestellgequälte Fehlsichtige (Fielmann-Revolution) oder die Möbelindustrie mit leicht zusammenbaubaren Designerprodukten (IKEA-Revolution; dazu näher Ballin 2005).

Die Neoklassik verirrt sich aber nicht nur bei vorgegebenen Präferenzen in einer Fiktion. Der Konsument ist weder durch ein vorgegebenes

Budget noch durch fixe Bedürfnisse begrenzt, mit denen er für die Güternachfrage entsprechend seinen Präferenzen seinen Nutzen maximiert. Er kann als kreditwürdiger Eigentümer ebenfalls in Verschuldung gehen, also durch vollkommen güterneutrale Eigentumsverpfändung aus dem Stand die Höhe seines Budgets erweitern. Auch dieses Verschuldungspotential, das nur beim Blick auf die Eigentumspositionen sichtbar wird, erweitert die Preissetzungsmacht des Produzenten.

3 Akkumulation, Konjunktur und Krise

Die Zinsforderung bedeutet, daß der Wert – Menge mal Geldpreis – der Produktion des Unternehmer-Schuldners größer werden muß als der als Kapital erhaltene Geldvorschuß. Im Kredit wird also immer weniger Geld geliehen, als dann geschuldet wird. Für die Gesamtwirtschaft muß Geld deshalb strukturell knapp sein, weil die geschuldeten Summen höher sind als die geliehenen. Die aus der Eigentumsprämie resultierende Zinsforderung *erzwingt* mithin erst einen auf den Wert der Produktion bezogenen Wertüberschuß, die *Profit*rate, die wie der Zins wiederum eine in Rechengeld denominierte Größe ist. Dieses bedeutet selbstverständlich nicht, «daß die Profitrate über knappgehaltene Produktionsprozesse zu einer Form des Zinssatzes wird», bei der letzterer «der Preis für den temporären Verzicht über Geld» sei (Riese 2000, § 3, Sp. 546 a).

Auch Keynes (1936, S. 213) hat erkannt, daß der Profit nicht dadurch entsteht, daß – wie die Neoklassik meint – der Einsatz von Sachkapital «in einem physischen Sinne ... *produktiv*» ist, sondern weil der Zins ihn erzwingt: «Der einzige Grund, warum ein Sachvermögen» einen Überschuß erzielen kann, besteht darin, daß «der Wettbewerb des Zinssatzes auf Geld» den Einsatz von Kapital «*knapp*» hält.[164] Allerdings verkennt Keynes, daß diese Knappheit nicht einfach dadurch entsteht, daß als Alternative zur Geldhaltung zinstragende Titel existieren, sondern erst nach Eigentumsbelastung der dafür geforderte Zins diese Rolle spielen kann.

[164] «It is much preferable to speak of capital as having a yield over the course of its life in excess of its original cost, than as being *productive*. For the only reason why an asset offers ... [such a yield] is because it is *scarce*; and it is scarce because the competition of the rate of interest on money. If capital becomes less scarce, the excess yield will diminish, without its having become less productive at least in the physical sense.»

Es ist der durch die Aufgabe von Eigentumsprämie zinserzwungene Profit, der die für die Eigentumswirtschaft typische *Akkumulation* ermöglicht. Sie gewinnt ihre Dynamik weder durch eine sogenannte *ursprüngliche* Akkumulation mit Kapitalgüteranhäufung (Klassik) noch durch ein *vorheriges* Sparen von Konsumgütern mit anschließender Verwandlung in Kapitalgüter (Neoklassik). Es ist also nicht eine von irgendwoher kommende Sparsamkeit eines vorgegebenen Gütereinkommens (Keynes 1936, S. 179-181), durch welche die Mittel für Investitionen aufgebracht werden. Es ist vielmehr die zinsbelastete Schuld, die eine allein für die Eigentumswirtschaft typische Sparsamkeit erzwingt. Die Dynamik resultiert auch nicht daher, daß *vorab* Geld vorhanden ist – sei es als von der Zentralbank exogen geschaffene Größe (Keynes), sei es als von der Zentralbank erst für sich geschaffenes und dann von ihr dann aufgegebenes «Geldvermögen» (Riese).

Akkumulation bezieht sich immer auf in Geld gemessene Vermögensbestände. Was für sie lediglich existieren muß, ist die Fähigkeit und die Bereitschaft, deren Eigentumsseite zu belasten, das heißt Eigentumsprämie, p, aufzugeben. Das geschieht dann, wenn die (erwartete) Profitrate, r, größer ist als der Zins, i, wobei i immer gleich p ist und auch gleich der Liquiditätsprämie, l. Es gilt mithin im Gleichgewicht nicht wie im Monetärkeynesianismus die Bedingung:

(1) $$l = i = r,$$

sondern:

(2) $$p = i = l = r.$$

Rein äußerlich scheinen sich beide Gleichgewichtsbedingungen nur dadurch zu unterscheiden, daß der Monetärkeynesianismus keine Eigentumsprämie kennt. Für ihn ist mithin die Aufgabe von Geld, also l, der ökonomisch entscheidende Schritt, der dann zu i führt, das wiederum r erzwingt. Für die Eigentumsökonomik hingegen ist die Belastung von Vermögen eines Gläubigers, also die Aufgabe von p, überhaupt erst der für das Witschaften gundlegende Schritt, der i und Geld ermöglicht. Das verschafft dann in einem zweiten Schritt einem Schuldner l, dessen Aufgabe als Kaufen mit Geld zur Aneignung von Sachkapital bzw. zur Akkumulation von Sachvermögen führt, das ihn zu einer monetären Produktion mit r befähigt. Daß l auch ermöglicht, im Weiterverleihen ein höheres i zu erzielen, ist selbstreden unbestritten. Dabei muß lediglich beachtet werden, daß statt einem einheitlichen Zinssatz (i) jetzt die unterschiedlichen Sätze der Zentralbank, i_{zb}, bzw. der Geschäftsbank, i_b, existieren und überdies statt einer einheitlichen Liquiditätsprämie (l) die verschiedenen Prämien der Geschäftsbank, l_b, bzw. des Unternehmer-Schuldners, l_u. Im Gleichgewicht würde sich aber nichts ändern, da hier die unterschiedlichen Zinssätze und Liquiditätsprämien übereinstimmen müssen:

(3) $$p = i_{zb} = l_b = i_b = l_u = r$$

Schon an dieser simplen Formel wird deutlich, daß Liquiditätsprämie niemals derjenige hat, der Geld schafft, sondern nur der, der Geld geliehen oder durch Verkauf oder sonstwie erworben hat.

Ein besonderes Kennzeichen der neuzeitlichen – im Unterschied zur antiken – Eigentumswirtschaft liegt in der Existenz des *freien Lohnarbeiters*. Zum Eigentum gehört nun also auch der Freiheitstitel an der eigenen Person. Er wird durch die Rechte der Vertragsmündigkeit geregelt. Anders als der antike Sklave, der von seinem Eigentümer verpfändet und verkauft werden kann, tritt der Lohnarbeiter mit dem nicht verlierbaren, dadurch allerdings auch nicht verpfändbaren und somit nicht vollstreckungsfähigen Eigentum an sich selbst in einen Gläubiger-Schuldner-Kontrakt in Form des Lohnkontraktes. Wie alle Kontrakte in der Eigentumsgesellschaft muß auch dieser in Rechengeld denominiert sein. Im Lohnkontrakt überträgt der Lohnarbeiter als Gläubiger an den Unternehmer als seinen Schuldner auf Zeit Nutzungsrechte aus der Besitzseite seines Vermögens, das heißt seiner Arbeitskraft oder Arbeitsleistung. Der Unternehmer als Schuldner im Lohnkontrakt muß im Gegenzug eine Forderung des Lohnarbeiters auf Geld – den *Geldlohn* als einen in Arbeitseinheiten (Zeit- oder Stücklohn) gemessenen Geldlohnsatz – erfüllen.

Das als Lohn zu zahlende Geld ist nicht vorab *vorhanden*. Der Unternehmer muß es sich mithin *vorab* als Geldvorschuß in einem Kreditkontrakt *beschaffen*, in dem er wiederum Schuldner ist. Tilgung und Zins sind aus diesem Kontrakt mit der über ihn genutzten Arbeitskraft zu erwirtschaften. Der Lohnarbeiter ist mithin der einzige Agent der Eigentumswirtschaft, der ohne Zins und gute Sicherheiten an Geld herankommt. Er kann das Lohn-Geld aber nur deshalb zinsfrei und ohne Sicherheiten erhalten, weil sein Arbeitgeber in Verpfändung und Zinspflichten gegangen ist. Im Gegenzug läßt der Lohnarbeiter den Unternehmer mit seiner ihm übertragenen Arbeitskraft produzieren. Nur so wird der Produzent befähigt, Waren mit einer so hohen Wertsumme zu erzeugen, daß er auf dem Warenmarkt mindestens Tilgung *plus* Zins erlösen kann.[165] Karl Marx' berühmter «Mehrwert» entspringt also nicht einer Herrschaftsbeziehung innerhalb des Produktionsprozesses – Produktionsmitteleigentümer *versus* eigentumsloser Lohnarbeiter. Der Mehrwert ist vielmehr die Kompensation für die Leistung, jemandem Geld, also Lohn, zu besorgen, der dafür weder Zins zahlt noch Sicherheiten stellt. Ökonomisch – wenn auch nicht sozial – ist es dabei gleichgültig, ob jemand Lohnkontrakte sucht, der selbst kein verpfändbares Eigentum hat oder sein verpfändbares Eigentum nicht riskieren will.[166]

Der in der Eigentumswirtschaft tätige Unternehmer ist also drei Verträgen unterworfen, denen er nicht entkommen kann, die er aber nur zu erfüllen vermag, wenn er einen vierten Vertrag – und das ohne jede Anwendung von Gewalt – einwerben kann: (i) Nominal, also in Rechengeldeinheiten festgelegt und in jedem Falle bindend, ist der *Kreditvertrag* mit der Bank, der er Tilgung und Zins zu leisten hat, bei deren Ausfall er verpfändetes Vermögen an sie abtreten muß. (ii) Genauso nominal und verpflichtend ist der *Lieferantenvertrag* über Produktionsmittel, die bei ihm aber immerhin Sachvermögen sind, das er im Notfall zur Wiedergewinnung des der Bank geschuldeten Geldes verkaufen kann. (iii) Ebenfalls nominal und verpflichtend ist der *Lohnvertrag*, bei dem überdies das eingesetzte Geld immer weg ist, weil der Arbeiter – anders als ein Sklave – nicht in das Vermögen des Unternehmers übergeht. (iv) Nominal und verpflichtend ist zwar auch der *Kaufvertrag*, doch anders als bei den vor-

[165] Der Wertüberschuß des Unternehmers in Höhe der Zinsen schafft ihm selbstredend noch keinen *Netto*profit. Ein solcher wird erst erzielt, wenn der Profit über seiner Zinsschuld liegt. Erst wenn er ihn für neue Investitionen verwendet, wird er die Akkumulation vorantreiben.

[166] In Deutschland ist die Möglichkeit von Lohnarbeitern, durch Verpfändung von Eigentum vielleicht doch noch einmal Unternehmer zu werden, durch die sogenannten Hartz IV-Gesetze seit Anfang 2005 erheblich eingeschränkt. Mußte man als Empfänger von Arbeitslosenhilfe sein Vermögen nur dann angreifen, wenn einem diese Leistung nicht ausreichte, so muß man es jetzt verbrauchen, ehe einem – nach zwölf Monaten Bezug von Arbeitslosengeld – Arbeitslosenhilfe zusteht. Statt also die Eigentumsbildung für möglichst viele Akteure der Wirtschaft zu fördern, hat die Politik den Lohnarbeiter zum tendenziell eigentumslosen Proletarier *à la* Marx befördert.

genannten drei Verträgen steht hier der Kontraktpartner für den Unternehmer nicht von vornherein fest. Der Kaufvertrag ist daher für ihn niemals gewiß, sondern muß immer erst eingeworben werden. Mit ihm muß der Unternehmer das Geld für seine Waren gewinnen, das er zur Erfüllung des Schuldvertrages mit der Bank, also für die Auslösung seines verpfändeten Eigentums, und – bei einem Überschuß – zur Akkumulation oder für sein Einkommen verwenden kann.

Da der Unternehmer die im Lohnkontrakt vereinbarte Geldschuld unabhängig davon zahlen muß, daß ein Dritter seine Waren in einem Kaufvertrag für Geld erwirbt, ist er permanent gezwungen, seine Aussichten auf das Einwerben von Kaufkontrakten auf dem Markt zu verbessern. Das gelingt nicht zuletzt durch Unterbietung der Geldforderungen, die andere – mit ihm in *Konkurrenz* stehende – Anbieter von Waren an potentielle Käufer stellen. Diese Verringerung der Geldforderung nötigt zu einer geringeren Verschuldung für Lohngeld. Dafür muß er die ausschließlich für Geldlöhne gewinnbare Arbeitskraft durch *Technischen Fortschritt* ersetzen. Diese permanente Innovation ist denn auch neben dem freien Lohnarbeiter das zweite besondere Merkmal der neuzeitlichen Eigentumswirtschaft. Warum wird nun vorwiegend durch die Substitution von Arbeitskraft und erst in zweiter Linie von Sachkapital Technischer Fortschritt betrieben? Das liegt daran, daß für Löhne verausgabtes Geld unwiderruflich verloren ist, während Geld, das für Sachkapital bezahlt worden ist, in bestimmtem Umfang wiedergewonnen werden kann, weil letztere – anders als die Lohnarbeiter – Vermögen des Unternehmers geworden sind.

Weil also für den Unternehmer das Lohngeld immer verloren ist, versucht er, so viel davon wie möglich durch Investition in arbeitssparenden Technischen Fortschritt zu ersetzen.[167] Die Lieferanten der innovativen

[167] Es gehört zu den Ungereimtheiten der deutschen Wirtschaftspolitik, das Lohngeld durch eine proportionale *Steuer* von 42% – verharmlosend «Sozialbeiträge» genannt – in eine Höhe zu treiben, die den Unternehmer in eine eigentumsriskierende Vorabverschuldung zwingt, die weltweit ihresgleichen sucht. Diese Extrembesteuerung vom ersten Lohneuro an treibt Investitionen in den arbeitssparenden Technischen Fortschritt oder verlagert die Produktion ins Ausland. Auf diese Weise wird die Entstehung von Einkommen aus Arbeit entscheidend behindert – der wesentliche Grund für die deutsche Arbeitslosenquote über 10% (2005). In den skandinavischen Ländern hingegen, die bei gleich hohen Sozialleistungen die deutsche Arbeitslosigkeit um 50% unterschreiten, läßt man durch geringere Verschuldung

Technik müssen zwar ebenfalls bezahlt werden, geben dafür aber immerhin im Notfall noch verwertbare Waren her. Der Technische Fortschritt antwortet mithin auf den Doppelzwang zur Lohngeldverringerung und zur gleichzeitigen Erwirtschaftung des immer neu zu schaffenden Mehr für den Zins in ja immer gleich lang bzw. kurz bleibenden, durch die Laufzeit des Kreditvertrags bestimmten Fälligkeiten. Deshalb gibt es ununterbrochene technologische Umwälzungen nur in Systemen, die gegen die Belastung von Vermögen Geld schaffen, wobei sie für eben diese Belastung Zins verlangen müssen, und die überdies mit freien Lohnarbeitern und nicht mit Sklaven zu wirtschaften haben.

Alle geldwirtschaftlichen Produzenten, die beim Einsparen von Lohngeld durch Technischen Fortschritt nicht mehr mitmachen, verschlechtern von vornherein ihre Aussichten, an Kaufverträge heranzukommen, weil sie teurer produzieren und/oder weniger attraktive Produkte anbieten müssen. Sie würden ihre bereits laufenden Verträge mit den Banken schlechter erfüllen können und müßten dann verpfändetes Eigentum an diese übertragen. Ihre Verschuldungsfähigkeit würde entsprechend zurückgehen.

Da alle Eigentümer von der Überschuldungsschwelle wegstreben müssen, ist immer eine *gesamte Branche* gezwungen, die Prozeß- und Produktinnovationen mitzumachen, die vom einfallsreichsten Konkurrenten vorgegeben werden. Mikroökonomisch ist dieser Schritt auch dann unvermeidlich, wenn die Unternehmer in makroökonomischer Klarheit sehen, daß nach allgemeiner Implementation der Innovation alle zusammen schneller und mehr als zuvor produzieren können, ohne daß die Zahl der einwerbbaren Käufer automatisch steigen wird. Mit höherer Produktion wird zwar auch ein höheres Einkommen geschaffen, aber nicht notwendigerweise für die Lohnempfänger, deren Anzahl bei Technischem Fortschritt erst einmal fallen wird. Selbst wenn er nicht fällt, muß das höhere Einkommen nicht automatisch für den Konsum der neuen Waren verwendet werden.

der Unternehmen für Lohnzusatzkosten Produktion und damit Einkommen erst einmal entstehen, um dann (überwiegend) aus seiner Besteuerung (und der des Konsums) die Sozialleistungen zu finanzieren. Das Paradox, daß bei gleich hohen Nettoeinkommen der einzelnen skandinavischen Lohnarbeiter im Aggregat mehr Beschäftigung und damit eine höhere Gesamtlohnsumme entstehen, erklärt sich daraus, daß die einzelnen Unternehmen mit weniger Eigentumsverpfändung wirtschaften können.

Für den einzelnen, sich verschuldenden Unternehmer lassen sich aus der Information, daß sich womöglich keine zusätzlichen Käufer seiner Waren finden werden, allerdings keine problemlösenden Schlüsse ziehen. Er hat nur die Wahl zwischen dem Verzicht auf den Technischen Fortschritt mit der Gewißheit sofortigen Herausfallens aus der Konkurrenz mit der Gefahr des Eigentumsverlustes und der Chance, nach Umsetzung des Technischen Fortschritts zu denjenigen zu gehören, die genügend Geld von ihren Kunden gewinnen können, um damit ihr verpfändetes Eigentum auszulösen. In Wirklichkeit hat der Unternehmer also keine Wahl, sondern muß sehenden Auges an einer möglichen «Überproduktion» von morgen mitwirken oder gleich heute Eigentum einbüßen.

Beim unausweichlichen Umsetzen des Technischen Fortschritts für das morgige Überleben, durchlaufen die einzelnen Branchen Boomphasen. Die Verkäufer der innovativen Waren verpfänden Vermögen, um für ihre Investitionen Kredit zu erhalten. Dasselbe tun die Käufer der Modernisierungsprodukte. Das geliehene Geld wird zu neuer Nachfrage. Um kaufen zu können, muß man sich ja verschulden oder zumindest eine Gläubigerposition räumen, also Forderungen gegen das eigene Vermögen hinnehmen oder Forderungen gegen das Vermögen anderer in Geld verwandeln.

Vor allem die Hersteller der Modernisierungstechnologie, von denen alle potentiellen Verwender – einschließlich der später Scheiternden – auch wirklich kaufen müssen, erleben eine Wertsteigerung ihres Firmenvermögens, beispielsweise eine Hausse ihrer Aktien, weil erst einmal alles für wachsende Erträge und damit Vermögenspreise dieser Firmen spricht. Beide Gruppen jedoch – Lieferanten und Käufer – aktivieren für die Investitionen über Verschuldung erst einmal mehr Eigentum als vor der Innovation.

Eine Kreditausweitung geht mit diesem Prozeß unausweichlich einher. Innovatoren und ihre Käufer müssen – und können – auch mit Kredit versorgt werden, weil zu Beginn des Aufschwungs das von den Schuldnern angebotene Kollateral im Wert steigt und darüber hinaus auch das Eigenkapital der Banken und der Firmen. Auch das Geld, das sich vor allem die boomenden Innovatoren oft leichter als ihre Kunden durch Anleihen und Aktienausgabe – also ohne Verpfändung – beschaffen können, werden sich die Käufer dieser Papiere häufig über Kredit bei Banken gegen Eigentumsverpfändung besorgen.

Von der zur Modernisierung gezwungenen Gesamtheit aller Firmen müssen etliche für die Geldbeschaffung schon an ihre Kredit-, also Verpfändungsgrenzen herangehen, obwohl das rein physisch unveränderte, aber im Wert gestiegene Kollateral gewissermaßen über Nacht steigende Verschuldungen bzw. Ausleihungen ermöglicht. Selbst für den Fall, daß alle Kredite einer Bank im Nennwert besichert sind, ist eine Überexponierung der Banken – ihr fälschlich als Leichtsinn oder Unersättlichkeit geschmähtes Verhalten – nicht immer zu vermeiden. Banken können sich nämlich genausowenig wie die Unternehmer vorab aus dem Geschäft verabschieden. Vielmehr müssen sie mitziehen, um nicht von vornherein aus dem Wettbewerb um die Eigentumsverteidigung auszuscheiden. Und in diesem Rennen können auch die Banken vorher bestenfalls ahnen, welche ihrer Schuldner scheitern werden, ihr dabei entwertetes Kollateral nicht durch Nachschuß unterfüttern können und so die Bank mit faulen Krediten stehen lassen.

Die gleichzeitige Teilnahme aller Beteiligten einer Branche beim Aufbau einer möglichen «Überproduktion» entspringt somit keinesfalls einer periodisch die Akteure befallenden Gier. Die von Friedrich Hayek und der österreichischen Schule als Ursache von Überproduktion und Krise beklagte «Überinvestition» ist keinem kollektiven Wahn geschuldet,[168] sondern folgt dem unentrinnbaren Gesetz der Eigentumsverteidigung. Diesem entspricht auch der – nicht eine eigene Firma verteidigende – Anleger, der sich im Boom eben dadurch weiter von der Überschuldungsschwelle entfernen will, daß er, um mehr Vermögen zu erwerben, sich erst einmal verschuldet.

Ein «Spekulant» handelt mithin nicht anders als der Unternehmer, der im allgemeinen seine Erwartungen auf sogenannte reale Fundamentaldaten richtet: «Diese [Daten] unterscheiden sich in Nichts von spekulativen Erwartungen, außer darin, daß sie das Ergebnis von Erwartungen in der Vergangenheit sind, während die ‹spekulativen› Werte sich aus Erwartungen in der Gegenwart bilden. Die Erscheinungen in der ökonomischen

[168] Daß an der «Überinvestition» keine kollektive Gier aller Investoren die Schuld trägt, sehen auch Benoit Mandelbrot und Richard Hudson (2004; deutsch 2005) in ihrer Kritik der modernen Finanztheorie, in der das Streben nach Reichtum zu effizienten Märkten führen soll, die Krisen eigentlich ausschließen sollten. Die Autoren betonen die sehr große Risikohaftigkeit der Märkte und die Unvermeidbarkeit finanzieller Zusammenbrüche, ohne allerdings die Eigentumsverteidigung hinter dieser Optionslosigkeit zu thematisieren.

Welt lassen sich nicht nach *Istwerten* und *Erwartungswerten* unterscheiden, sondern nach in Verträgen auf der Grundlage von Erwartungswerten aus der Vergangenheit geronnenen Bewertungen und ebensolchen Bewertungen aus der Gegenwart. Es ist lächerlich, die ersten als *real* und die letzteren im Gegensatz dazu als *spekulativ* zu bezeichnen, nur weil sich die Erwartungen von gestern *bisher* nicht als ungleichgewichtig erwiesen haben» (Stadermann/Steiger 2001, S. 377).

Eine immer erst *ex post* feststellbare «Überproduktion» wird greifbar, sobald nicht genügend Kaufverträge für die Einnahme des geschuldeten Geldes gefunden werden. Das bei steigender Bewertung von Aktiengesellschaften immer größer werdende Kurs/Gewinn-Verhältnis bringt die Gefahr eines Umschwungs mit sich, der zu einer Entwertung der Kollaterale und damit der Unterbesicherung vieler Kredite führt. Sie kann in diesem Fall jedoch nicht mehr durch ein Steigen der Kurse aufgefangen werden. Vielmehr setzt der Abschwung ein.

Zu jedem Zeitpunkt der Eigentumswirtschaft müssen einzelne oder auch mehrere Branchen Innovationen gleichzeitig umsetzen, deren Kosten dann aber nicht alle Branchenmitglieder auch wieder hereinholen können. Darin liegt der eigentliche Kern der Rede von der «Überinvestition», die alsbald zu einer «Überproduktion» führt. Aus diesen Modernisierungsschüben resultieren branchenbegrenzte Auf- und Abschwünge, die zwar auch die gesamte Wirtschaft zu spüren bekommt, sie aber meist nicht dramatisch treffen.

Anders verhält es sich, wenn viele oder alle Branchen auf einmal große Investitionen vornehmen müssen, weil eine tiefgreifende Innovation nicht branchenspezifisch, sondern branchenübergreifend eingeführt werden muß. Dabei handelt es sich meist um Revolutionen im Transportwesen, der Energieversorgung (Dampf, Treibstoffe oder Elektrizität) und der Informationsübertragung, da davon alle Eigentümer betroffen sind. Auch umfassend einsetzbare neue Werkstoffe gehören dazu. Sie setzen keineswegs nach zeitlich immer gleich langen Zyklen quasi naturgesetzlich ein. Es ist vielmehr das gleichzeitige Auftreten mehrerer Innovationen, das an den Beginn einer späteren großen Krise gehört, wie folgende historische Beispiele illustrieren mögen (vgl. Heinsohn/Steiger 2003):

- Beim Boomstart von 1789 (Rezession 1815) beginnt gleichzeitig der Transport auf Kanälen und die Produktion in großen Fabrikhallen.

- Um 1849 (Rezession 1873) finden eine neue Stahlmetallurgie für den Schienenbau und die Dampfmaschine nicht nur für Lokomotiven, sondern auch für die Seefahrt und dann die gesamte Industrie zusammen. Explosion des Kohlebergbaus.
- Ab 1896 (Rezession 1920) vermählen sich nicht nur der Verbrennungsmotor und die Ölförderung großen Stils zum Automobil, sondern gleichzeitig setzt die allgemeine Verwendung der Elektrizität ein.
- Ab 1922 (Rezession 1929) liefern Radio, Telefon und das fließbandproduzierte Auto Innovationen, die quer durch die Branchen und in den Privathaushalten erworben werden.
- Ab 1951 (Rezession 1966) gilt für den Transistor, Kunststoffe (Nylon) und Massenfernsehen ähnliches.
- Ab 1989 (Rezession 2000) geht die Computerisierung einher mit der Kopplung von Milliarden Menschen an Mobiltelefon und Internet.

In branchenübergreifenden Booms wird die Illusion, daß diesmal alles anders sei und ein Abschwung nie mehr komme, gerade dadurch genährt, daß die Aufschwünge – anders als Zyklen einzelner Branchen – einfach länger dauern müssen, bis die Innovationen überall umgesetzt worden sind. Unter dem allgemeinen Eindruck, daß Zyklen der Vergangenheit angehören, gehen jetzt viel mehr Mitglieder einer Eigentumsgesellschaft daran, bisher bloß gehaltenes Vermögen riskant für Kredit zu verpfänden, um als Unternehmens- bzw. Aktienkäufer an diesem Boom teilzuhaben. Indem sie an Beleihungslimite herangehen, machen sie mit ihrem Vermögen auch prinzipiell das Richtige. Denn Wirtschaften ist die Aktivierung von Eigentum für die Verschuldung zum Investieren in Sachkapital für Profit oder für die Schaffung von Kredit zum Verdienen von Zins.

Der Todeskeim jeder Hausse liegt nun darin, daß die Wertsteigerung der Vermögen immer weiter über die Profite hinausschießt. Wo sich beispielsweise der Kurs einer Aktie von 100 auf 200 verdoppelt, weil die Profitrate ausnahmsweise von schon sehr hohen – durch die Wachstumsrate des BIP ja immer begrenzten – 5 auf 10 Prozent steigt, muß es noch keine Verwerfungen geben. Wo der Kurs aber von 100 auf 500 geht, während die Profitrate sich ‹nur› von 5 auf 10 Prozent verdoppelt oder die Verdopplung sogar erst für die Zukunft erwartet wird, hat sich zwar ein märchenhafter Kursgewinn ergeben, aber der Wert des Kollaterals bei den Banken tendenziell bereits vermindert. Denn der Wert eines ja längerfristig als Pfand gestellten Eigentumstitels wird – nach Fishers Formel – bei konstantem Zins durch den erwarteten Profit und nicht den aktuellen Kurs bestimmt.

Während nun in der Hausse das Kollateral zeitweilig vergessen werden kann, weil an der Kurssteigerung und nicht am Ertrag verdient wird, zeigt sich im Abschwung die überragende Bedeutung der verpfändeten Sicherheiten in jedem Augenblick. Wenn in der Spitze bei einem Kurs von 100 der Profit auf nur noch 2 Prozent gefallen ist, kann bei stürzenden Kursen erst dann wieder eingestiegen werden, wenn eine Aktie sich wegen ihres günstigen Kurs-Gewinn-Verhältnisses lohnt, also mindestens mit den festverzinslichen Staatstiteln gleich zieht. Wenn die Verzinsung bei 4 Prozent liegt, ist eine Halbierung der Kurse dann schnell erreicht.

Alle Unternehmen, die nach der branchenübergreifenden und unvermeidlichen «Überinvestition» ihre Produktion nicht mehr verkaufen können und die sich dadurch in der Tat als Überproduktion erweist, würden im eben daraus resultierenden Abschwung ihre Konkurrenten gewiß gerne mit einer weiteren Modernisierungsinvestition übertreffen. Zumindest hoffen sie auf einen Rettungskredit für die Begleichung ihrer Schulden. Dies aber gelingt nur noch begrenzt, weil ihr Vermögen bereits weitgehend belastet ist und darüber hinaus noch an Wert verloren hat. Die Unternehmen haben nicht mehr genügend Kreditpfand zur Verfügung und können sich deshalb an neuerlicher Geldschaffung bzw. Nachfrage, zu der das Schuldnerpfand bei korrektem Vorgehen immer gehört, nicht mehr beteiligen.

Kreditkontrakte für eine zeitweilige Übertragung von Anrechten auf Gläubigereigentum – Gläubigergeld also – kommen nur zustande, wenn Vermögen als Sicherheit verpfändet wird. Diese Sicherheiten werden, wie die ihnen entsprechenden Forderungen, in *fixen* nominalen Geldpreisen ausgedrückt. Die Sicherheiten – Sachvermögen oder Nominalvermögen – sind Bewertungs*schwankungen* auf dem Vermögensmarkt ausgesetzt. Nominalvermögenswerte sind darüber hinaus durch Verschlechterungen des Geldwertes, also Inflation, gefährdet. Diese Gefahr für den Gläubiger, deswegen den vollen Wert seiner Forderungen nicht refundiert zu bekommen, beantwortet er mit einer steigenden Zinsforderung. Steigen die Zinsen, werden aber nicht nur die Profiterwartungen der Schuldner, sondern auch die Werte ihrer verpfändeten Sicherheiten negativ tangiert und auch alle übrigen Vermögensbestände wertloser.

Was passiert nun, wenn das verpfändete Eigentum für die Kreditbesicherung nicht mehr ausreicht? Die Geschäftsbanken sind umgehend überexponiert, das heißt ihre Ausleihungen überschreiten den Wert des ihnen Verpfändeten. Um nicht selbst aus dem Verpflichtungsgeflecht herauszubrechen, müssen sie Nachschüsse von Schuldnern einfordern, die gerade eine Vermögensverschlechterung hinzunehmen hatten. Daraufhin gehen die Bereitschaft zur Kreditvergabe sowie die Fähigkeit zur Verschuldung weiter zurück. Als unvermeidliche Folge kommt es zu einer Gefahr der Kontraktion von Output und Beschäftigung bzw. des Reißens der Gläubiger-Schuldner-Ketten – insbesondere dann wenn die Inflation Richtung Deflation dreht.

Wie kommt es dazu? Wenn das von Banken geliehene und von den Firmen für Sachkapital und Löhne ausgegebene Geld uneinbringbar erscheint, beginnt das aggressive Einwerben von Kaufverträgen mit Preisabschlägen. Den selbst möglicherweise bereits überschuldeten Konsumenten wird von den ebenfalls überschuldeten Firmen das nur für erstere süße Gift der Deflation angetragen. Denn dabei steigen die nominal fixierten Verbindlichkeiten der Produzenten real, so wie sie bei einer Inflation fallen. Zwischen Inflation und Deflation gibt es aber nur eine scheinbare Symmetrie in der Weise, daß ein Kontraktpartner immer das gewinnt, was der andere verliert: Das gilt nur bei der Inflation, wo der Schuldner das gewinnt, was der Gläubiger verliert. Bei der Deflation hingegen verlieren *beide*: Der Schuldner verliert durch seine real höheren Verbindlichkeiten, ohne daß der Gläubiger davon letztlich profitiert. Seine Forderungen werden zwar real höher, aber über das gerade dadurch steigende Bankrottrisiko seines Schuldners, also eines Ausfalls eben dieser Forderungen, verliert er Eigenkapital und gerät so ebenfalls in Bankrottnähe.

Um in einer Deflationsperiode den viel wahrscheinlicher werdenden Vollstreckungen mit Folge des Eigentumsverlustes zuvorzukommen, werden neue Schuldnerpositionen gar nicht erst aufgebaut und bestehende schneller als geplant abgebaut, was zur Verringerung der Geldschaffung führt. Es kommt zur *Krise*, und die in einer solchen Situation steigende Eigentumsprämie findet hier ihre Begründung.

Die in der Krise ebenfalls steigende Liquiditätsprämie des Geldes reflektiert diese Zuspitzung lediglich. Der Anstieg der Eigentumsprämie geht dem der Liquiditätsprämie voraus. Wenn neues Geld nicht mehr geschaffen wird, steigt selbstredend auch die Prämie auf vorhandenes. Ein

Zinsangebot für die Überlassung von Geld kann noch so hoch sein und dennoch die Prämie auf unbelastetes Eigentum nicht ausgleichen.

Im Abschwung zeigt sich sehr schnell die nur begrenzte Wirkung einer Zinsverbilligung, ob sie nun durch Senkung des Refinanzierungssatzes bei der Zentralbank oder durch staatliche Zinsbeihilfen erreicht wird. Auch bei einem Zins von nahe Null müssen die Schuldner immer noch erstklassige Sicherheiten stellen. Durch den Verkauf dieser Pfänder müssen sich die Ausleiher bei Bankrott ihrer Kunden für die bei ihnen nicht getilgte Summe ja schadlos halten. Die billigen Zentralbankkredite werden von Banken deshalb vorrangig zum Abbau ihrer eigenen Verbindlichkeiten – oder gar zur Investition in höher verzinsliche Titel – zwar gerne genommen, aber nicht mehr an die Unternehmer weitergegeben, wie schon in der Weltwirtschaftskrise 1929-1934 gut zu beobachten ist.

Eine andere Begründung für die Notwendigkeit der Zinsverbilligung in der Krise geben Stiglitz/Greenwald (2003, S. 126 f.) in ihrer Kritik des Hicks'schen *IS/LM*-Modells. Sie sehen, daß sich in der Rezession nicht nur die *IS*-Kurve (die Gleichgewichtskurve für den Kapitalmarkt) nach links verschiebt – aufgrund sich verschlechternder Investitionserwartungen –, sondern auch die unangemessenerweise als stabil angesehene *LM*-Kurve (die Gleichgewichtskurve für den Geldmarkt), weil sich nicht nur die Zukunftserwartungen, z, reduzieren, sondern auch das Eigenkapital von Banken, K, und Unternehmen, K_f: «Die L^*M^*-Kurve verschiebt sich, weil die Variablen $\{K, K_f, z\}$ mit dem Konjunkturzyklus variieren».[169] Im Abschwung werden nicht nur die Zukunftserwartungen pessimistisch, sondern das «Eigenkapital sowohl der Unternehmenn als auch der Bank kann durchaus abnehmen. ... Wenn K abnimmt, vermindert sich die Bereitschaft (und Fähigkeit) der Bank zur Kreditvergabe, während bei Abnahme von K_f der Wunsch der Unternehmen nach Krediten zunehmen oder schrumpfen kann».[170] In jedem Fall aber wird sich die *LM*-Kurve nach links verschieben. Die Banken fordern daher für die Wiederherstellung ihrer Ausleihfähigkeit eine Senkung des Refinanzierungssatzes,

[169] Original: «The L^*M^* curve shifts because $\{K, K_f, z\}$ all vary with the business cycle.»

[170] Original: «Both firm and bank capital may well decrease. ... As K decreases, banks' willingness (and ability) to lend decreases, while when K_f decreases, firms' desire to borrow may increase or decrease.»

die aber von Stiglitz anders als in der neoklassischen Analyse begründet wird. In jener soll eine Senkung des Refinanzierungssatzes zu einer gleich hohen Senkung des Ausleihsatzes an die Unternehmen führen. Bei Stiglitz/Greenwald (2003, S. 128) hingegen soll der Refinanzierungssatz gesenkt werden, um «*zu verhindern, daß der Ausleihesatz steigt*».[171] Während die Neoklassik ein Bankrottrisiko für Banken überhaupt nicht ins Auge faßt, wollen Stiglitz/Greenwald es dadurch senken, daß die Banken es nicht durch einen höheren Ausleihesatz kompensieren. Der würde die Unternehmen in ein höheres Risiko bringen und damit Investitionen verhindern. Angemessener sei daher, das höhere Risiko der Banken dadurch zu verringern, daß ihre Erträge durch einen niedrigeren Refinanzierungssatz bzw. durch eine höhere Differenz zwischen beiden Sätzen gesteigert werden können. So sehr hier über die neoklassische Risikoblindheit hinausgelangt wird, so hart wird auch bei Stiglitz auf ihre Eigentumsblindheit zurückgefallen, wenn der jenseits aller Zinspolitiken liegende Mangel des Angebots an guten Sicherheiten einmal mehr unthematisiert bleibt.

Das Ausbleiben von Krediten für die Unternehmen trotz Senkung des Refinanzierungssatzes für die Banken zeigt sich sehr schön in der japanischen Stagnationsperiode seit Beginn der 1990er Jahre. So erhöht die Bank von Japan im Jahre 2002 die für Geschäftsbanken bereitgestellte Geldmenge um 28,6 Prozent, während die bei den Unternehmen angekommene Geldmenge lediglich um 3,2 Prozent zulegt. Seit 1990 wird an diesem Symptom laboriert. So fällt der Refinanzierungszins für die Geschäftsbanken seit Mitte der neunziger Jahre unter ein Prozent (September 1995: 0,5%). Im September 2001 kommt er mit 0,1 Prozent nahe an Null. Flankierend schnürt der Staat milliardenschwere Konjunkturpakete und nimmt dafür eine Verschuldung von 170 Prozent des BIP (2005) in Kauf. Die Unternehmen sind durchaus willig, sich für diesen niedrigen Zins zu verschulden, finden aber Kreditgeber, wenn überhaupt, nur auf dem grauen Kapitalmarkt mit Zinsen bis zu 20 Prozent. Dafür gibt es im wesentlichen zwei Gründe: (i) Den Unternehmen mangeln gute Sicherheiten für die Verpfändung bei den Banken. So kann die Bank von Japan etwa am 9. Mai 2001 von einer zusätzlichen Liquiditätsspritze über 600 Milliarden Yen (damals ca. 10,8 Milliarden DM) bei den Geschäftsbanken lediglich 243 Milliarden Yen unterbringen, weil in dieser Zeit nur

[171] Original: «*Just to keep the lending rate from rising.*»

sehr wenige Unternehmen, die für zusätzliche Kredite Verwendung hätten, als «gesund» befunden werden (Tett 2001).[172] (ii) Die Geschäftsbanken wiederum sind in dieser Zeit «im Blick auf ihre riesigen notleidenden Forderungen überhaupt nicht zur Vergabe von Krediten bereit. Eine derart hartnäckige Zurückhaltung im Kreditgeschäft ist in Japan nie zuvor zu beobachten gewesen» (Odrich 2001). Die über Zinsverringerung erreichte Geldvermehrung kommt also nur zum Bruchteil als Investitionskredit bei den Unternehmen an. Das meiste verbleibt im Finanzsektor, der sich dadurch nicht nur sanieren, sondern auch Gewinne einfahren kann.

Notleidende Forderungen bei den Banken aber bedeuten denselben Mangel an guten Sicherheiten wie bei den Unternehmen. Die Bank von Japan kann solche nicht bereitstellen. Populäre Vorschläge, wie insbesondere von Paul Krugman (1998),[173] durch übermäßigen Ankauf langfristiger Staatspapiere eine Inflation zur Überwindung der mittlerweile deflationären Krise zu induzieren, weist sie mit dem einsichtsvollen Argument zurück, daß dies die Gefahr eines Wertverlustes ihrer Aktiva impliziere, der ihr «gesamtes Kapital und die Reserven» auslöschen könne (Lerrick 2001, S. 13;[174] siehe auch oben Kapitel III, Abschnitt 6).

Die Zentralbank kann zur Bekämpfung einer Inflation über eine Erhöhung des Zinses die Eigentumsprämie steigern. Dagegen kann sie die für eine Überwindung der Krise notwendige Senkung der Eigentumsprämie nur begrenzt durch eine Senkung des Zinses beeinflussen. Das liegt daran, daß keine Zentralbank – und auch keine andere Institution der Eigentumsgesellschaft – die in der Krise mangelnden guten Sicherheiten, die für die Schaffung von Gläubigergeld unabdingbar sind, selbst produzieren kann.

Was Regierungen dann immer wieder versuchen, kann man als die Fabrikation von Scheineigentum bezeichnen. Dabei werden Sicherheiten aus dem Nichts als Material für die Geldschöpfung kreiert. Die Geschichte der Geldnotenschaffung kennt – nicht zuletzt im Deutschen

[172] Original: «Sound.»

[173] Original: «To make a persuasive case that it *will* permit inflation to occur, thereby producing the negative real interest rates.»

[174] Original: «If the Bank held only ten percent of the long-term government bonds outstanding and interest rates rose by two percentage points, the resulting losses would wipe out the institution's entire capital and reserves.»

Reich – etliche Fälle, in denen die Regierung das mühsame Beibringen genuinen Eigentums dadurch unterläuft, daß sie im Verbund mit Zentralbank und Geschäftbanken die fehlenden Titel selbst fabriziert und den Banken zur Verfügung stellt. Im Ergebnis führt das immer zu Schuldnergeld: «Statt die Ursache des fehlenden Wechselmaterials zu beseitigen, haben sich die Reichsregierung und die Reichsbank entschlossen, das den Geschäftsbanken fehlende Refinanzierungsmaterial im Zusammenwirken mit den Geschäftsbanken selbst bereitzustellen ..., ohne zu erkennen, daß die Wirtschaft» dadurch mit einem sie «zerrüttenden Willkürgeld gepflastert» worden ist (Stadermann 1994a, S. 191 und 193).[175]

Zu solchem Scheineigentum aus reichseigenen Instituten zählen beispielsweise die «Darlehenskassenscheine» im Ersten Weltkrieg, die «Finanzwechsel» unter der Regierung Brüning und die «Mefo-Wechsel» der Hitlerzeit, gegen die von der Reichsbank Noten emittiert werden mußten (siehe näher Stadermann 1994a, S. 119-122, 191-194 und 201-205). In all diesen Fällen ist das deutsche Geldsystem nicht anders zerstört worden als etwa in dem – in Kapitel III, Abschnitt 6 behandelten – heutigen Entwicklungsland Argentinien, das bis zur Weltwirtschaftskrise (1929-1933) zu den zehn reichsten Ländern der Welt gehört und damals vor Schweden, Frankreich, Japan oder Italien rangiert (Rojas 2002, S. 43 f.).

In einer Krise können für den Weg zum Schalter der Zentralbank die Geschäftsbanken also nur zum Schein mit Haftungseigentum ausgestattet werden. Und dieser Weg ist auch nur scheinbar schmerzlos, da er allein um den Preis der Zerstörung des Gläubigergeldes zu haben ist. Auch investitionswillige Unternehmen, die an den Tresen der Geschäftsbanken treten, können weder von diesen noch von irgend jemand sonst mit guten Sicherheiten ausgestattet werden. Zwar können die Geschäftsbanken zentralbankfähige Vermögenstitel schaffen, indem sie Schuldnereigentum in solche Titel transformieren. Sie können aber kein Eigentum an potentielle Schuldner übertragen, damit diese es ihnen im Gegenzug für eine solche Transformation verpfänden. Dafür bedürfte es einer Neuzu-

[175] Wie dieses historische Beispiel sehr anschaulich zeigt, sind also Gläubigergeld und Schuldnergeld *essentiell* verschieden. Das eine gründet auf Eigentum, das andere zerstört diese Basis. Ersteres dient der Steuerung der Eigentumswirtschaft, während letzteres zu ihrer Zerrüttung führt. Diesen *theoretischen* Unterschied hat Köllmann (1999c, S. 125 und 127) nicht begriffen, wenn er der Eigentumsökonomik einen «essentialistischen Geldbegriff» vorwirft, über den ausgerechnet die «*Geldgeschichte* als deskriptive Disziplin [keine] Auskunft ... geben könne.»

schneidung der Eigentumsverteilung, deren Radikalität den historischen Sternstunden bei der Schaffung von Eigentum nicht nachstünde.[176]

Wenn es einem Staat nicht möglich ist, die Verschuldungsfähigkeit seiner Bürger bzw. ihrer Unternehmen wiederherzustellen, kann er sich anstatt der Bürger für dieselben verschulden und mit dem so geschaffenen Geld Investition tätigen und Einkommen generieren. Nirgendwo ist das radikaler betrieben worden als nach der Finanzkrise Ende der 1980-er Jahre in Japan zwischen 1992 und 2005. Aus jährlichen Budgetüberschüssen von zwei Prozent wird in Defizite bis zu acht Prozent übergewechselt. Eine knappe Verdreifachung der Staatsschuldquote von 60 auf 170 Prozent[177] ist ein Resultat dieser Politik des keynesianischen *deficit investment spending*. Weil von den Staatsausgaben zweimal so viel wie etwa bei denen der USA (7 zu 3,3% in 2000) für Investitionen verwendet werden (Shiraishi 2003, S. 5 f.), hat diese Politik bisher zu keinem Inflationsfiasko geführt. Ein solches erwartet etwa die EWU bei einem Budgetdefizit von über drei Prozent und einer Staatsschuldquote von über 60 Prozent, weshalb für die Einhaltung dieser Sätze 1992 der Stabilitätspakt von Maastricht geschlossen worden ist. In Japan aber hat es seit diesem Jahr ein Inflationsrisiko niemals gegeben.

Vielmehr hat man durch das *deficit spending* – verbunden mit der Niedrigzinspolitik der Bank von Japan – eine drohende Deflation und damit eine tiefe Wirtschaftskrise mit Bankenzusammenbrüchen und Mas-

[176] Wer bei der Eigentumswirtschaft das *A* in der Weise akzeptiert, daß sie verschuldungsfähige Akteure braucht, der kann sich vor dem *B* nicht drücken, daß diese Fähigkeit gefährdet werden kann und dann nach Auswegen gesucht werden muß. Wer dann der Beseitigung des Eigentums widerstehen will, kann sich dann plötzlich in der Lage befinden, seinen neuen Zuschnitt zu befürworten. Wer eine so betriebene Erhaltung der Eigentumsgesellschaft als ihre Überwindung mißverstehen will – wie etwa ein Kritiker der Eigentumsökonomik (Gerald Braunberger 1996) –, der sollte über andere Wege der Geldschaffung nachsinnen. Denn um diese geht es ja. Wenn es auch der Staat nicht sein soll, der statt seiner Bürger, die Eigentum nicht belasten wollen oder belastungsfähiges gar nicht haben, in Verschuldung geht, dann bleibt nicht mehr viel. Der Staat wiederum versucht es immer noch damit, daß er sich für die Bürger verschuldet. Er kann selbstredend auch über seine Steuergewalt die notleidenden Forderungen aus Mitteln der Bürger ablösen. Auch damit ergäbe sich unvermeidlich ein neuer Zuschnitt der japanischen Eigentumsverteilung.

[177] Die 60 bzw. 170 Prozent stehen für die Bruttoverschuldung. Die Nettoverschuldung – Bruttoverschuldung minus Staatsvermögen – ist im gleichen Zeitraum von 5 auf 80 Prozent gewachsen (Shiraishi 2003, S. 5).

senarbeitslosigkeit abwenden können. In der EWU hingegen, die keine vergleichbare Finanzkrise wie Japan Ende der 1980er Jahre hat erleben müssen, ist die Arbeitslosigkeit heute fast doppelt so hoch wie in Japan (4,7 %). Die Versuche, die Vorgaben des Stabilitätspaktes einzuhalten, haben sich zudem als kontraproduktiv erwiesen. Man hat hier versucht – insbesondere in den drei großen Nationen Deutschland, Frankreich und Spanien – die Defizitgrenze vor allem durch Sparen bei staatlichen Investitionsausgaben[178] einzuhalten – mit der Folge, daß Wachstumsimpulse ausgeblieben sind und die Steuereinnahmen sich verringert haben.

Im Ergebnis sind dann also die Budgetdefizite, statt sich zu verringern, gestiegen und die Staatsverschuldung hat sich entsprechend weiter vergrößert. Andererseits zeigt die seit 15 Jahren anhaltende Stagnation der japanischen Wirtschaft, daß der Staat private Investoren bestenfalls ersetzt, aber kaum stimuliert hat, also keine nennenswerten *pump priming*-Effekte aufgetreten sind. Erst seit Mitte 2005 gibt es Anzeichen eines Aufschwungs. Ob dieses Wachstum bei einer zugleich schrumpfenden und vergreisenden Bevölkerung (welthöchstes Durchschnittsalter von 43 Jahren) ausreichend lange anhält, um die hohe Staatsverschuldung abzubauen, wie in den USA und Großbritannien nach dem Zweiten Weltkrieg (Staatsschuldquoten über 130%), bleibt abzuwarten.

[178] Ein Sparen bei den staatlichen Konsumausgaben ist bekanntlich aufgrund bestehender gesetzlicher Verpflichtungen, vor allem für Sozialleistungen, nur begrenzt möglich. Auch in Japan ist der staatliche Konsum denn eher weiter angestiegen – von 14% in 1991 auf 17% in 2000 (Shiraishi 2003, S. 6).

V. Eigentumsprobleme der Entwicklungs- und Transformationsländer

Die Überwindung von Stammes- und Befehlssystemen durch eine Eigentumsgesellschaft kämpft immer mit dem Problem der sozialen Sicherung. Die Solidarpflicht zwischen Stammesgenossen und die Fürsorgepflicht der Herren für ihre Abgaben leistenden Untertanen findet in der Eigentumsstruktur nicht von selbst zu einem ähnlichen sozialen Netz. Wiewohl die traditionellen Netze auf einem genauso niedrigen Niveau arbeiten wie die zugehörigen Produktionssysteme, wird dieses Wenige gegen die Unwägbarkeiten der vielfach dynamischeren Eigentumswirtschaft denn auch meist entschieden verteidigt.

Auch wo heute verstanden wird, daß gleichzeitig mit der Etablierung von Eigentum kollektive Versicherungssysteme aufgebaut werden müssen, kann das neue System immer noch abgelehnt werden, wenn die gerade geschaffenen Eigentumstitel umgehend weggekauft werden. Das kann durch die überkommenen Parteiseilschaften erfolgen, die mit einem allgemein aufgezwungenen Schuldnergeld in kürzester Zeit als Erstkäufer gewaltige Vermögen zusammenbringen. Das kann aber auch durch Fremde aus etablierten Eigentumssystemen geschehen, gegen deren begehrtes Gläubigergeld selbst korrekt mit Eigentum versehene Neufreie gerne verkaufen. Im Ergebnis stehen große Anteile der «Befreiten» ohne Eigentum, also ohne Verschuldungsfähigkeit da. Sie können weder Unternehmer werden noch auch nur ihre Not lindern. Wo nun auch andere für sie nicht Kredit aufnehmen, um sie mit dem so erlangten Geld als Lohnarbeiter zu verwenden, stehen sie bei fehlenden sozialen Netzen vor dem Nichts und bei vorhandenen vor ärmlichster Perspektivlosigkeit.

Schon John Stuart Mill (1848, S. 324-328) beobachtet an Britisch-Indien, daß Eigentumsrechte nicht automatisch zur ökonomischen Entwicklung führen. Die britische Kolonialverwaltung verwechselt ein einheimisches Feudalsystem mit großen Landbesitzern ohne Eigentum, aber mit leibeigenen Bauern und Abgabeeintreibern, sogenannten *zemindars*, mit Aristokraten, deren Boden wie in England ihr Eigentum ist und deren Bauern als freie und geldleistende Pächter zum Einsatz kommen. Die *zemindars* treiben bisher für ihre Oberherren ein, sollen aber nun den neuen Herren der Kolonialverwaltung dienen. Da deren Ansprüche von ihnen nicht befriedigt werden können, beschlagnahmt die Verwaltung die feudalen Ländereien und überführt sie per Verkauf in Eigentum. Dadurch verlieren nicht nur die *zemindars* ihren Abgabenanteil, sondern auch die Leibeigenen die ihnen zustehende Fürsorgepflicht. Die zu Eigentümern werdenden Käufer – zumeist von den Briten bezahlte Beamte und lokale Geldhändler – verhalten sich aber nicht wie Eigentümer, sondern wie neue Feudalherren, aber ohne Einhaltung der traditionellen Schutzpflichten. Sie überdehnen das Auspressen der Bauern und «leben wie nutzlose Drohnen auf dem gewonnenen Land» (Mill 1848, S. 327;[179] dazu näher Steppacher 2008).

1 Die ewige Armut der Entwicklungsländer[180]

Nach mehr als zwei Billionen US-Dollar Entwicklungshilfe zwischen 1970 und 2004 (Siddiqi 2005) – davon allein 570 Milliarden an Schwarzafrika – und doch immer noch großer Armut (weniger als 825 US-$ Bruttoeinkommen pro Kopf und Jahr) in 77 von 191 UNO-Mitgliedern gilt als ungebrochen rätselhaft, wie wirtschaftliche Entwicklung zustande kommt. Die Ausgabe September 2005 der einschlägigen IWF-Zeitschrift *Finance and Development* stellt ihren Autoren nach 45 Jahren Entwicklungshilfe endlich das hoffnungsvolle Thema *Making Aid Work*. Obwohl Wirtschaftswachstum als ein eher unstrittiger Maßstab für den Erfolg von Entwicklungsprogrammen gilt, kann auch jetzt nur vage gesagt werden, daß neben bürgerlichen Freiheiten vor allem «gute Politiken und Institutionen» hilfreich seien (Radelet *et al.* 2005, S. 17).[181] Bei deren Präzisierung hält man sich dann schon wieder zurück.

[179] Original: They «live as useless drones on the soil which has been given up to them.»

[180] Siehe hierzu ausführlicher Heinsohn, U. 2008; Steiger 2006a und 2008c.

[181] Original: «Good policies and institutions.»

Man ist kaum weiter als Jan Tinbergen und Ragnar Frisch, die beiden ersten Träger des Nobelpreises für Ökonomik (1969). Die beiden Urväter der Ökonometrie und Begründer der ökonomischen Entwicklungsplanung erhoffen sich von einer Wirtschaftswissenschaft, die sich methodisch immer stärker an der Naturwissenschaft orientiert, die entscheidenden Durchbrüche. Frisch (1970, S. 31) verweist sein Publikum auf den Physiknobelpreisträger von 1968, Louis W. Alvarez. Der hält in seiner Preisrede die Entwicklungsprobleme eines Landes wie Indien für viel komplexer als Fragen seiner Disziplin, in der beispielsweise bei Zugabe von Hitze das Wärmerwerden eines Objektes bestens voraussagbar sei. «Ich stimme mit ihm völlig überein, daß Probleme wie die in Indien bisher ungelöst sind. Es ist aber der große Ehrgeiz des ökonometrischen Planers, eben diese Probleme einer Lösung näher zu bringen. Die *Schwierigkeit* solcher Probleme ist unsere Entschuldigung dafür, das physikalische Präzisionsniveau noch nicht erreicht zu haben. *Aber wir sind auf gutem Wege.*»[182] Auch Tinbergen (1969, S. 3) teilt diesen Optimismus. Lediglich fehlende Informationen stünden der Entwicklungsplanung noch im Wege: «Um die besten Investitionsprojekte für irgendein Entwicklungsland auswählen zu können, brauchen wir viel präzisere Informationen, als sie von der üblichen Statistik bereitgestellt werden.» Er verspricht sich Fortschritte von einem Modell, das viele soziale und politische Variablen berücksichtigt und verweist auf den «beeindruckenden Versuch» von Irma Adelman: «Darin versucht man mit Faktoren- und Diskriminanzanalyse herauszubekommen, welche von etwa dreißig ganz unterschiedlichen und heroisch gemessenen Variablen für den Entwicklungsprozeß entscheidend sind.»[183] Aus diesem Heldenstück ist leider niemals etwas Brauchbares erwachsen.

Wie sieht es nun mit den heute geforderten «guten Politiken» aus? Sie meinen vor allem makroökonomische *Stabilisierungsprogramme*, mit denen fiskalische Defizite und übermäßiges Geldmengenwachstum un-

[182] Original: «I quite agree that such problems as that of India are not yet solved. But to help solving them is precisely the high ambition of the econometric planner. The *difficulty* of such problems is our excuse for not having reached the same level of precision as the physical sciences have. *But we are on* our way.»

[183] Original: «The impressive attempt made by Irma Adelman ... using factor analysis and discriminant functions in order to discover, which of some thirty odd factors, measured in a heroic way, seem to play a preponderant part in the process of development.»

terbunden werden sollen. Bei «Institutionen» wird vor allem an Flexibilisierung und Liberalisierung der Märkte sowie an Privatisierung gedacht. Irgendeine Vorstellung darüber, daß in den Entwicklungsländern Besitzsysteme überwiegen und justiziables Eigentum die Ausnahme bildet, existiert nicht. Daß Märkte erst entstehen können, wenn Eigentum geschaffen ist, haben zwar die österreichischen Bauern bereits 1848 bitter lernen müssen (siehe Kapitel IV, Abschnitt 1 oben); dieses Wissen ist aber den heutigen Entwicklungstheoretikern nicht mehr gegenwärtig.

Dasselbe gilt für die Stabilisierungsprogramme, die ja erst dann greifen können, wenn die Grundlagen einer Eigentumsgesellschaft und damit die Voraussetzung eines Bankensystems mit Gläubigergeld geschaffen sind.

Exemplarisch für diese Hilflosigkeit ist auch das von Jeffrey Sachs (2005a) entworfene Milleniumsprojekt der UNO, das sich von *Infrastrukturprogrammen* endlich einen merklichen Wohlstandsschub verspricht (siehe auch Sachs 2005b, deutsch 2005c). Jedes arme Dorf in Afrika, Asien und Lateinamerika soll in zwanzig Jahren zum Preis von 350.000 Dollar mit Schule, Krankenstation, Brunnen, Dieselgenerator, LKW und Saatgut ausgestattet werden und damit eine dauerhafte Lageverbesserung erreichen. Obwohl hier das bescheidene Weglassen von Autobahnen, See- und Flughäfen berühren muß, soll das Gesamtpaket immer noch 70 Milliarden Dollar pro Jahr bzw. 1,4 Billionen Dollar bis 2025 kosten und damit die gegenwärtige öffentliche Entwicklungshilfe in gleicher Höhe pro Jahr glatt verdoppeln. Von diesen zukünftigen 2,8 Billionen Dollar wird erhofft, daß diesmal auf dem Umweg über bessere Infrastruktur auch alles andere endlich vorankommt. Darauf ist Kaiser Ferdinand I. mit seiner Eigentumsschaffung im Jahre 1848 nicht verfallen und doch hat das bitterarme Bergbauernland Österreich in wenigen Generationen den Anschluß an die Weltspitze gefunden.

Sachs verteidigt seine Summen damit, daß die bisherige Hilfe mit durchschnittlich 0,3 Prozent des BIP der Geberländer weit unter der Selbstverpflichtung von einem Prozent liege und auch seine Verdopplung darunter bleibe. Schaut man jedoch auf das BIP der Empfängerländer, dann werden dort auch heute schon bis zu 20 Prozent von außen bezahlt, ohne daß sich die Armut verringert hätte. So geht es in Schwarzafrika mit einem jährlichen Pro-Kopf-Einkommen von 514 US-Dollar (Dreher 2005) vielen Ländern schlechter als vor einem Vierteljahrhundert.[184]

Für die von Sachs empfohlene Infrastruktur würde schon gesorgt, wenn Lieferkontrakte mit Fälligkeitsdaten den Takt bestimmen könnten. Schließlich führt ihr Verpassen zum Platzen von Kreditkontrakten, was wiederum den Verlust verpfändeten Eigentums nach sich zieht. Wer also die Infrastruktur an den Anfang stellen will, ohne ihre Nachhaltigkeit durch ein kontraktgesteuertes Eigentumssystem vorzubereiten, vergeudet das in strenger Kontraktdisziplin erst einmal in den Geberländern zu verdienende Gläubigergeld.

Dem Peruaner Hernando de Soto (2000, deutsch 2002) allerdings ist bei seinem Studium an der Universität Genf aufgefallen, daß einem anderen Bergbauernland, der Schweiz, ebenfalls durch eine strikte Eigentumsordnung der Weg nach oben gelingt. Eugen Hubers Zivilgesetzbuch von 1907 wird dort sogar zum modernsten der ganzen Welt. De Soto greift Hubers Reform auf und zeigt, daß Entwicklungsländer nicht arm sind, weil es ihnen an Grundbesitz mangelt, sondern weil die große Mehrheit der Bevölkerung kein Zugang zu Eigentumsrechten hat und deshalb nicht kreditfähig ist.

So halten Entwicklungsländer kaum 10% Prozent ihrer Liegenschaften in Form von Eigentum, während die Kredite in der Ersten Welt immerhin zu 70 Prozent mit immobilem Eigentum besichert sind. Daher kann nicht überraschen, daß die OECD-Staaten und eine zahlenmäßig noch einmal so große Gruppe – insgesamt 59 Länder mit 1,3 Milliarden Menschen – mit ihren Eigentumsstrukturen 96 Prozent des Welt-BIP erbringen, während die 140 Entwicklungsländer mit ihren 5,2 Milliarden Menschen nur für die restlichen 4 Prozent gut sind. Von der Weltbörsenkapitalisation, die den Wert des Unternehmervermögens mißt, hält die erste Gruppe sogar 98 und die zweite lediglich 2 Prozent (Merrill Lynch *et al.* 2002, S. 17).

De Soto gründet 1980 das *Instituto Libertad y Democracia* (*ILD*), das – zuerst für Peru – *Eigentumsreformprogramme* entwirft, die auf sieben

[184] Dazu trägt selbstredend auch die gegenwärtige Bevölkerungsexplosion bei, die – anders als in Europa zwischen 1500 und 1900 (Heinsohn/Knieper/Steiger 1979, S. 73 f.; ausführlicher Heinsohn 2003) – nicht ohne weiteres wieder durch Eroberung von Siedlungskolonien gelöst werden kann, wie der blutig zurückgeschlagene Ansturm auf die spanischen Afrika-Exklaven Melilla und Ceuta im Herbst 2005 zeigt.

Prinzipien zur institutionellen Umwandlung extralegaler «informeller» in legale «formelle Eigentumsrechte» beruhen (ILD 2003): (i) Durchführbarkeit des institutionellen Wandels; (ii) die kulturtechnische Fähigkeit, die Rechte extralegalen Vermögens überhaupt identifizieren, lokalisieren und klassifizieren zu können; (iii) Reformierung des Rechtssystems, so daß Vermögen justiziabel wird; (iv) Engagierung der Armen vor Ort zur freiwilligen Akzeptanz der Herrschaft des Rechts; (v) Beseitigung von Hindernissen für die Legalisierung des informellen Besitzes der Armen; (vi) juristische Dokumentierung der Eigentumstitel zur Umwandlung von «toten» Ressourcen in «lebendiges» Vermögen und (vii) staatliche Anerkennung dieser Dokumentation des Eigentums der Armen, damit sie über seine Verpfändung Kreditkontrakte eingehen können.

Kollateralisierbarkeit von Eigentum ist in der Tat das *A* und *O* des Wirtschaftens. Insofern sind de Soto und das Eigentumsprogramm des *ILD* auf dem richtigen Weg. Allerdings ist die Unterscheidung zwischen informellem und formellem Eigentum theoretisch ungeschickt. Informelles «Eigentum» gibt es nicht, sondern nur informellen Besitz, der erst unter einer Eigentumsstruktur in formalen Besitz und das heißt in Besitz*recht* transformiert wird, das ohne das Eigentumsrecht nicht existieren kann (siehe oben Kapitel I, Abschnitt 3).

Ungenügend geklärt bleiben auch die Gründe des Widerstandes gegen das Eigentumsreformprogramm nicht nur bei den feudalartigen Großgrundbesitzern, sondern auch bei den Armen, in deren Interesse das Eigentum eingeführt werden soll. Sie fürchten sich heute vor dem Verlust ihrer informellen sozialen Netze nicht weniger als früher die britisch eroberten Leibeigenen in Indien. Auch sie können nicht sicher sein, auf nationalen Warenmärkten bestehen zu können und vor internationalen erst einmal geschützt zu sein (dazu auch Brockmeyer 1996).

Nahe dran an den Eigentumsproblemen der Entwicklungsländer ist das *ILO* (*International Labour Office*), wenn es zwischen Besitz und Eigentum unterscheidet und dort aktiv werden will, wo gerade kleine und mittlere Produzenten mangels Kollateral (*lack of collateral*) nicht kreditfähig sind. Das *ILO* verwirft die Absicht des *ILD*, die Besitzer in Eigentümer zu verwandeln und sie so mit Verpfändungsmasse auszustatten. Sie hält in ausdrücklicher Anlehnung an Stiglitz die Einforderung von Kollateral lediglich für ein Mittel, das die Bank aufgrund asymmetrischer, also nicht ausreichender Information über ihren Schuldner einfordert. Die Selbstgefährdung der Banken bei Kollateralverzicht ist ganz wie bei Stiglitz kein Thema (vgl. oben Kapitel II, Abschnitt 3a). Deshalb will das *ILO* in sogenannten *Social Finance Programs* die Kreditfähigkeit durch Kollateralersatz (*collateral substitutes*) befördern. (ILO 2001), mit dem das angebliche Informationsproblem ausgeräumt werden soll. Mikrokredite (*microfinance*) sollen entsprechend nicht an vereinzelte Produzenten – zum Beispiel eine Heimnäherin – gehen, sondern an Produzenten, die sich durch Zusammenschlüsse in kleinen Fabriken gegenseitig anfeuern und kontrollieren, wodurch sie für die Banken überschaubar würden. Aber auch dafür soll kein spezieller Druck ausgeübt werden. Jede Form von Vollstreckung bei Nichttilgung eines Mikrokredits – etwa in Garne und Nähmaschinen – ist deshalb ausgeschlossen. Als einzige Sanktion bleibt die Verweigerung zusätzlicher Kredite.

Der Enthusiasmus des *ILO* für Mikrokredite wird inzwischen auch von der Weltbank und vielen Entwicklungsökonomen geteilt: «Für keine andere Einzelmaßnahme zur Armutsbekämpfung in der Welt gibt es heutzutage wohl eine breitere Unterstützung als für den Mikrokredit» (McIntosh/Wydick 2005, S. 272).[185] Angespornt von einem Beschluß auf dem sogenannten *Microfinance Summit* von 1997, solche Kredite an 100 Millionen der ärmsten Haushalte der Erde zu vergeben – und zwar in einer Höhe, die auf 50 Milliarden US-Dollar geschätzt wird (C.W. 2005, S. 8) –, ist inzwischen eine regelrechte Industrie der Mikrokredite mit weltweit 1.600 *MFIs* (*microfinance institutions*) entstanden.

Am stärksten hat sich diese Industrie in Bangladesch mit der *Grameen Bank* als Aushängeschild entwickelt. Zunächst scheint die Bank mit einer Kreditausfallrate von lediglich 5% recht erfolgreich gewesen zu sein, aber bereits im Jahre 2001, als die Rate auf 19% hochschnellt, steht sie vor der Insolvenz. Entsprechend werden in Bangladesch inzwischen bis zu 30% Zinsen für Mikrokredite verlangt und damit die ärmsten Schuldner wieder von den Krediten ausgeschlossen. Der Grund für diese Entwicklung sei, wie die Entwicklungsökonomen Craig McIntosh und Bruce Wydick in Übereinstimmung mit der Weltbank glauben, ein «ungesunder» Wettbewerb durch Nachahmer der *Grameen Bank*: « ‹Nachahmer haben zu mehr Wettbewerb geführt, der es Grameen erschwert hat, ihre

[185] Original: «There is arguably more widespread support for microfinance today than any other single tool for fighting world poverty.»

Schuldner zu kontrollieren›» (McIntosh/Wydick 2005, S. 274).[186] Dadurch hätten sich die asymmetrischen Informationen *à la* Stiglitz zwischen der Bank und ihren armen Schuldnern vergrößert, wogegen nur eine Zentralisierung von Wettbewerb und Risikomanagement helfen könne: «Ein stärker ‹zentral gemanagter› Wettbewerb zwischen den Gläubigern in Bangladesch wird dabei helfen, sowohl gesunden Wettbewerb zwischen den *MFIs* zu fördern, als auch die Ausfallraten in den Portfolios der *MFIs* zu verringern. / Eine andere klare Schlußfolgerung unserer Forschung ist die Notwendigkeit ... zentraler Risikomanagementsysteme, die *zusätzlich zu* Kreditausfällen die Identifizierung ausstehender Schulden erlauben» (2005, S. 274 f./292).[187]

Das sind alles anrührende Ideen über das Funktionieren von Banken bei Wettbewerb und fehlenden Sicherheiten. Sie verkennen wie schon Stiglitz, daß zum Ausgleich des Risikos zwischen Gläubiger und Schuldner selbst bei vollständiger Information auf die Stellung guter Sicherheiten nicht verzichtet werden kann. Darüber hinaus bleibt abzuwarten, ob sich eines Tages auch Fabriken in der Ersten Welt mit Hinweisen auf ihre jederzeitige Zugänglichkeit für Bankangestellte gegen die Schließung zur Wehr setzen. Warum nicht auch noch den Verzicht auf den «unproduktiven» Zins nachschieben, für den man ja ebenfalls Informationsprobleme verantwortlich machen könnte? Der generelle Verzicht auf Eigentumsschaffung wird überdies weder Kaufkraft noch Märkte nach sich ziehen, auf denen die gewiß fleißigen Nähkollektive etwas verkaufen könnten. Und soweit sie entstehen, muß die Konkurrenz mit hochtechnologischen Textilunternehmen in Niedriglohnländern wie Indien und China auch noch bedacht werden.

Auch in der Ersten Welt gibt es das soziale Problem fehlenden Kollaterals, das beispielsweise innovative Jungunternehmer an der Geschäftsaufnahme hindert. Der Staat mit seinem Zugriff auf die Steuern aller Eigentümer stellt dafür Risikokapital bereit, mit dem die Jungunternehmer ihre Bankkredite absichern können. Den Regeln der Eigentumswirt-

[186] Original: « ‹Imitators have brought on more competition, making it harder for Grameen to control their borrowers.› »

[187] Original: «More ‹centrally managed› competition between lenders in Bangladesh will both help to foster healthy competition between MFIs while bringing down arrears rates in MFI portfolios. / Another clear implication of our research is the need for … central risk-management systems, which identify outstanding debt *in addition* to cases of default.»

schaft, daß Kredite niemals aus dem Nichts geschaffen werden können, sondern immer auf Eigentumstiteln basieren müssen, wird hier also in jeder Hinsicht Genüge getan.

Welche Programme bietet die Weltbank als wichtigste Institution der Entwicklungsländer für die Armen an? Sie werden über ihre *International Development Association* (IDA) abgewickelt, der Organisation der Weltbank für die ärmsten Entwicklungsländer. Bis in allerjüngster Zeit hat die Weltbank der Bedeutung von Eigentumsrechten für Entwicklung keine Aufmerksamkeit geschenkt. Die letzte offizielle Aussage zum Eigentum findet sich in der Politikvorlage *Land Reform* von 1975. Für eine solche Bodenreform werden die Rechte auf Grund und Boden vor allem unter dem Gesichtspunkt der physischen Nutzung des Land-Besitzes (*who owns?*) analysiert. Entsprechend zielt die Analyse auf die Frage der Landumverteilung (*land distribution*) ab. Der Zugang zu verpfändbaren Titeln am Land-Eigentum spielt keine Rolle.

Erst im Jahre 2003 wirft Klaus Deininger in einem Forschungsbericht für die Weltbank einen neuen Blick auf die Eigentumsrechte, die ihm geeignet scheinen, den *IDA-Entwicklungsprogrammen* eine andere Richtung zu geben. Manche Einsicht der Eigentumsökonomik kommt darin zum Zuge. Deininger konzentriert sich auf das Eigentum an Grund und Boden, die sogenannten Landrechte (*land rights*). Land bilde in Entwicklungsländern das entscheidende Vermögen und liefere durch seine Immobilität und weitgehende Unzerstörbarkeit das ideale Kollateral. Gleichzeitig diene aber das Land als einzige Grundlage für das soziale Netz. Daher erkennt Deininger in der Kollateralisierung von Grund und Boden nur eine nachrangige Möglichkeit. Die Vollstreckung in Land von nicht tilgungsfähigen Armen würde ihnen allen Unterhalt entziehen, während die ohnehin schon Wohlhabenden davon profitieren würden. Diese Nähe zur Position des *ILO* verführt Deininger allerdings nicht zu dessen sozialen Finanzierungsprogrammen mit Kollateralersatz. Er favorisiert vielmehr Verpachtungen und Vermarktungshilfen. Weil die Pacht nur einen begrenzten Kapitaleinsatz erfordere, würde das fehlende Kollateral zu einem nachrangigen Problem, ohne die Anreize des Pächters zur Investition in seine Pachtung und damit zu Wachstum zu reduzieren.

Am historischen Beispiel der Schaffung von Landeigentum bei ehemaligen Aristokraten Englands, die nach langwierigen sozialen Kämpfen zu einer *landed bourgeoisie* werden und im 16. Jahrhundert Pächter zu den ersten Kapitalisten der Neuzeit machen (Heinsohn/Steiger 1981), läßt sich die prinzipielle Angemessenheit von Deinigers Vorschlag bestätigen. Allerdings führt ihn – ähnlich wie schon das *ILO* – sein Rückgriff auf Stiglitz Theorie der Kreditrationierung mit der Erklärung des Kollaterals als einem Mittel gegen asymmetrische Information und *moral hazard* auf den Kreditmärkten auf eine falsche Fährte. Er sieht also nicht, daß die asymmetrische Risikoverteilung zwischen Bank und Schuldnern immer, also auch in Entwicklungsländern, durch gute Sicherheiten ausgeglichen werden muß. Selbst bei vollständiger Information über den Istzustand eines obendrein ehrbaren Schuldners kann wegen Gefährdung des Eigenkapitals der Bank bei wie auch immer eintretender Zahlungsunfähigkeit das Sicherheitspfand niemals entfallen.

Von einem Blick in die Geschichte können die Entwicklungsländer mehr lernen als von den derzeitigen Entwicklungsprogrammen. Für die Aufholjagd gegen die englische Eigentumswirtschaft haben wir bereist auf die Niederlande, Österreich und die Schweiz verwiesen.[188] Weitere Territorien Westeuropas gewinnen Eigentumsrechte durch den *code civile* ihres Eroberers Napoleon. Das Paradebeispiel für die Herbeiführung von wirtschaftlicher Entwicklung aber liefern die – zumeist als bloße Emanzipationspolitik mißverstandenen – Stein-Hardenbergschen Reformen zur Einführung des Eigentums in Preußen ab dem Jahre 1807. Die Reformer kommen nur zum Zuge, weil Preußen in der Schlacht von Jena (1806) gegen Napoleon eine verheerende Niederlage erleidet und mit seinem Feudalsystem die aufgebürdete Kriegsschuld nicht erwirtschaften kann. Stein und Hardenberg wissen, daß feudales «Grund-Eigenthum» etwas anderes ist als das von den feudalen Abgaben und Fesseln befreite Grundeigentum. Gleichwohl schwanken auch sie rein sprachlich zwischen den Begriffen Besitz und Eigentum hin und her. Im Resultat der Reformen werden ehemalige Feudalherren, die bis dahin zwar ihre Ernte verpfänden dürfen, aber nicht das letztinstanzlich dem Gottesgnaden-König zugeteilte Land, zu Eigentümern. Dasselbe gilt für ehemalige Leibeigene, die jetzt sogar ehemals feudale Güter kaufen dürfen. Bereits 1914 überholt das von Preußen begründete Deutsche Reich im Pro-Kopf-Einkommen die Erste Welt, die damals mit England identisch ist. Eine

[188] Für eine ganz ähnliche Entstehung der Eigentumswirtschaft in Australien durch den *Lien on Wool and Stock Mortgage Act* 1843 vgl. Frank Decker 2005a und 2005b.

ähnliche Entwicklung betreiben, mit unterschiedlichem Erfolg, seit der zweiten Hälfte des 19. Jahrhunderts Rußland unter Zar Alexander II. und Japan unter dem Tenno Meiji.

Nach dem Zweiten Weltkrieg schlägt zuerst Süd-Korea den Weg zum Eigentum dadurch ein, daß Präsident Syngman Rhee über eine Bodenreform im Jahre 1949 den Anteil verpfändbaren Grundeigentums bis 1959 von 14 auf 93 Prozent aller Liegenschaften steigert (Lankov 2003). Kaum gebremst durch einen verheerenden Bürgerkrieg (1950-1953) vollzieht eines der damals ärmsten Länder der Welt die historisch wohl imponierendste ökonomische Entwicklung überhaupt. Heute gibt es nur noch eine Handvoll Länder, die mit Süd-Korea um die anvanciertesten technologischen Innovationen konkurrieren können. Vergleichbar schlägt sich nur noch die rückständige China-Provinz Taiwan. Der dorthin vor den Kommunisten Mao Tse-Tungs geflohene Tschiang Kai-Schek schafft mit seinem Eigentumsprogramm von 1953 – «Den Boden an die, die ihn bestellen!» (*Land to the Tillers*) – den zweiten «Tiger» Ostasiens.

Die Beispiele stehen für radikale Reformen unter meist außergewöhnlichen historischen Umständen, in denen sich soziale Umwälzungen realisieren lassen, die in normalen Zeiten im Keim erstickt würden. Wenn sie Erfolg haben sollen, muß vor allem eine unstrittige Verbriefung von Eigentum und Rechtssicherheit für alle garantiert werden. Das kann von außen empfohlen werden, bedeutet aber in den betroffenen Ländern nicht nur einen Federstrich, sondern eine Revolution.

Wer Eigentum registrieren will, benötigt beispielsweise in Norwegen eine einzige Prozedur, in Algerien hingegen 16. Bei Eigentumsübertragung durch Verkauf nehmen die Behörden in Nigeria und Senegal 30 Prozent des Vermögenswertes, während ein Maximum von 5 Prozent in der Ersten Welt üblich ist. Die Sicherstellung der Gläubiger fällt so schwer, weil sie am ehesten mit den Besitzherren des alten Systems verglichen und entsprechend abgelehnt werden. Wenn aber sie bei fallierenden Schuldnern nicht vor dem eigenen Absturz bzw. vor Eigentumsverlust aus nicht-ökonomischen Gründen geschützt werden, gerät das System ins Stocken oder kommt ganz zum Erliegen. Deshalb fallen gerade in diesem sensiblen Bereich die Differenzen zwischen Entwicklungsländern und der Ersten Welt dramatisch aus. Während etwa in Indiens Metropole Bombay ein Gläubiger im Schnitt gerade 13 Prozent der einem insolvent gewordenen Schuldner geliehenen Summe zurückholen kann, sind es in Tokio immerhin 90 Cent auf den Dollar. Gläubiger, die Kontrakte vollstrecken wollen, brauchen in Dänemark 13 Prozeduren, in Laos aber 53 (alles aus Klein *et al.* 2005, S. 2 f.; vgl. für ähnliche Beispiel de Soto 2000; deutsch 2002).

2 Fehler und Erfolge der staatssozialistischen Transformationsländer

Der Staatssozialismus, von 1917 bis 1990 die Zweite Welt, steht der Eigentumsgesellschaft noch ferner als die Entwicklungsländer. In seiner Programmatik aber will er dieses als «Kapitalismus» falsch verstandene System bei Prokopfeinkommen, Krisensicherheit und technologischem Niveau epochenweit hinter sich lassen. Dabei mißverstehen die Revolutionäre den nach Beseitigung des Privateigentums geschaffenen Staatsbesitz als «Volkseigentum». Darin folgen ihnen in den 1990er Jahren die westlichen Transformationsberater mit ihrer Maxime, dieses «Eigentum» zu privatisieren, ohne zu verstehen, daß sie es erst einmal nur in Privat*besitz* umwandeln.

Phantasien einer technischen Weltführerschaft durch Entfesselung der Produktivkräfte (Marx) hätten in einem gewöhnlichen Entwicklungsland nur homerisches Gelächter provoziert, die marxistisch-leninistischen Politiker aber nehmen ihre Absichten todernst und am Ende liegt die Zahl der in ihrem Machtbereich zu Tode geschundenen Menschen bei über 100 Millionen.

Eine Großgruppe der Opfer werden – wenig überraschend – die Eigentümer selbst. Die zweite Hauptgruppe bilden diejenigen, die den versprochenen Reichtum einfordern. Sie werden bis zum letzten Tag des Systems drangsaliert und in gigantischen Zahlen der Vernichtung durch Arbeit zugeführt. Wo bleiben denn nun die durch die Abschaffung des Eigentums endlich aufgerissenen «Springquellen des Reichtums», lautet die ausgesprochene oder unausgesprochene Frage der marxistisch Erzogenen. Die so bedrängte Nomenklatura verfügt über vier typische Reaktionen:

(i) Das Eingeständnis, daß man einer falschen ökonomischen Theorie anhängt, also am verfluchten «Privateigentum» auch Kollateral, Zins und Geld hängen, dessen Riskierung bzw. Erwirtschaftung für die überlegene Dynamik der Eigentumsökonomik sorgt. Man hätte damit aber zugeben müssen, daß sich die Beseitigung des Eigentums für die Wohlfahrt ganz ähnlich auswirkt wie der Ausbau des Motors auf die Geschwindigkeit eines Automobils oder die Entfernung der Lunge auf die Heilung einer Tuberkulose. Solche Zugeständnisse fallen nicht zuletzt deshalb so schwer, weil die Herausforderer ja keine alternative Wirtschaftstheorie vorweisen können, die den Potenzen des Eigentums ihren Stellenwert anzuweisen vermag. Von der Klassik bis zum Keynesianismus regiert schließlich dieselbe Ratlosigkeit wie beim Klassiker Marx.

(ii) Man kann die nach den Springquellen des Reichtums Fragenden auch zügig umbringen. Das erklärt einen beträchtlichen Teil der Toten. Die Säuberungen der Parteien, die Beseitigung von Fraktionen (Westlern) sind meist Aktionen gegen Leute aus den eigenen Reihen, die nach Ausbleiben des Reichtums an der Theorie der Eigentumsbeseitigung Zweifel hegen und regelrecht als «eigentumsverseucht» denunziert werden. Zu ihnen gehört zeitweilig auch Lenin, der 1921 mit seiner Neuen Ökonomischen Politik immerhin zu Eigentum, Zins und Geld zurückkehrt. Den Verrat an der marxistischen Lehre korrigiert Stalin, der zwischen 1928 und 1938 – durch sogenannte Zwangskollektivierung – das Eigentum radikal eliminiert.

(iii) Fragende nach den Springquellen des Reichtums können auch mit dem Hinweis auf Saboteure beruhigt werden: Wenn nicht so viele schädliche Kräfte die Umsetzung der genialen Wirtschaftslehre von der Reichtumsschaffung durch Eigentumsbeseitigung hintertreiben würden, wäre der Sozialismus beim Überholen des Westens schon viel weiter. Die entsprechende Ausrottung angeblicher Saboteure und Schlamper wird dann zu einem weiteren Segment der ungeheuren Menschenverschwendung.

(iv) Schließlich ist es möglich, die Einforderer des Reichtums für seine Schaffung auf ganz besondere Weise direkt einzusetzen, sie also der wichtigsten Tötungsart – der Vernichtung durch die «Hauptverwaltung der Besserungsarbeitskolonien» (GULag) bzw. in China durch die Lager der «Arbeitsreform» (*laogai*) – zuzuführen: Du wirst den Reichtum selbst nicht mehr erleben. Wir wollen aber Dir «Eigentumsverseuchtem» erlauben, an blutgewaltigen Wundern – wie Eismeerkanälen und kathedralenhaften U-Bahnen – mitzuwirken, die blitzartig vor der ganzen Welt unsere Überlegenheit aufleuchten lassen.

Doch nun zum Neuaufbau des Wirtschaftens in Osteuropa: Schon bei der in Polen 1990 begonnenen Transformation des Staatsozialismus läuft sich Jeffrey Sachs (1993, S. 80) für sein Millenniumsprojekt der UNO warm. Ausdrücklich will er auch damals von der Eigentumsschaffung als

Voraussetzung von Entwicklung nicht viel wissen und deklariert entsprechend «die Umwandlung von Staats*eigentum* in Privateigentum als *abschließenden* Schritt» (unsere Hervorhebungen).[189]

Diese Eigentumsverzögerung trifft umgehend das ebenfalls gerade entstehende polnische Bankensystem. Bis 1989 gibt es keine Geschäftsbanken. Nach ihrer Gründung müssen sie erleben, wie kreditsuchende und auf den von Sachs empfohlenen Märkten tüchtig agierende Kunden glauben, daß man für sie einfach eine Schublade mit Bargeld öffnen werde, solange sie sich nur zu Tilgung und Zins verpflichten. Die frischgebackenen Bankangestellten wissen nicht, was zur Prüfung eines Darlehensantrages gehört. Sachs und die anderen westlichen Berater schweigen sich darüber ebenfalls aus. Auch Polens Zentralbank leistet keine Hilfe. Sie fährt mit der realsozialistischen Praxis des Druckens und Verteilens von Schuldnergeld – im alten System «Staatliches Geldzeichen» oder «Verrechnungszeichen» genannt (Payandeh 2004, S. 150) – fort. Sie glaubt, daß alles schon seine Ordnung habe, wenn auch sie die Geschäftsbanken zu Zins und Tilgung auffordere. Gute Titel für die Besicherung ihrer Noten, die sie den Geschäftsbanken hätte abverlangen können, stehen diesen wegen der Rarität eigentumsstarker Schuldner ja gerade nicht zur Verfügung. Deshalb schockiert alsbald die Erkenntnis, daß es so etwas wie faule Schulden gibt. Was die begeistert übernommene neoklassische Wirtschaftstheorie nicht einmal behandelt, bringt die Panik über platzende Kredite dann blitzschnell auf den Tisch. Jetzt läßt man die Professoren beiseite und engagiert westliche Bankkaufleute. In hastig angesetzten Crashkursen vermitteln sie die wichtigste Lehre für monetäre Institutionen einer Eigentumswirtschaft: «Lektion 1: In der neuen Wirtschaft mußt Du vom Schuldner Sicherheiten verlangen» (Stevenson 1993, S. 17).[190]

Ungeachtet dieser Instruktion bleibt auch in Polen das Eigentum noch lange gefesselt. Zur Abwehr sozialer Notlagen kommen gut gemeinte Maßnahmen zum Zug, die das Potential des Eigentums unterminieren. So untersagt der polnische Gesetzgeber, wie auch die Tschechische Republik, bis Ende 2003 die Vollstreckung in selbst genutztes Wohneigentum bei nichtbedienten Krediten. Dadurch will man Zwangsentmietungen

[189] Original: «Taking the final step of transforming the state's property into private property.»

[190] Original: «Lesson 1: In the new economy, ask the borrowers for collateral.»

verhindern. Daraufhin akzeptieren selbstredend die Banken kein Wohneigentum mehr als Kreditpfand. Um also drei bis vier Prozent der Bevölkerung vor sozialen Härten zu schützen, hat man gleich hundert Prozent die Möglichkeit verbaut, über ihr Wohneigentum Kredit aufzunehmen.

Das Ausmaß der durch diese Strangulierung verhinderten Kreditschaffung läßt sich daran belegen, daß die ausstehenden Hypothekenkredite in Polen und der Tschechischen Republik bis heute gerade einmal 3 bis 5 Prozent des BIP betragen, während sie in der Europäischen Union (EU) 50 Prozent ausmachen und somit nur dort ihre gewaltige Kraft für Wirtschaftswachstum entfalten können (Immobilia 2004).[191]

Eigentumspolitik ist Teil der Ordnungspolitik und darf durch andere Ziele nicht verwässert werden. Soziale Folgen der Kreditaufnahmen müssen durch Sozialpolitik, aber niemals durch Unterbindung der Belastungsfähigkeit gemildert werden, durch die auf bloßen Besitz zurückgefallen wird. Eigentumserfahrene Nationen halten deshalb Schlichtwohnungen vor, in denen Zwangsgeräumte zu Lasten der Steuerkasse untergebracht werden und nicht *qua* Kreditverhinderung ‹beschützt› werden.

Ganz weit Fortgeschrittene im Verständnis des Eigentums verwenden ihre Notlagen-Steuergelder sogar für die Eigentumsschaffung direkt bei den Sozialfällen selbst. Statt solchen Familien die Wohnkosten zu zahlen, die dann längst mit Eigentum versehene Vermieter reicher machen, werden die Mietbeihilfen für die Anzahlung von staatlich vorfinanzierten Wohnungen zwangsgespart, die nach Überwindung der Notlage ganz erworben werden können. Den so Behandelten wird also nicht nur vorübergehend geholfen, sondern sie werden mit einer dauerhaften Verschuldungsfähigkeit ausgestattet, wodurch ihre Motivation zur Leistung innerhalb ihrer Gesellschaft auch generell gesteigert wird. Das Musterbeispiel für einen solchen Weg ist der Stadtstaat Singapur. Dort verfügt fast jeder Angehörige auch des untersten Fünftels der Einkommenspyramide über Wohneigentum – und zwar im Durchschnittswert von 138.000 SG$ oder ca. 68.000 € (Loong 2005).

[191] Im aufstrebenden Entwicklungsland Brasilien besteht bis heute dasselbe Verbot. Daraus ist das Problem der entwicklungshemmenden «Wucherzinsen» der Geschäftsbanken entstanden, die bis zu 37 Prozent über dem Refinanzierungssatz der Zentralbank liegen. Sie sind aber nicht das Resultat eines «Wucherkartells», wie der Internationale Währungsfonds meint, sondern dienen vor allem der Abdeckung des Risikos nicht eintreibbarer Forderungen der Banken (Goerdeler 2004).

Die Schwierigkeiten bei der Eigentumsschaffung in Transformationsländern haben auch dramatische Auswirkungen für ausländische Investoren. Für sie bleibt die Aufnahme von Krediten in der Landeswährung schwierig, solange sie frei exekutierbare Eigentumstitel nur begrenzt erwerben können. Deshalb bestreiten sie ihre Investitionen zum guten Teil durch mitgebrachte Forderungstitel auf Gläubigergeld (Devisen). Durch diesen Kapitalimport entsteht eine Nachfrage nach der einheimischen Währung, die ihren Kurs vorübergehend stabilisiert oder gar hochtreibt. Damit kann zeitweilig das Fehlen einer heimischen Eigentumsbasis für die Gewährung von Krediten überspielt werden. Da Gewinne der ausländischen Unternehmen wiederum nur begrenzt in sichere einheimische Eigentumstitel umgewandelt werden können, fällt die mit ihnen mögliche Akkumulation zurück an die Herkunftsländer. Wenn eine solche Kapitalflucht nicht mehr durch weiteren Kapitalimport ausgeglichen wird, entfällt ihr kursstabilisierender Nachfrageeffekt für die einheimische Währung. Spätestens nun wird offensichtlich, daß die Notenbank mit ihren relativ wertlosen Aktiva keinen Ausgleich für die entfallende Außennachfrage nach ihrer Währung schaffen kann. Die Abwertung nimmt ihren Lauf (vgl. Heinsohn/Steiger 2001, S. 218 f.).

Das Paradebeispiel für die Folgen eines nicht eigentumsbasierten Geldsystems liefert der russische Crash vom August 1998, in dem ein gerade im Juli gewährter Stabilisierungskredit des IWF in Höhe von zehn Milliarden US-Dollar zu gleich hohen Devisenverlusten der russischen Zentralbank führt: «Am Ende erwies sich die Verteidigung der Währung als fruchtlos und teuer. Sie kostete ungefähr 10 Milliarden Dollar an Devisenreserven » (Bracho/López 2005, S. 61).[192]

Es kann nicht überraschen, daß eigentlich in allen Transformationsländern die Fehler der Eigentumsschaffung oder sogar ihr Unterbleiben sich in einem ungenügenden Rechtssystem spiegeln, mit dem gegen Schuldner vollstreckt und zugleich die Eigentumsposition von Gläubigern für eine nachhaltige Entwicklung geschützt werden kann. So wird im Jahre 2002 resigniert festgestellt: «Kaum ein Transformationsland hat es geschafft, in kurzer Zeit ein Rechtssystem und Institutionen zu entwickeln, die für den Schutz des Privateigentums und das Funktionieren der Marktwirtschaft bestens geeignet wären. ... Dieser Mangel einer markt-

[192] Original: «In the end, defense of the currency turned out to be fruitless and expensive, costing around ten billion dollars in reserves.»

orientierten legalen Struktur dürfte die Achillesferse der ersten zwölf Jahre der Transformation gewesen sein» (Svejnar 2002, S. 7).[193]

Eine Ausnahme, wie Ulrich Aldenborg (2005) zeigt, bildet Slowenien. Gleich nach 1990 werden in dem Zweimillionenland 100.000 Wohnimmobilien aus nicht bewirtschaftbarem Besitz in verpfändungsfähiges Eigentum transformiert. Dadurch entsteht quasi, aber eben nur scheinbar aus dem Nichts ein Beleihungswert von 4,5 Milliarden € für die Finanzierung von Investitionen. Selbst bis heute zu beklagende Grundbuchunklarheiten (Kaps 2005, S. 18) wissen die Slowenen flexibel zu handhaben, indem sie Rechtsschutz bereits für einen «vermuteten Eigentümer» etablieren (Aldenborg 2005, S. 52). Mit diesen Schritten wird das Land zur Generierung eigenen Gläubigergeldes fähig. Slowenien zeigt so den übrigen Transformationsländern, daß der für Entwicklung ganz unbefragt als unvermeidlich erachtete Kapitalimport zweitrangig wird, wenn im Lande selbst Geldvorschüsse dadurch geschaffen werden können, daß man die Bürger zu verschuldungsfähigen Eigentümern emanzipiert. Der südslawische Kleinstaat kommt im Vergleich mit anderen Transformationsländern gerade deswegen so weit nach vorne, weil er – anders als die Berater empfehlen – Ausländern den Erwerb von Eigentum ungemein schwer macht, aber für die eigenen Bürger in dieser Richtung überdurchschnittlich aktiv handelt.

Die Volksrepublik China folgt, zumindest in ausgewählten Gebieten, der 1953er Reform des verhaßten und seinerzeit ja auch besiegten Tschiang Kai-Schek erst nach 1990. Shanghai mit 15 Millionen Menschen wird Festlandasiens reichste Metropole, weil die Stadt – ganz ähnlich wie Slowenien – zwischen 1992 und 2002 den Eigentumsanteil an Liegenschaften sowie dem Haus- und Wohnungsbestand von 0 auf 90 Prozent steigert (McGregor 2002, S. 13). Dafür muß ein neues System der Registrierung von belastbaren Eigentumstiteln aufgebaut werden. Aber erst im August 2002 werden für ganz China Gesetze erlassen, die auch auf

[193] Original: «Virtually no transition country succeeded in rapidly developing a legal system and institutions that would be highly conductive to the preservation of private property and the functioning of a market economy. … This lack of market-oriented legal structure appears to have been the Achilles' heel of the first dozen years of transition.»

Daß die Erfolge der Ersten Welt den oben erwähnten vielen hundert Millionen vollstreckbaren und dafür zu beobachtenden Kontrakten geschuldet sind, wird hier nicht einmal geahnt.

dem Lande dieselbe Revolution zum geldschaffungsfähigen Eigentum einleiten. Am 8. November 2002 fordert der damalige Staatspräsident Jiang Zemin «Industrielle, Unternehmer, Angestellte, ausländischer Firmen und Selbständige» zum Eintritt in die KP auf, deren Endziel des Kommunismus nicht mehr erwähnt wird. Stattdessen verlangt er das Abgehen von der alten Formel: «Je mehr Eigentum, desto rückständiger.»

Die unter dem Kommunismus – ähnlich wie im Feudalismus – an die Scholle gebundenen Bauern ohne Recht, ihren Wohnsitz zu wechseln, bekommen am 5. Januar 2003 die verfassungsmäßige Garantie, überall arbeiten zu dürfen. Erst jetzt sind sie Eigentümer ihrer selbst (Hutzler und Lawrence 2003, S. 2). Damit können sie ohne Beibringung von Sicherheiten und ohne Zinszusagen dadurch an Geld gelangen, daß sie Lohnkontrakte eingehen und für ihre Vertragsfirmen den Zins erarbeiten, den diese den Banken für die Kreditierung des Lohngeldes schulden.

Auf der Jahresversammlung des Volkskongresses vom 5. bis 14. März 2004 wird das Recht der chinesischen Bürger auf Eigentum in Verfassungsrang erhoben. Knapp vier Jahrhunderte nach der endgültigen Verankerung des Eigentums und der Abschaffung der Leibeigenschaft in England folgt die bevölkerungsreichste Nation der Erde einem Entwicklungsmodell, das damals eines der rückständigsten Territorien Europas im 19. Jahrhundert in das führende Imperium der Erde transformiert.

Abstract

An economic theory deserving that name is wanting because economists have never come to terms with property but always confused it with possession which they mislabeled «property». This verdict applies not only to classical, neoclassical and the different Keynesian schools of economics but also to the most advanced theory of property rights, institutional economics.

What is the difference between these two concepts? The rules of possession, individual and/or collective, determine who, in what manner, at what time and place, to what extent and by exclusion of whom, may physically use a good or resource and change its substance and form. It is not possessory rules, existing already in animal systems that bring about economic activity but the man-made institution of property.

Therefore, not only one eternal but several distinctive systems of material reproduction are known to man: (i) custom or tribal communities, (ii) command or feudal seigniorities and (iii) property-based societies. In tribalism and feudalism goods and resources are merely possessions which may be physically used in accordance with custom and command. Property, interest and money as the fundamental prerequisites of an economy are wholly absent.

As soon as property is created and remains unencumbered and free, it carries an unearned and non-physical premium – the property premium. By employing it the traditional use of physical possessions is turned into economic activity, with the transformation of goods and resources into commodities and assets as its most visible features.

The operations of employing property premium comprise (i) the right to burden property titles in issuing money against interest; (ii) the right to encumber these titles as collateral for securing credit to obtain money; (iii) the rights to alienate by sale and lease; and (iv) the rights to redeem and to enforce.

Property induced activities can only endure if they are followed by an independent legal system which transforms traditional rules and privileges of possession into actionable rights of possession. In this process, individual and collective rules of possessions turn into private and common rights of possession. Thus, the difference between possession and property is not mirrored by the popular distinction between collective and «private» property. The difference lies in mere physical and in intangible operations, both of which may be assigned to a single person or any given multitude.

Property economics holds that not exchange of goods but operations enabled by property generate interest and money. Like any other approach it has to answer economic theory's core question: what is the loss that has to be compensated by interest? Property economics does neither accept a temporary loss of goods, as in neoclassical economics, nor Keynes's temporary loss of already existing, exogenous money as the cause of interest. Money rather is endogenous. It is created as a non-physical title to property in a credit contract secured by a debtor's collateral and the creditor's net worth. A money note, thus, is not a debt title but implies an anonymised claim to assets of the issuing creditor. Therefore, genuine money is always a creditor's money.

By issuing notes against his property the creditor loses property premium, thereby exposing his property to redemption and enforcement. It is this very loss that his debtor has to compensate with interest. The interest causing loss is the loss of unrestricted disposal of property of the creditor who issues money.

As soon as the creditor issues notes, he cannot help but to establish a money of account in which the credit contract, the money proper notes, and all further contracts and prices are denominated. This money of account has no resemblance to the neoclassical unit of account or *numéraire* expressed by a standard good in which all (relative) prices are denominated. Property economics demonstrates the logical impossibility of a good being the numerical expression of prices of other goods and, at the same time, a good whose price must be expressed in terms of money.

Denominated in the contractual money of acccount, prices are always money prices. They are determined on the market. Yet, the market is not a location where goods are exchanged for the mutual benefit of their possessors as neoclassical theory assumes. A market first occurs when an indebted producer tries to earn the money advanced to him in a contract secured by the collateral he has to defend. He, therefore, must look for a sales contract to redeem the money loaned plus, at least, the interest charged by the creditor to cover his loss of property premium. Thus, interest is the cause of profit, and thereby of accumulation – and not the other way round as in classical economics.

When an indebted producer engages labour, the labourer is willing to leave a surplus to him because the wage contract gives him access to money without paying interest and encumbering property. Since, however, money paid for labour, other than for real capital assets, is always lost to him, a producer always has to turn the money owed into outlays for labour saving technical progress, that means, into assets which stay with him.

Credit and sales contracts provide the key for the understanding of the mechanisms of the property based economy moving between accumulation – the augmentation of property by risking it – and crisis – the securing of property by no longer risking it.

Property economics recommends the establishment of widespread and safely actionable property to end poverty in developing and transformation countries. Yet, such an implantation will only succeed if at its very beginning modern social saftey nets are put into place to compensate for the inevitable destruction of traditional reciprocity or clientele protection.

JEL classification: B10, B20, E40, E50, O10, P14, P26

Literaturverzeichnis

Adler, B.E. (1998), «Secured Credit Contracts», in: *The New Palgrave Dictionary of Economics and the Law*, London: Macmillan, Band 3, Sp. 405a-410a

Alchian, A.A. (1992), «Property Rights», in: *The New Palgrave Dictionary of Money and Finance*, London: Macmillan, Band 3, Sp. 223a-226a

Aldenborg, U. (2005), *Entwicklung und Transformation in der Logik der Eigentumsökonomik: Theorie und Praxis von Eigentum und genuiner Geldschaffung am Beispiel des Transformationsprozesses in Slowenien*, Dissertation an der Universität Bremen, August

Andréadès, A.M. (1904), *History of the Bank of England 1640-1903*, aus dem Französischen von C. Meredith, London: P.S. King & Son, 1909

Axilrod, S.H./Wallich, H.C. (1992), «Open-Market Operations», in: *The New Palgrave Dictionary of Money and Finance*, London: Macmillan, Band 3, Sp. 74b-77a

Backhaus, J. (2000), «‹Property, Interest, and Money: Unresolved Puzzles in Economics›. By Gunnar Heinsohn and Otto Steiger, Reinbek bei Hamburg: Rowohlt, 1996, 544 pp.», in: *History of Political Economy*, Band 32, Nr. 1, Frühjahr 2000, S. 159 f.

Bagehot, W. (1873), *Lombard Street: A Description of the Money Market*, Reprint New York: J. Wiley & Sons, 1999

Bailey, M.J. (1998), «Property in Aboriginal Societies», in: *The New Palgrave Dictionary of Economics and the Law*, London: Macmillan, Band 3, Sp. 155b-157b

Ballin, C. (2005), *Marktrevolution in Schlummernden Märkten*, Berlin: Duncker & Humblot

Beaufort, J. (2001), «Abschied vom Tausch? Die Theorie der Eigentumsgesellschaft von Gunnar Heinsohn und Otto Steiger», in: *IKSF Discussion Papers* (Universität Bremen), Nr. 28, August

Bernanke, B. (2003), «Some Thoughts on Monetary Policy in Japan», *Japan Society of Monetary Economics*, Tokyo, Japan, May 31. www. federalreserve.gov/BoardDocs/Speeches/2003/20030531/default.htm#f5

Bethell, T. (1998), *The Noblest Triumph: Property and Prosperity through the Ages*, New York: St. Martin's Press

Betz, K. (1993), *Ein monetärkeynesianisches und makroökonomisches Gleichgewicht*, Marburg: Metropolis

Betz, K. (2001), *Jenseits der Konjunkturpolitik: Überlegungen zur langfristigen Wirtschaftspolitik in einer Geldwirtschaft*, Marburg: Metropolis

Betz, T. (2005), «Besprechung von Bernd Striegel, ‹Über das Geld: Geschichte und Zukunft des Wirtschaftens›, 2005», in: *Zeitschrift für Sozialökonomie*, Band 42, Nr. 146, September, S. 42-45

Betz, T. (2008), «The Property Theories of Bethell, Pipes and de Soto – Similarities and Differences im Emphasis to the Approach of Heinsohn, Stadermann and Steiger», in: O. Steiger, Hg., *Property Economics: Property Rights, Creditor's Money and the Foundations of the Economy*, Marburg: Metropolis

BGH (1998), «Das gesamte Bodenreformurteil des V. Senats des Bundesgerichtshofs», Karlsruhe, 17. Dezember, *V ZR 200/97,* mimeo.

Bindseil, U./Manzanares, A./Weller, B. (2004), «The Role of Central Bank Capital Revisited», *ECB Working Paper Series* (Europäische Zentralbank), Nr. 392, September

Blanchard, O. (2003), *Macroeconomics: Third Edition*, Upper Saddle River, NJ: Prentice Hall

Blenck, D. *et al.* (2002), «The Main Features of the Monetary Policy Framworks of the Bank of Japan, the Federal Reserve and the Eurosystem«, in: Bank for International Settlements (BIS), Hg., *Comparing Monetary Policy Operating Procedures across the United States, Japan and the Euro Area: BIS Paper New Series*, Nr. 9, Mai, S. 23-47

Bofinger, P. (mit J. Reischle, A. Schächter) (2001), *Monetary Policy: Goals, Institutions, Strategies, and Instruments*, Oxford: Oxford University Press

Bogaert, R. (1966), *Les origines antiques de la banque de dépôt: Une mise au point accompagnée d'une esquisse des opérations de banque en Mésopotamie*, Leiden: A.W. Sijthoff

Bracho, G./López, J. (2005), «The Economic Collapse of Russia», in: *Banca Nazionale del Lavoro Quaterly Review*, Band 58, Nr. 232, März, S. 53-89

Braunberger, G. (1996), «Die Vision der Eigentumsgesellschaft: Zwei Bremer Wissenschaftler schreiben die Wirtschaftstheorie um», in: *Frankfurter Allgemeine Zeitung*, Nr. 269 vom 18. November, S. 16

Brockmeier, T. (1996), *Handlungsrechte (Property Rights) und Armut: Zur Brauchbarkeit neo-liberaler Politikempfehlungen bei der Armutsbekämpfung.* [Versuch einer kritischen Würdigung von Hernando de Soto: «The Other Path» («El otro Sendero»)], Marburg: Tectum

Busch, U. (2003), Besprechung von (i) «Gunnar Heinsohn, Otto Steiger: ‹Eigentum, Zins und Geld: Ungelöste Rätsel der Wirtschaftswissenschaft›, zweite, durchgesehene Auflage 2002» und von (ii) «Dies.: ‹Eigentumstheorie des Wirtschaftens versus Wirtschaftstheorie ohne Eigentum›, 2002», in: *Utopie kreativ: Diskussion sozialistischer Alternativen* (Berlin), Nr. 147, Januar, S. 86-88

Cencini, A. (2001), *Monetary Macroeconomics: A New Approach*, London: Routledge

Chantraine, H. (1979), «Münzwesen», in: *Der Kleine Pauly*, München: Deutscher Taschenbuch Verlag, Band 3, Sp. 1447-1452

Crowther, G. (1940), *An Outline of Money*, London, *et al.*: T. Nelson & Sons

C.W. (2005), «Ein Finanzmarkt als ‹Leiter› für die Armen: Mikrokredit-Systeme in der Entwicklungszusammenarbeit», in: *Neue Zürcher Zeitung* (Internationale Ausgabe), Nr. 199, 27./28. August, S. 8

Da. (2005), «‹Mezzanine ist keine Modewelle›: Finanzprodukte aus dem angelsächsischen Raum für Wachstumsunternehmen attraktiv – Hohe Kosten», in: *Frankfurter Allgemeine Zeitung*, Nr. 190, 17. August, S. 20

Dalton, G.B. (1982), «Barter», in: *Journal of Economic Issues,* Band 16, S. 181-190

Davidson, P. (1994), Post Keynesian Macroeconomic Theory: A Foundation for Successful Economic Policies for the Twenty-First Century, Cheltenham, UK und Brookfield, VT: Edward Elgar

Davidson, P. (2005), «The Post Keynesian School», in: B. Snowdon, H. A. Vane, *Modern Macroeconomics: Its Origins, Development and Current State*, Cheltenham, UK und Northhampton, MA, S. 451-473

Debreu, G. (1959), *Theory of Value: An Axiomatic Analysis of Economic Equilibrium*, New Haven & London: Yale University Press

Decker, F. (2005a), «Colonial Currency and Pastoral Expansion: Australia's Early Economic Development from a Property Economics Perspective», in: *IKSF Discussion Papers* (Universität Bremen), Nr. 34, Juli

Decker, F. (2005b), «The Lien on Wool and Stock Mortgage Legislation from a Property Economics Perspective», in: *Macquaire University Research Paper* (Macquaire University Sydney), November

Deininger, K. (2003), *Land Policy for Growth and Poverty Reduction: A World Bank Policy Research Report*, Washington, D.C.: The World Bank and Oxford: Oxford University Press

Demsetz, H. (1998), «Property Rights», in: *The New Palgrave Dictionary of Economics and the Law*, London: Macmillan, Band 3, Sp. 144a-155a

Dowd, K. (2000), «The Invisible Hand and the Evolution of the Monetary System», in: J. Smithin, Hg., *What Is Money?*, London: Routledge, S. 137-156

Dreher, A. (2005), «‹Mehr ist weniger, und weniger wäre mehr›: Die Entwicklungsdebatte aus wissenschaftlicher Sicht», in: *Neue Zürcher Zeitung* (Internationale Ausgabe), Nr. 212, 10./11. September, S. 19

Epstein, R.A. (1998), «Possession», in: *The New Palgrave Dictionary of Economics and the Law*, London: Macmillan, Band 3, Sp. 62b-68b

Enghofer, S./Knospe, M. (2005), *Schulden, Geld und Zins*, Universität Bayreuth: Fachbereich Wirtschaftswissenschaften, Februar 2005, mimeo.

EZB (2005), *Durchführung der Geldpolitik im Euro-Währungsgebiet: Allgemeine Regelungen für die geldpolitischen Instrumente und Verfahren des Eurosystems*, Frankfurt am Main: Europäische Zentralbank, Februar

Fisher, I. (1906), *The Nature of Capital and Income*, New York: Macmillan

Fisher, I. (1930), *The Theory of Interest as Determined by Impatience to Spend Income and Opportunity to Invest It*, New York: Macmillan

Folkerts-Landau, D./Garber, P.M. (1992), «The ECB: A Bank or a Monetary Policy Rule?», in: M. B. Canzonieri, V. Grilli, M. Masson, Hg., *Establishing a Central Bank: Issues in Europe and Lessons from the US*, Cambridge: Cambridge University Press, S. 86-110

Friedman, M. (1992), «Quantity Theory of Money», in: *The New Palgrave Dictionary of Money and Finance*, London: Macmillan, Band 3, Sp. 247b-264b

Frieman, M./Schwartz, A.J. (1986), «Has Government Any Role in Money?», in: *Journal of Monetary Economics*, Band 17, Nr. 1, S. 37-62

Frisch, R. (1970), «From Utopian Theory to Practical Applications: The Case of Econometrics – Lecture to the Memory of Alfred Nobel, June 17, 1970», in: *http://nobelprize.org/economics/laureates/1969/frisch–lecture.html* (letzter Besuch: 4. Oktober 2005)

Fry, M. (1997), «The Fiscal Abuse of Central Banks», in: M.I. Blejer, T. Ter-Minasian, Hg., *Macroeconomic Dimensions of Central Banks: Essays in Honour of Vito Tanzi*, London: Routledge, S. 337-359

Goerdeler, C.D. (2004), «Das Wucherkartell der brasilianischen Banken: Kreditnehmer können wegen der hohen Zinsen schnell ins Elend schlittern – Internationaler Währungsgfonds rügt mangelnden Wettbewerb», in: *Kurier am Sonntag* (Bremen), Nr. 25 (143), 20. Juni, S. 4

Goodhart, C.A.E. (1999), «Myths about the Lender of Last Resort», in: C.A.E. Goodhart, G. Illing, Hg., *Financial Crises, Contagion, and the Lender of Last Resort*, Oxford: Oxford University Press, 2002, S. 227-245

Gorton, G. (1997), «Clearinghouses», in: D. Glasner, Hg., *Business Cycles and Depressions: An Encyclopedia*, New York: Garland, Sp. 99a-b

Graziani, A. (1997), Review of «G. Heinsohn and O. Steiger. ‹Eigentum, Zins und Geld. Ungelöste Rätsel der Wirtschaftswissenschaft›. Reinbek:

Rowohlt, 1996. 544 pp.», in: *The European Journal of the History of Economic Thought*, Band 4, Nr. 1, Frühjahr, S. 158-160.

Graziani, A. (2008), «Some Observations on Heinsohn and Steiger's ‹Property Theory of Interest and Money›», in: O. Steiger, Hg., *Property Economics: Property Rights, Creditor' Money and the Foundations of the Economy*, Marburg: Metropolis

Grün, B. (1998), «Die Geltung des Erbrechts beim Neubauerneigentum in der SBZ/DDR – Verkannte Rechtslage mit schweren Folgen», in: *Zeitschrift für Vermögens- und Immobilienrecht*, Band 18, Nr. 10, Oktober, S. 537-547

Grünewald, R. (2001), «Fibel für Einsteiger in die Eigentumstheorie der Wirtschaft», in: *IKSF Discussion Papers* (Universität Bremen), Nr. 26, Mai

Gurley, J.G./Shaw, E.S (1960), *Money in a Theory of Finance*, Washington, DC: Brookings Institution

Hahn, F.H. (1982), *Money and Inflation*, Oxford: Blackwell

Hauskrecht, A. (1995), «Monetäre Aspekte des vietnamesischen Transformationsprozesses», in: K. Betz,, H. Riese, Hg., *Wirtschaftspolitik in einer Geldwirtschaft*, Marburg: Metropolis

Hauskrecht, A. (2001), *Monetäre Aspekte des Transformationsprozesses: Eine Fallstudie Vietnams*, Marburg: Metropolis

Hawtrey, R.G. (1919), *Currency and Credit*, London: Longmans, 2. Auflage 1923

Hawtrey, R.G. (1926), *Währung und Kredit* (1919, 1923²), Jena: G. Fischer

Hawtrey, R.G. (1930), «Credit», in: *Encyclopedia of the Social Sciences*, New York: Macmillan, Band 3, S. 545-550

Hawtrey, R.G. (1932), *The Art of Central Banking*; Neudruck London: Frank Cass & Co., 1970

Heering, W. (1999a), «Privateigentum, Vertrauen und Geld: Überlegungen zur Genese von Zahlungsmitteln in Marktökonomien *oder*: Wie man in Berlin, Bremen und anderswo über Geld denkt», in: K. Betz, T. Roy, Hg., *Privateigentum und Geld: Kontroversen um den Ansatz von Heinsohn und Steiger*, Marburg: Metropolis, S. 99-143

Heering, W. (1999b), «Replik auf die Replik von Gunnar Heinsohn und Otto Steiger», in: K. Betz, T. Roy, Hg., *Privateigentum und Geld: Kontroversen um den Ansatz von Heinsohn und Steiger*, Marburg: Metropolis, S. 331-339

Heichelheim, F.M. (1938), *Wirtschaftsgeschichte des Altertums vom Paläolithikum bis zur Völkerwanderung der Germanen, Slaven und Araber*, Leiden: A.W. Sijthoff, Band I

Heidelmeyer, W., Hg. (1997), *Die Menschenrechte: Erklärungen, Verfassungsartikel, Internationale Abkommen*, Paderborn *et al.*: F. Schöningh, 4., erneuerte und erweiterte Auflage

Heine, M./Herr, H. (1999), *Volkswirtschaftslehre: Paradigmenorientierte Einführung in die Mikro- und Makrotheorie*, München: R. Oldenbourg

Heinsohn, G. (1984), *Privateigentum, Patriarchat, Geldwirtschaft: Eine sozialtheoretische Rekonstruktion zur Antike* (1982), Frankfurt am Main: Suhrkamp

Heinsohn, G. (1998), «GULag und Auschwitz: Ein Wort zur Klärung der Differenz», *Schriftenreihe des Raphael-Lemkin-Insituts für Xenophobie- und Genozidforschung an der Universität Bremen*, Nr. 6, April

Heinsohn, G. (2003), *Söhne und Weltmacht: Terror im Aufstieg und Fall der Nationen*, Zürich: Orell Füssli

Heinsohn, G. (2005), «Warum gibt es Märkte?», in: W. Krieg, K. Galler, P. Stadelmann, Hg., *Richtiges und gutes Management: vom System zur Praxis – Festschrift für Fredmund Malik*, Bern: Haupt, S. 137-152; erweitert unter demselben Titel, St. Gallen: Malik-Management-Zentrum, Forum Nr. 11, 2006

Heinsohn, G. (2008a), «Where Does the Market Come From? Why the Controversy Between the ‹Substantivist› Polanyi School and ‹Formalist› Neoclassical Protoganists of an Eternal and Universal Market Was Never Solved», in: O. Steiger, Hg., *Property Economics: Property Rights, Creditor's Money and the Foundations of the Economy*, Marburg: Metropolis

Heinsohn, G. (2008b), «Die Verführung zur globalen Zockerei – Essay», in: *Frankfurter Allgemeine Zeitung-Die Ordnung der Wirtschaft*, 26. April 2008, (Nr. 98), S. 15

Heinsohn, G. (2008c), «Fünf Trugschlüsse der Finanzkrise – Essay», in: *Cicero*, November

Heinsohn, G./Knieper, R./Steiger, O. (1979), *Menschenproduktion: Allgemeine Bevölkerungstheorie der Neuzeit*, Frankfurt am Main: Suhrkamp, 2. Auflage 1986

Heinsohn, G./Steiger, O. (1981), «Geld, Produktivität und Unsicherheit in Kapitalismus und Sozialismus. Oder: Von den Lollarden Wat Tylers zur Solidarität Lech Walesas», in: *Leviathan*, Bd. 9, Nr. 2, S. 164-194

Heinsohn, G./Steiger, O. (1996), *Eigentum, Zins und Geld: Ungelöste Rätsel der Wirtschaftswissenschaft*, Reinbek: Rowohlt; 3., nochmals durchgesehene Auflage Marburg: Metropolis, 2004

Heinsohn, G./Steiger, O. (1999a) «Theorie der Eigentumsrechte und die real bills fallacy: Antworten auf unsere Kritiker», in: K. Betz, T. Roy, Hg.,

Privateigentum und Geld: Kontroversen um den Ansatz von Heinsohn und Steiger, Marburg: Metropolis, S. 311-339

Heinsohn, G./Steiger, O. (1999b), «Theorie der Eigentumsrechte und die real bills fallacy: Schlußbemerkung», in: K. Betz, T. Roy, Hg., *Privateigentum und Geld: Kontroversen um den Ansatz von Heinsohn und Steiger*, Marburg: Metropolis, S. 353-358

Heinsohn, G./Steiger, O. (2000a), «The Property Theory of Interest and Money», in: J. Smithin, Hg., *What Is Money?*, London: Routledge, S. 67-100; korrigierter und aktualisierter Reprint in: G.M. Hodgson, Hg., *Recent Developments in Institutional Economics*, Cheltenham, UK und Northampton, MA: Edward Elgar, 2003, S. 484-517

Heinsohn, G./Steiger, O. (2000b), «Warum eine Zentralbank nicht über ihr Geld verfügen kann», in: *Ethik und Sozialwissenschaften*, Band 11, Nr. 4, Dezember, Sp. 516 a–519 a

Heinsohn, G./Steiger, O. (2000c), «Aktien – das Geld der Unternehmen? Oder: Warum man mit ‹Aktiengeld› so billig bezahlen kann», in: R. Vielhaber, Hg., *Die besten Anlagen 2001! Das Fuchs-Jahrbuch für Kapitalanleger*, Berlin: Verlag Fuchsbriefe, S. 135-142

Heinsohn, G./Steiger, O. (2000d), «Geldnote, Anleihe und Aktie: Gemeinsamkeiten und Unterschiede dreier Wertpapiere», in: *IKSF Discussion Papers* (Universität Bremen), Nr. 22, September

Heinsohn, G./Steiger, O. (2001), «Property Titles as the Clue to a Successful Transformation», in: H.-J. Stadermann, O. Steiger, Hg., *Eigentum, Freiheit und Haftung in der Geldwirtschaft*, Marburg: Metropolis, S. 203-220

Heinsohn, G./Steiger, O. (2002a), *Eigentumstheorie des Wirtschaftens versus Wirtschaftstheorie ohne Eigentum: Ergänzungsband zur Neuauflage von «Eigentum, Zins und Geld»*, Marburg: Metropolis

Heinsohn, G./Steiger, O. (2002b), «The Eurosystem and the Art of Central Banking», in: *Studi economici* (Universität Neapel), Nr. 76 (2002/1), S. 5-30

Heinsohn, G./Steiger, O. (2003), «Crash und Deflation: Zum Verständnis der aktuellen Wirtschaftslage in Deutschland und der Welt», geschrieben für: *Frühjahrstagung des Malik Management Zentrum St. Gallen (MZSG)*, März, mimeo.

Heinsohn, G./Steiger, O. (2005), «Alternative Theories of the Rate of Interest: A Reconsideration», in: G. Fontana, R. Realfonzo, Hg., *The Monetary Theory of Production: Tradition and Perspectives (Essays Dedicated to and in Honour of Augusto Graziani)*, London und New York: Palgrave Macmillan, S. 67-81

Heinsohn, G./Steiger, O. (2006a), «The European Central Bank and the Eurosystem: An Analysis of the Missing Central Monetary Institution in European Monetary Union», in: D. Ehrig, O. Steiger, Hg., *The Euro, the Eurosystem and European Economic and Monetary Union*, Münster und Hamburg: LIT-Verlag,

Heinsohn, G./Steiger, O. (2006b), «Interest and Money: the Property Explanation», in: P. Arestis, M.C. Sawyer, Hg., *A Handbook of Alternative Monetary Economics*, Cheltenham, UK und Northampton, MA: Edward Elgar, Kapitel 30

Heinsohn, G./Steiger, O. (2008), «Collateral and Own Capital – the Missing Links in the Theory of the Rate of Interest and Money», in: O. Steiger (ed.), *Property Economics: Property Rights, Creditor's Money and the Foundations of the Economy*, Marburg: Metropolis

Heinsohn, G./Steiger, O. (2009), *Property, Interest and Money: Foundations of Economic Theory*, London: Routledge, in Vorbereitung

Heinsohn, U. (2001), «Eigentum und Entwicklung: Zum Zusammenhang zwischen Entwicklung und traditioneller sowie neuer Eigentumslosigkeit», in: H.-J. Stadermann, O. Steiger, Hg., *Eigentum, Freiheit und Haftung in der Geldwirtschaft*, Marburg: Metropolis, S. 295-335

Heinsohn, U. (2008), «What Is Economic Development?», in: O. Steiger, Hg., *Property Economics: Property Rights, Creditor's Money and the Foundations of the Economy*, Marburg: Metropolis

Herr, H. (1999), «Die Rolle des Eigentums im Transformationsprozeß von der Plan- zur Geldwirtschaft», in: K. Betz, T. Roy, Hg., *Privateigentum und Geld: Kontroversen um den Ansatz von Heinsohn und Steiger*, Marburg: Metropolis, S. 177-199

Hicks, J. (1965), *Capital and Growth*, Oxford: Clarendon Press

Hicks, J. (1980-1981), «IS-LM: An Explanation», in: *Journal of Post Keynesian Economics*, vol. 3, pp. 139-154

Hicks, J. (1989), *A Market Theory of Money*, Oxford: Clarendon Press

Hofmann, W. (1964), *Sozialökonomische Studientexte – Band 1: Wert- und Preislehre*, Berlin: Duncker & Humblot

Horwich, G. (1997), «Loanable-Funds Doctrine», in: D. Glass, Hg., *Business Cycles and Depressions: An Encyclopedia*, New York: Garland, S. 400-404

Humphrey, T.M./Keleher, R.E. (1984), «The Lender of Last Resort: A Historical Perspective», in: C.A.E. Goodhart, G. Illing, Hg., *Financial Crises, Contagion, and the Lender of Last Resort*, Oxford: Oxford University Press, 2002, S. 73-108

Hutzler, C./Lawrence, S. (2003), «Migrants in China Get New Rights: Rural Residents May Seek City Jobs as Directive Ends Past Employment Barriers», in: *The Wall Street Journal Europe*, 20. Januar, S. A2

ILD (2003), *From Dead Capital to Live Capital: The Difference between the ILD and Other Organizations Who Say They Know How to Do the Same Thing*, Lima: Instituto Democracia y Libertad (ILD), April, mimeo.

ILO (2001), *Collateral, Collateral Law and Collateral Substitutes*, erstellt von B. Balkenhol und H. Schütte, Genf: International Labour Office (ILO), Employment Sector: Social Finance Program, Working Paper no. 26

Illig, H. (1996), «Besitz und Eigentum: Eine Heinsohn-Steiger-Rezension», in: *Zeitensprünge*, Band 7, Nr. 3, September, S. 548

IMF (2005), «IMF Executive Board Concludes 2005 Article IV Consultation with Argentina», *Public Information Notice (PIN)* des International Monetary Fund (IMF), Nr. 05/83, 30. Juni

Immobilia (2004), «Residential: Enjoying the View, Permits Aside», in: *Lokale Immobilia* (Warsaw Business Journal's Biweekly Supplement on Real Estate, Construction and Development), 10. Mai, S. L 1

Israel, J.I. (1989), *Dutch Primacy in World Trade 1585-1740*, Oxford: Clarendon Press

Jaffee, D./Stiglitz, J. (1992), «Credit Rationing», in: B.M. Friedman, F.H. Hahn, Hg., *Handbook of Monetary Economics*, Amsterdam *et al.*: North-Holland, Band II, S. 837-888

Jao, Y.C., «Hongkong: Monetary and Financial System», in: *The New Palgrave Dictionary of Money and Finance*, 1992, Band 2, Sp. 314a-316b

Jonas, J. (2002), «Argentina: The Anatomy of a Crisis», *ZEI Working Paper* (Universität Bonn), Nr. B 12/2002

Kanatas, G. (1992), «Collateral», in: *The New Palgrave Dictionary of Money and Finance*, London: Macmillan, Band 1, Sp. 381a-383a

Kaps, C. (2005), «Länderbericht: Slowenien – Im Euro-Fieber», in: *Frankfurter Allgemeine Zeitung*, Nr. 230 vom 4. Oktober, S. 18

Keynes, J.M., «Inflation» (1919), in: *The Collected Writings of John Maynard Keynes. Vol. IX: Essays in Persuasion* (1931), London: Macmillan, 1972, S. 57-58

Keynes, J.M. (1930), *A Treatise on Money. Vol. 1: The Pure Theory of Money*, in: *The Collected Writings of John Maynard Kenyes. Vol. V*, London: Macmillan, 1971

Keynes, J. M. (1933), «A Monetary Theory of Production», in: G. Clausing, Hg., *Der Stand und die nächste Zukunft der Konjunkturforschung: Festschrift für Arthur Spiethoff zum 60. Geburtstag,* München: Duncker & Humblot, S. 123-125

Keynes, J. M. (1934), «The Propensity to Invest», in: *The Collected Writings of John Maynard Keynes. Vol. XIII: The General Theory and After. Part I: Preparation*, London: Macmillan, 1973, S. 450-456

Keynes, J.M. (1936), *The General Theory of Employment, Interest and Money*, London: Macmillan

Klein, M. *et al.* (2005), *Doing Business in 2005: Obstacles to Growth*, Washington DC: The World Bank und Oxford: Oxford University Press

Knapp, G.F. (1905), *Staatliche Theorie des Geldes*, München und Leipzig: Duncker & Humblot, 1923[4]

Köllmann, C. (1999a), «Die Theorie der Eigentumswirtschaft: Methodologische Anmerkungen zu Heinsohns und Steigers ‹Theorierevolution› », in: K. Betz, T. Roy, Hg., *Privateigentum und Geld: Kontroversen um den Ansatz von Heinsohn und Steiger*, Marburg: Metropolis, S. 251-181

Köllmann, C. (1999b), «Anmerkungen zu den Kritiken von Elke Muchlinski bzw. von Gunnar Heinsohn und Otto Steiger», in: K. Betz, T. Roy, Hg., *Privateigentum und Geld: Kontroversen um den Ansatz von Heinsohn und Steiger*, Marburg: Metropolis, S. 341-352

Köllmann, C. (1999c), «Definitionen des Geldes: Eine Kritik des Essentialismus in der Geldtheorie», in: H.-J. Stadermann, O. Steiger, Hg., *Herausforderung der Geldwirtschaft: Theorie und Praxis währungspolitischer Ereignisse*, Marburg: Metropolis, S. 107-129

Krüger, M. (1996), «Unwissende Ökonomen? Der Versuch einer neuen Volkswirtschaftslehre», in: *Handelsblatt/Der Tagesspiegel*, Literaturbeilage zur Frankfurter Buchmesse 1996, 2.-3. Oktober, S. 13

Krugman, P.R. (1998), «Japan's Trap», in: *web.mit.edu/krugman/www*, Mai (letzter Besuch: 22. August 2005)

Krugman, P.R./Obstfeld, M. (2003), *International Economics: Theory and Policy – Sixth Edition*, Boston, *et al.*: Addison Wesley

Lankow, A. (2003), «Farmers One and All», in: *The Korea Times*, 26. Juni (http://times.hankooki.com)

Läufer, N.K.A. (1998), *The Heinsohn-Steiger Confusion on Interest, Money and Property*, Universität Konstanz: Fachbereich Wirtschaftswissenschaften, 26. Juni, mimeo.

Laum, B. (1965), *Viehleihe und Viehkapital in den asiatisch-afrikanischen Hirtenkulturen*, Tübingen: J.C.B. Mohr

Leahy, J. (2000): «Indonesia to Recapitalise Central Bank after Audit Raises ‹Bankruptcy› Fears», in: *Financial Times*, 1. Januar, S. 26

Leemans, W.F. (1960), *Foreign Trade in the Old-Babylonian Period as Revealed by Texts from Southern Mesopotamia*, Leiden: Studia et Documenta ad iura orientis antiqui pertinentia VI

Lehmbecker, P. (2005), «On the Effect of the Quality of Eligible Collateral on Price Stability: An Empirical Analysis», in: *IKSF Discussion Papers* (Universität Bremen), Nr. 33, Juli

Lerrick, A. (2001), «A Way Out for Japan: A Solution to the Problems Facing the World's Second Largest Economy that Will not Break Its Central Bank», in: *Financial Times*, 1. Mai, S. 13

Libecap, G.D. (1998), «Common Property», in: *The New Palgrave Dictionary of Economics and the Law*, London: Macmillan, Band 1, Sp. 317b-324a

Locke, J. (1690a), «An Essay Concerning the True Original, Extent, and End of Civil Government» [The Second Treatise of Government], in: J. Locke, *Two Treatises of Government*, hgg. von P. Laslett, Cambridge: Cambridge University Press, 1967[2], S. 283-446

Locke, J. (1690b), *Über die Regierung*, Reinbek bei Hamburg: Rowohlt, 1966

Loong, L.H. (2005), «Transcript of Prime Minister Lee Hsien Loong's Speech at National Day Rally 2005 on 21 August 2005 at NUS University Cultural Centre», in: *http://app.sprinter.gov.sg/data/pr/2005082102.htm*

Lueck, D. (2003), «First Possession as the Basis of Property», in: T.L. Anderson, F.S. McChesney, Hg., *Property Rights, Cooperation, Conflict, and Law*, Princeton: Princeton University Press, S. 200-226

Malinowski, B. (1921), «The Primitive Economics of the Trobriand Islanders», in: *The Economic Journal*, Band 31, März, S. 1-16

Malinowski, B. (1922a), *Argonauts of the Western Pacific: An Account of Native Enterprise and Adventure in the Archipelagos of Melanesian New Guinea*, Long Grove, Ill.: Waveland Press, 1984

Malinowski, B. (1922b) *Argonauten des westlichen Pazifik: Ein Bericht über Unternehmungen und Abenteuer der Eingeborenen in den Inselwelten von Melanesisch-Neuguinea*, Frankfurt am Main: Syndikat, 1979

Malinowski, B. (1935a), *Coral Gardens and Their Magic – Vol. I: Soil-Tilling and Agriculture Rights in the Trobriand Islands*, London: Allen & Unwin, 1966

Malinowski, B. (1935b) *Korallengärten und ihre Magie: Bodenbestellung und ihre bäuerlichen Riten auf den Trobriander.Inseln*, Frankfurt am Main: Syndikat, 1981

Mandelbrot, B.B./Hudson, R.L (2004), *The (Mis)Behaviour of Markets: A Fractal View of Risk, Ruin and Reward*, London: Profile Books

Mandelbrot, B.B./Hudson, R.L. (2005), *Fraktale und Finanzen: Märkte zwischen Risiko, Rendite und Ruin* (2004), München: Piper

Martin, P.C. (2008), «Power, the State and the Institution of Property», in: O. Steiger, Hg., *Property Economics: Property Rights, Creditor's Money and the Foundations of the Economy*, Marburg: Metropolis

Marx, K. (1867), *Das Kapital: Kritik der politischen Ökonomie. Erster Band. Buch I: Der Produktionsprozeß des Kapitals* (1890[4]), in: *Karl Marx-Friedrich Engels-Werke*, Band 25, Berlin: Dietz, 1969

McGregor, R. (2002), «Shanghai's Property Boom: ‹The Housing Market Is the Most Powerful Means to Transform Society and Politics in China›», in: *Financial Times*, 13. November, S. 13

McIntosh, C./Wydick, B. (2005), «Competition and Microfinance», in: *Journal of Development Economics*, Band 78, Nr. 2, Dezember, S. 271-298

Ménard, C./Shirley, M.M. (2005), «Introduction», in: C. Ménard, M.M. Shirley, Hg., *Handbook of New Institutional Economics*, Dordrecht *et al.*: Springer, S. 1-18

Merrill Lynch/Cap Gemini/Ernst & Young (2002), *World Wealth Report*, o.O.

Mill, J.S. (1848), *Principles of Political Economy with Some of Their Applications to Social Philosophy*, hgg. nach der 7. Auflage (1871) von W. Ashley, London: Longmans, Green & Co., 1909; Reprint Fairfield, NJ: A.M. Kelley, 1976

Minsky, H.P. (1975), *John Maynard Keynes*, New York: Columbia University Press

Mishkin, F.S. (2000), *The Economics of Money, Banking, and Financial Markets: Sixth Edition*, Boston, *et al.*: Addison Wesley

Moore, B.J. (1988), *Horizontalists and Verticalists: The Macroeconomics of Credit Money*, Cambridge, U.K., *et al.*: Cambridge University Press

Niemitz, H.-U. (2000), «Das Konzept ‹Eigentum› und seine Rolle in der Diskussion um Chronologie, Evolutionismus, Ethik, Recht und Gesellschaftsvertrag», in: *Zeitensprünge*, Band 12, Nr. 2, Juni, S. 318-338

Niemitz, H.-U. (2008), «Understanding the Difference Between Moral Standards and Ethics», in: O. Steiger, Hg., *Property Economics: Property Rights, Creditor's Money and the Foundations of the Economy*, Marburg: Metropolis

North, D.C. und R.P. Thomas (1973), *The Rise of the Western World: A New Economic History*, Cambridge: Cambridge University Press

Odrich, B. (2001), «Wo auch der Nullzins nicht mehr hilft: Japans Wachstumsschwäche», in: *Frankfurter Allgemeine Zeitung*, Nr. 47 vom 24. Februar, S. 13

Österreich-Lexikon (2005), «Bauernbefreiung», in *aeiou: http://www.aeiou.at/aeiou.encyclop.b/b165254.htm* (letzter Besuch: 21. September)

Parguez, A./Seccareccia, M. (2000), «The Credit Theory of Money: The Monetary Circuit Approach», in: J. Smithin, Hg., *What Is Money?*, London: Routledge, S. 101-123

Patinkin, D. (1965), *Money, Interest, and Prices* (1956), 2. Auflage, New York: Harper & Row

Payandeh, M. (2004), *Konstitution und Erosion der sowjetischen Planungsökonomie und weitere Perspektiven des postsowjetischen Raums aus Sicht der Theorie der Eigentumswirtschaft*, Dissertation an der Universität Bremen, Juni

Pesek, B.P./Saving, T.R. (1967), *Money, Wealth, and Economic Theory*, New York und London: Macmillan

Pipes, R. (1999), *Property and Freedom*, New York: Alfred A. Knopf und London: The Harvill Press

Pipes, R. (2008), «Russian Patrimonimalism and Its Political Consequences», in: O. Steiger, Hg., *Property Economics: Property Rights, Creditor's Money and the Foundations of the Economy*, Marburg: Metropolis

Pistor, K. (1998), «Transfer of Property Rights in Eastern Europe», in: *The New Palgrave Dictionary of Economics and the Law*, London: Macmillan, Band 3, Sp. 697a-612b

Polanyi, K. (1944a), *The Great Transformation*, Boston: Beacon Press, 1957

Polanyi, K. (1944b), *The Great Transformation: Politische und Ökonomische Ursprünge von Gesellschaften und Wirtschaftssystemen*, Frankfurt am Main: Suhrkamp, 1978

Polanyi, K. (1957), «The Economy as Instituted Process», in: K. Polanyi, C. Arensberg, H. Pearson, Hg., *Trade and Markets in the Early Empires: Economies in History and Theory*, Glencoe, Ill.: Free Press, S. 243-269

Polanyi, K. (1977), *The Livelihood of Man*, hgg. von H. W. Pearson, New York *et al.*: Academic Press

Pryor, F.L. (1977), *The Origins of the Economy: A Comparative Study of Distribution in Primitive and Peasant Economies*, New York und London: Academic Press

Pwe./Tp. (2005), «ECB verhindert unerlaubten Kredit der Banca d'Italia: Italien plante eine verbotene Finanzierung des Staates durch die Notenbank», in: *Frankfurter Allgemeine Zeitung*, Nr. 185, 11. August, S. 10

Radelet, S./Clemens, M./Bhavnani, R. (2005), «Aid and Growth: New Evidence Shows that Aid Flows Aimed at Growth Have Produced Results», in: *Finance and Development*, Bd. 42, Nr. 3, September, S. 16-20

Ricardo, D. (1817), *On the Principles of Political Economy and Taxation* (1821^3), in: P. Sraffa, Hg., *The Works and Correspondence of David Ricardo*, Cambridge: Cambridge University Press, 1951, Band I

Richter, R. (2000), *Geldtheorie: Vorlesung auf der Grundlage der Allgemeinen Gleichgewichtstheorie und der Institutionenökonomik* (1987), 2., erweiterte Auflage, Berlin und Heidelberg: Springer

Riese, H. (1983), «Gunnar Heinsohn und die ökonomische Theorie», in: *Leviathan*, Band 13, Nr. 1, S. 70-87

Riese, H. (1993), «Bagehot versus Goodhart: Warum eine Zentralbank Geschäftsbanken braucht», in: H. Riese, *Grundlegungen eines monetären Keynesianismus: Ausgewählte Schriften 1964-1999 – Band 1: Das Projekt eines monetären Keynesianismus*, Marburg: Metropolis, 2001, S. 401-468

Riese, H. (1999), «Eigentum, Zins und Geld: Die Apokryphen des Gunnar Heinsohn und Otto Steiger», in: K. Betz, T. Roy, Hg., *Privateigentum und Geld: Kontroversen um den Ansatz von Heinsohn und Steiger*, Marburg: Metropolis, S. 145-155

Riese, H. (2000a), «Geld – die unverstandene Kategorie der Nationalökonomie», in: *Ethik und Sozialwissenschaften*, Band 11, Nr. 4, Dezember, Sp. 487 a–498 a

Riese, H. (2000b), «Replik: Anmerkungen und Antworten», in: *Ethik und Sozialwissenschaften*, Band 11, Nr. 4, Dezember, Sp. 544a–554b

Riese, H. (2001), «Answer to Otto Steiger on the Monetary Explanation of the Rate of Interest», in: *Conference on Monetary Policy in a World with Endogenous Money and Global Capital*, veranstaltet von V. Chick, Freie Universität Berlin, 23.-25. März

Riese, H. (2006 [2001]), «Money and Wealth in a Monetary Economy: Theoretical Foundation and Macro Policy Implication», in: V. Chick, Hg., *The Challenge of Endogenous Money: Theory and Policy*, London und New York: Palgrave Macmillan, im Erscheinen (Vortrag auf der «Conference on Monetary Policy in a World with Endogenous Money and Global Capital», Freie Universität Berlin, 23.-25. März 2001, mimeo.)

Robertson, D.H. (1940), «Mr Keynes and the Rate of Interest», in: Ders., *Essays in Monetary Theory*, London: P.S. King, S. 1-39

Rojas, M. (2002), *The Sorrows of Carmencita: Argentina's Crisis in a Historical Perspective*, Timbro (Schweden): Timbro Förlag

Roy, T. (1999), «Eigentum, Besitz und die *regulation by panic* in der Theorie von Heinsohn und Steiger». in: K. Betz, T. Roy, Hg., *Privateigentum und Geld: Kontroversen um den Ansatz von Heinsohn und Steiger*, Marburg: Metropolis, S. 157-175

Sachs, J. (1993), *Poland's Jump to the Market Economy*, Cambridge, MA: MIT Press

Sachs, J. *et al.* (2005a), *Investing in Development: A Practical Plan to Achieve the Millennium Development Goals (UN Millennium Project)*. London und Sterling, VA: Earthscan

Sachs, J. (2005b), *The End of Poverty: Economic Possibilities for Our Time*, New York: The Earth Institute at Columbia University

Sachs, J. (2005c), *Das Ende der Armut: Ein ökonomisches Programm für eine gerechtere Welt*, München: Siedler

Sahlins, M. (1974), *Stone Age Economics*, London: Tavistock Publications; Reprint London: Routledge, 2004

Schoenmaker D. (2000), «What Kind of Financial Stability for Europe? », in: C.A.E Goodhart, Hg., *Which Lender of Last Resort for Europe?*, London: Central Banking Publications, S. 213-223

Schumpeter, J. (1926), *Theorie der wirtschaftlichen Entwicklung: Eine Untersuchung über Unternehmergewinn, Kapital, Kredit, Zins und den Konjunkturzyklus* (1911); München und Leipzig: Duncker & Humblot, 2., erweiterte Auflage

Schwartz, A. J. (2002), «Earmarks of a Lender of Last Resort», in: in: C.A.E. Goodhart, G. Illing, Hg., *Financial Crises, Contagion, and the Lender of Last Resort*, Oxford: Oxford University Press, 2002, S. 449-460

Shiraishi, K. (2003), *Budget Deficit and Fiscal Discipline: Budget Reform in US and Japan*, Tokio: Mitsubishi Research Institute: Research Center for Policy and Economy, 19. Februar

Siddiqi, B. (2005), «Picture This – Aiding Development: Tracking the Flows», in: *Finance and Development*, Bd. 42, Nr. 3, September, S. 14 f.

Skaist, A. (1994), *The Old Babylonian Loan Contract: Its History and Geography*, Ramat Gan: Bar-Ilan University Press

Smith, A. (1776), *An Inquiry into the Nature and Causes of the Wealth of Nations* (1790[4]), hgg. von E. Cannan 1904, New York: Modern Library, 1937.

Soto, H. de (2000), *The Mystery of Capital: Why Capitalism Triumphs in the West and Fails Everywhere Else*, London, *et al.*: Bantam Press

Soto, H. de (2002), *Freiheit für das Kapital: Warum der Kapitalismus nicht weltweit funktioniert* (2000), Berlin: Rowohlt Berlin

Soto, H. de (2008), «Dead Capital, Fluid Capital and Money», in: O. Steiger, Hg., *Property Economics: Property Rights, Creditor's Money and the Foundations of the Economy*, Marburg: Metropolis

Spahn, H.-P. (1998), Besprechung von «Heinsohn, G., O. Steiger, Eigentum, Zins und Geld – Ungelöste Rätsel der Wirtschaftswissenschaft. Reinbek (Rowohlt), 544 S.», in: *Jahrbücher für Nationalökonomie und Statistik*, Band 217, Nr. 2, S. 387-390

Spahn, H.-P. (1999), «Geldwirtschaft: Eine wirtschafts- und theoriegeschichtliche Annäherung», in: *Diskussionsbeiträge aus dem Institut für Volkswirtschaftslehre der Universität Hohenheim*, Nr. 181, September

Spahn, H.-P. (2001), *From Gold to Euro: On Monetary Theory and the History of Currency Systems*, Berlin und Heidelberg: Springer

Spethmann, D./Steiger, O. (2005), «The Four Achilles' Heels of the Eurosystem: Missing Central Monetary Institutionen, Different Real Rates of Interest, Nonmarketable Securities, and Missing Lender of Last Resort», in: *International Journal of Political Economy*, Band 34, Nr. 2, Sommer 2004 (gedruckt Sommer 2005), S. 46-68

Stadermann, H.-J. (1992), *Wirtschaftspolitik: Grundlagen nationalökonomischen Handelns in einer monetärgesteuerten Weltwirtschaft*, Tübingen: J.C.B. Mohr (P. Siebeck)

Stadermann, H.-J. (1994a), *Die Fesselung des Midas: Eine Untersuchung über den Aufstieg und Verfall der Zentralbankkunst*, Tübingen: J.C.B. Mohr (P. Siebeck)

Stadermann, H.-J. (1994b), *Geldwirtschaft und Geldpolitik: Einführung in die Grundlagen*, Wiesbaden: Gabler

Stadermann, H.-J. (1999), «Wesentliche Eigenschaften der Währung und des Geldes: Eine Differenzierung der Währungsemissionen von Staatsbanken und Zentralbanken», in: K. Betz, T. Roy, Hg., *Privateigentum und Geld: Kontroversen um den Ansatz von Heinsohn und Steiger*, Marburg: Metropolis, S. 73-98

Stadermann, H.-J. (2000), «Aus Nichts wird nichts», in: *Ethik und Sozialwissenschaften*, Band 11, Nr. 4, Dezember, Sp. 534 b–537 b

Stadermann, H.-J. (2002), *Das Geld der Ökonomen: Ein Versuch über die Behandlung des Geldes in der Geldtheorie – Mit zwei Schriften David Ricardos im Anhang*, Tübingen: Mohr Siebeck

Stadermann, H.-J./Steiger, O. (2001), *Allgemeine Theorie der Wirtschaft – Erster Band: Schulökonomik*, Tübingen: Mohr Siebeck

Stadermann, H.-J./Steiger, O. (2006a), «James Steuart and the Theory of the Monetary Economy», in. J. Backhaus, Hg., *The Founders of Modern Economics: The Maastricht Lectures in Political Economy*, Cheltenham; UK und Northampton, MA: Edward Elgar

Stadermann, H.-J./Steiger, O (2006b), «John Maynard Keynes and the Theory of the Monetary Economy», in: J. Backhaus, Hg., *The Founders of Modern Economics: The Maastricht Lectures in Political Economy*, Cheltenham; UK und Northampton, MA: Edward Elgar

Stange, H.O.H. (1960), «Die altamerikanischen Kulturen», in: *Ploetz-Auszug aus der Geschichte*, Würzburg: Ploetz, 26. Auflage, S. 706-710

Starr, C.G. (1977), *The Economic and Social Growth of Early Greece: 800-500 B.C.*, New York: Oxford University Press

Starr, C.G. (1982), «Economic and Social Conditions in the Greek World», in: *The Cambridge Ancient History. Second Edition. Volume III. Part 3: The Expansion of the Greek World, Eigth to Sixth Centuries B.C.*, Cambridge: Cambridge University Press, S. 417-441

Steiger, O. (2001), «Question to Hajo Riese on the Monetary Explanation of the Rate of Interest», in: *Conference on Monetary Policy in a World with Endogenous Money and Global Capital*, veranstaltet von V. Chick, Freie Universität Berlin, 23.-25. März

Steiger, O. (2002), «Der Staat als ‹Lender of Last Resort› – oder: Die Achillesferse des Eurosystems», in: I Barens, M. Pickardt, Hg., *Die Rolle des Staates in der Ökonomie – Finanzwissenschaftliche Perspektiven: Festschrift für Otto Roloff zum 65. Geburtstag*, Marburg: Metropolis, S. 51-84

Steiger, O. (2005a), «Eigentum und Recht und Freiheit: Eine Triade und 66 Thesen», in: W. Krieg, K. Galler, P. Stadelmann, Hg., *Richtiges und gutes Management: vom System zur Praxis – Festschrift für Fredmund Malik*, Bern: Haupt, S. 153-178

Steiger, O. (2005b), «Schuldnergeld: Der wunde Punkt in der keynesianische Staatstheorie des Geldes», in: G. Huber, H. Krämer, H.D. Kurz, Hg., *Einkommensverteilung, technischer Fortschritt und struktureller Wandel: Festschrift für Peter Kalmbach*, Marburg: Metropolis, S. 169-188

Steiger, O. (2006a), «Property Economics *versus* New Institutional Economics: Alternative Foundations of How to Trigger Economic Development», in: *Journal of Economic Issues*, Band 40, Nr. 1, März

Steiger, O. (2006b), «The Endogeneity of Money and the Eurosystem: A Contribution to the Theory of Central Banking», in: M. Setterfield, Hg., *Complexity, Endogenous Money and Macoeconomic Theory: Essays in Honor of Basil Moore*, Cheltenham, UK und Northampton, MA: Edward Elgar

Steiger, O. (2006c), «Hernando de Soto, ‹El otro sendero: La revolución informal› (1986)», in: D.Herz, Hg., *Das Lexikon der ökonomischen Werke: 700 Autoren und ihre impulsgebenden Schriften*, Düsseldorf: Verlag Wirtschaft und Finanzen

Steiger, O. (2006d), «Tom Bethell, ‹The Noblest Triumph: Property and Prosperity through the Ages› (1998)», in: D.Herz, Hg., *Das Lexikon der ökonomischen Werke: 700 Autoren und ihre impulsgebenden Schriften*, Düsseldorf: Verlag Wirtschaft und Finanzen

Steiger, O. (2006e), «Richard Pipes, ‹Property and Freedom› (1999)», in: D.Herz, Hg., *Das Lexikon der ökonomischen Werke: 700 Autoren und ihre impulsgebenden Schriften*, Düsseldorf: Verlag Wirtschaft und Finanzen

Steiger, O. (2006f [2004]), «Which Lender of Last Resort for the Eurosystem?», in: V. Chick, Hg., *The Challenge of Endogenous Money: Theory and Policy*, London und New York: Palgrave Macmillan, im Erscheinen (Vortrag auf der «Conference on Monetary Policy in a World with Endogenous Money and Global Capital», Freie Universität Berlin, 23.-25. März 2001; Vorabpublikation als *ZEI Working Paper* [Universität Bonn], Nr. B04-23, September 2004)

Steiger, O. (2006g), «Hernando de Soto, ‹The Myth of Capital: Why Capitalism Triumphs in the West and Fails Everywhere Else› (2000)», in: D.Herz, Hg., *Das Lexikon der ökonomischen Werke: 700 Autoren und ihre impulsgebenden Schriften*, Düsseldorf: Verlag Wirtschaft und Finanzen

Steiger, O. (2008a), Hg., *Property Economics: Property Rights, Creditor's Money and the Foundations of the Economy*, Marburg: Metropolis

Steiger, O. (2008b), «The Fundamental Flaw in New Institutional Economics: The Missing Distinction between Possession and Prosperity», in: O. Steiger, Hg., *Property Economics: Property Rights, Creditor's Money and the Foundations of the Economy*, Marburg: Metropolis

Steiger, O. (2008c), *Property Rights and Economic Development: Two Views*, Marburg: Metropolis

Stella, P. (1997), «Do Central Banks Need Capital?», *IMF Working Paper* (International Monetary Fund), Nr. 83

Steppacher, R. (1999), «Institutionelle Rahmenbedingungen: Eigentumsordnung und Märkte», in: H. Bieri, P. Moser, R. Steppacher, *Die Landwirtschaft als Chance einer zukunftsfähigen Schweiz oder Dauerproblem auf dem Weg zur vollständigen Ernährung?*, Zürich: Schweizer Vereinigung Industrie und Landwirtschaft (SIL), Schrift Nr. 135, S. 21-34

Steppacher, R. (2008), «Property, Mineral Resources and Sustainable Development», in: O. Steiger, Hg., *Property Economics: Property Rights, Creditor's Money and the Foundations of the Economy*, Marburg: Metropolis

Striegel, B. (2005a), *Über das Geld: Geschichte und Zukunft des Wirtschaftens* (2004), 2. Auflage Lütjenburg: Verlag für Sozialökonomie, 603 S.

Striegel, B. (2005b), «Was ist Geld und woher kommt der Zins? – Eine Eigentumstheorie des Geldes», in: *Zeitschrift für Sozialökonomie*, Band 42, Nr. 146, September, S. 24-33

Steuart, J. (1761), *A Dissertation upon the Doctrine and Principles of Money, Applied to the German Coin*, in: *The Works, Political, Metaphysical, and Chronological, of the Late Sir James Steuart*, London: D.T. Cadell & W. Davies, 1805; Reprint New York: A.M. Kelley, 1967, Band 5, S. 171-265

Steuart, J. (1767), *An Inquiry into the Principles of Political Oeconomy: Being an Essay on the Science of Domestic Policy in Free Nations*, London: A Millar & T. Cadell. Reprint Düsseldorf: Verlag Wirtschaft und Finanzen, 1993, Bände I und II

Stevenson, R.W. (1993), «Poles Forge Private Bank System: Experience Is Scant, Save for Bad Loans», in: *The New York Times*, 23. Februar 1993, S. 17

Stiglitz, J.E. (2008), «The Way Out. How The Financial Crisis Happened, and How It Must Be Fixed», in: *Time*, October 27, S. 32 ff.

Stiglitz, J.E./Greenwald, B. (2003), *Towards a New Paradigm in Monetary Economics*, Cambridge: Cambridge University Press

Stiglitz, J.E./Weiss, A. (1981), «Credit Rationing in Markets with Imperfect Information», in: *The American Economic Review*, Band 73, S. 393-410

Svejnar, J. (2002), «Transition Economies: Performance and Challenges», in: *Journal of Economic Perspectives*, Band 16, Nr. 1, S. 3-28

Tett, G. (2001), «Japan Banks Refuse Funds from Bank of Japan: More Aggresive Methods May Now be Needed to Maintain Loose Monetary Policy and Limit Deflation», in: *Financial Times*, 10. Mai, S. 4

Theil, W. (2000), «Bürgerliches Recht, Geld und zinsinduzierte Geldknappheit: Ein Beitrag zur Heinsohn/Steiger-Riese-Kontroverse», in: *IKSF Discussion Papers* (Universität Bremen), Nr. 21, März

Theil, W. (2001), «Eigentum und Verpflichtung: Einige juristische Aspekte», in: H.-J. Stadermann, O. Steiger, Hg., *Verpflichtungsökonomik: Eigentum, Freiheit und Haftung in der Geldwirtschaft*, Marburg: Metropolis, S. 175-200

Thornton, H. (1802), *An Enquiry into the Nature and Effects of the Paper Credit of Great Britain*, hgg. von F.A. Hayek, London: G. Allen & Unwin, 1939; Reprint New York: A.M. Kelley, 1978

Thurnwald, R. (1932), *Economics in Primitive Communities*, London: Oxford University Press & International African Institute

Timberlake Jr., R.H. (1984), «The Central Banking Role of Clearing House Associations», in: C.A.E. Goodhart, G. Illing, Hg., *Financial Crises, Contagion, and the Lender of Last Resort: A Reader*, Oxford: Oxford University Press, 2002, S. 127-141

Tinbergen, J. (1969), «The Use of Models: Experience and Prospects – Lecture to the Memory of Alfred Nobel, December 12, 1969», in: *http:// nobelprize.org/economics/laureates/1969/tinbergen-lecture.html* (letzter Besuch: 4. Oktober 2005)

Tobin, J. (1963), «Commercial Banks as Creators of ‹Money› », in: D. Carson, Hg., *Banking and Monetary Studies*, Homewood, IL: Richard D. Irwin, S. 408-419

Varmaz, A. (2005), «Effizienzanalyse deutscher Banken unter Einsatz der Data Envelopment Analysis», Vortrag auf der *International Scientific Annual Conference Operations Research 2005*, Universität Bremen, 7.-9. September

Willers, H. (1909), *Geschichte der Römischen Kupferprägung: Vom Bundesgenossenkrieg bis auf Kaiser Claudius – nebst einleitendem Überblick über die Entwicklung des antiken Münzwesens*, Leipzig: Teubner

Woodford, M. (2003), *Interest and Prices: Foundations of a Theory of Monetary Policy*, Princeton: Princeton University Press

World Bank (1975), *Land Reform: Sector Policy Paper*, Washington, DC: The World Bank

Wray, L.R. (1998), *Understanding Modern Money: The Key to Full Employment and Price Stability*, Cheltenham, UK und Northampton, MA: Edward Elgar

Wray, L.R. (2000), «Modern Money», in: J. Smithin, Hg., *What Is Money?*, London: Routledge, S. 42-66

Zehnder, A.J. (2005), «Immobilienbrief: Falsche Signale», in: *Frankfurter Allgemeine Zeitung*, Nr. 239 vom 14. Oktober, S. 49

Debattenverzeichnis: Kritik und Weiterentwicklung von «*Eigentum, Zins und Geld*» (1996-2006)

Aldenborg, U. (1999), «Ohne Eigentum kein Geld? Über die Bedeutung des Eigentums für den Aufbau des Geldmarktes in Slowenien», in: K. Betz, T. Roy, Hg., *Privateigentum und Geld: Kontroversen um den Ansatz von Heinsohn und Steiger*, Marburg: Metropolis, S. 201-220

Aldenborg, U. (2005), *Entwicklung und Transformation in der Logik der Eigentumsökonomik: Theorie und Praxis von Eigentum und genuiner Geldschaffung am Beispiel des Transformationsprozesses in Slowenien*, Dissertation an der Universität Bremen, August, 197 S.

Backhaus, J. (2000), «‹Property, Interest, and Money: Unresolved Puzzles in Economics›. By Gunnar Heinsohn und Otto Steiger, Reinbek bei Hamburg: Rowohlt, 1996, 544 pp.», in: *History of Political Economy*, Band 32, Nr. 1, Frühjahr 2000, S. 159 f.

Beaufort, J. (2001), «Abschied vom Tausch? Die Theorie der Eigentumsgesellschaft von Gunnar Heinsohn und Otto Steiger», in: *IKSF Discussion Papers* (Universität Bremen), Nr. 28, August, 14 S.

Beaufort, J. (2008), «The Property-Based Theory of the Economy? Some Philosophical Aspects», in: O. Steiger, Hg., *Property Economics: Property Rights, Creditor's Money and the Foundations of the Economy*, Marburg: Metropolis

Bethell, T. (2008), «Why Isn't the Whole World Developed? On Property in the Third World», in: O. Steiger, Hg., *Property Economics: Property Rights, Creditor's Money and the Foundations of the Economy*, Marburg: Metropolis

Betz, K./Roy, T., Hg. (1999), *Privateigentum und Geld: Kontroversen um den Ansatz von Heinsohn und Steiger*, Marburg: Metropolis, 359 S.

Betz, T. (2002), Besprechung von «Hans-Joachim Stadermann und Otto Steiger, ‹Allgemeine Theorie der Wirtschaft – Erster Band Schulökonomik›, 2001», in: *Zeitschrift für Sozialökonomie*, Band 39, Nr. 134, September, S. 31-34 / S. 31

Betz, T. (2003), Besprechung von «Gunnar Heinsohn und Otto Steiger, ‹Eigentum, Zins und Geld: Ungelöste Rätsel der Wirtschaftswissenschaft›, 2. Auflage 2002», in: *Zeitschrift für Sozialökonomie*, Band 40, Nr. 136, März, S. 27-30

Betz, T. (2005), «Besprechung von Bernd Striegel, ‹Über das Geld: Geschichte und Zukunft des Wirtschaftens›, 2005», in: *Zeitschrift für Sozialökonomie*, Band 42, Nr. 146, September, S. 42-45

Betz, T. (2008), «The Property Theories of Bethell, Pipes and de Soto – Similarities and Differences im Emphasis to the Approach of Heinsohn, Stadermann and Steiger», in: O. Steiger, Hg., *Property Economics: Property Rights, Creditor's Money and the Foundations of the Economy*, Marburg: Metropolis

Blue Planet Team Work (2004) «Problemfelder 4.2.1. Eigentum – Wirtschaftstheorien», in: *www.wissensnavigator.com* (letzter Besuch: 15. August 2005)

Braunberger, G. (1996), «Die Vision der Eigentumsgesellschaft: Zwei Bremer Wissenschaftler schreiben die Wirtschaftstheorie um», in: *Frankfurter Allgemeine Zeitung*, Nr. 269 vom 18. November, S. 16

Busch, U. (2003), Besprechung von (i) «Gunnar Heinsohn, Otto Steiger: ‹Eigentum, Zins und Geld: Ungelöste Rätsel der Wirtschaftswissenschaft›, zweite, durchgesehene Auflage 2002» und von (ii) «Dies.: ‹Eigentumstheorie des Wirtschaftens versus Wirtschaftstheorie ohne Eigentum›, 2002». in: *Utopie kreativ: Diskussion sozialistischer Alternativen* (Berlin), Nr. 147, Januar, S. 86-88

Cornand, C. (2008), «Liquidity Crises of Private Corporations in Emerging Economies and International Bancruptcy Rules», in: O. Steiger, Hg., *Property Economics: Property Rights, Creditor's Money and the Foundations of the Economy*, Marburg: Metropolis

Decker, F. (2005a), «Colonial Currency and Pastoral Expansion: Australia's Early Economic Development from a Property Economics Perspective», in: *IKSF Discussion Papers* (Universität Bremen), Nr. 34, Juli, 45 S.

Decker, F. (2005b), «The Lien on Wool and Stock Mortgage Legislation from a Property Economics Perspective», in: *Macquaire University Research Paper* (Macquaire University Sydney), November, 79 S.

Descovich, S. (1999), *La teoria proprietaria dell' economica di Gunnar Heinsohn e Otto Steiger*, Dissertation an der Universitá degli studi Ca' Foscari di Venezia, Juli, 122 S.

Duchrow, U. (2000), « ‹Eigentum verpflichtet› – zur Verschuldung anderer: Kritische Anmerkungen zur Eigentumstheorie von Gunnar Heinsohn und Otto Steiger aus biblisch-theologischer Perspektive», in: E. Kessler, E.

Loos, Hg., *Eigentum: Freiheit und Fluch – Ökonomische und biblische Einwürfe (Auseinandersetzung mit den Thesen von Gunnar Heinsohn und Otto Steiger)*, Gütersloh: Chr. Kaiser, S. 11-42

Edelmüller, W. (2000), «Geld und Finanz im modernen Kapitalismus», in: C. Gerschlager, I. Paul-Horn, Hg., *Gestaltung des Geldes*, Marburg: Metropolis, S. 141-178

Enghofer, S./Knospe, M. (2005), *Schulden, Geld und Zins*, Universität Bayreuth: Fachbereich Wirtschaftswissenschaften, Februar 2005, mimeo., 52 S.

Furtmayer, H. (2005), «Freiheit und Wettbewerb: Eine Kritik des (neo)liberalen Verständnisses zweier grundlegender Begriffe», in: *IKSF Discussion Papers* (Universität Bremen), Nr. 32, Januar, 102 S.

Gernalzick, N. (2000), *Kredit und Kultur: Ökonomie- und Geldbegriff bei Jaques Derrida und in der amerikanischen Literaturtheorie der Postmoderne*, Heidelberg: Winter, 289 S.

Goldschalk, H. (1996), «Eigentum, Zins und Geld – zum neuen Buch von Heinsohn/Steiger», in: *Zeitschrift für Sozialökonomie*, Band 33, Nr. 111, Dezember, S. 29-32

Graziani, A. (1997), Review of «G. Heinsohn and O. Steiger. ‹Eigentum, Zins und Geld. Ungelöste Rätsel der Wirtschaftswissenschaft›. Reinbek: Rowohlt, 1996. 544 pp.», in: *The European Journal of the History of Economic Thought*, Band 4, Nr. 1, Frühjahr, S. 158-160

Graziani, A. (2003), *The Monetary Theory of Production (Frederico Caffè Lectures)*, Cambrigde: Cambrigde University Press, 176 S. / S. 80 f.

Graziani, A. (2008), «Some Oberservations on Heinsohn and Steiger's ‹Property Theory of Interest and Money›», in: O. Steiger, Hg., *Property Economics: Property Rights, Creditor's Money and the Foundations of the Economy*, Marburg: Metropolis

Griethuysen, P. van (2002), *La contribution de l'économie évolutive dans la problématique du développement durable*, Dissertation an der Université de Gèneve, S. 271-288

Grünewald, R. (2001), «Fibel für Einsteiger in die Eigentumstheorie der Wirtschaft», in: *IKSF Discussion Papers* (Universität Bremen), Nr. 26, Universität Bremen, Mai, 98 S.

Haas, H. (2003), *Money Upside Down: A Paradigm Shift in Economics and Monetary Theory?*, Münster: LIT Verlag, 188 S.

Heering, W. (1999a), «Privateigentum, Vertrauen und Geld: Überlegungen zur Genese von Zahlungsmitteln in Marktökonomien *oder*: Wie man in Berlin, Bremen und anderswo über Geld denkt», in: K. Betz, T. Roy, Hg.,

Privateigentum und Geld: Kontroversen um den Ansatz von Heinsohn und Steiger, Marburg: Metropolis, S. 99-143

Heering, W. (1999b), «Replik auf die Replik von Gunnar Heinsohn und Otto Steiger», in: K. Betz, T. Roy, Hg., *Privateigentum und Geld: Kontroversen um den Ansatz von Heinsohn und Steiger*, Marburg: Metropolis, S. 331-339

Hein, E. (1997), «Gunnar Heinsohn/Otto Steiger: ‹Eigentum, Zins und Geld› – Rezension», in: *Berliner Debatte INITIAL*, Band 8, Nr. 6, S. 141-144

Heine, M./Herr, H. (1999), «Der Vermögensmarkt: Kritische Würdigung», in: Dies., *Volkswirtschaftslehre: Paradigmenorientierte Einführung in die Mikro- und Makrotheorie*, München und Wien: R. Oldenbourg, S. 374-379

Heinsohn, G. (1998a), «GULag und Auschwitz: Ein Wort zur Klärung der Differenz», *Schriftenreihe des Raphael-Lemkin-Insituts für Xenophobie- und Genozidforschung an der Universität Bremen*, Nr. 6, April, 34 S.

Heinsohn, G. (1998b), «Wie kommt es zum Wirtschaften oder was sind Zins und Geld?», in: F. Chlumetzky-Schmid, Hrsg., *Zeit oder Geld? Laboratorium 98 zur Zukunft der Arbeit*, Dornbirn (Vorarlberg): Aktion Mitarbeit, 1998, S. 21-28 (auch als Video VHS 42 Min.)

Heinsohn, G. (1999), «Geld – Das Versprechen auf Zukunft», in: «nachtstudio», gesendet in: *Zweites Deutsches Fernsehen (ZDF)*, 24. März, 60 Min. (Diskussion mit D. Baecker, R. Haubl und W. Wondratschek unter Leitung von V. Panzer)

Heinsohn, G. (2001), «Geld und Zins: Gemeinverständliche Grundlegung der Wirtschaftstheorie», in: *malik mzsg Schriftenreihe «forum»* (St. Gallen), Nr. 7, 36 S.

Heinsohn, G. (2005a), «Warum gibt es Märkte?», in W. Krieg, K. Galler, P. Stadelmann, Hg., *Richtiges und gutes Management: vom System zur Praxis – Festschrift für Fredmund Malik*, Bern: Haupt, S. 137-152

Heinsohn, G. (2005b), «Diktatur des Kapitals: Schlägt Geld die Demokratie?», in: «Das Philosophische Quartett», gesendet in: *Zweites Deutsches Fernsehen (ZDF)*, 13. November, 60 Min. (Diskussion mit H.D. Barbier unter Leitung von R. Safranski und P. Sloterdijk)

Heinsohn, G. (2008a), «Where Does the Market Come From? Why the Controversy Between the ‹Substantivist› Polanyi School and ‹Formalist› Neoclassical Protoganists of an Eternal and Universal Market Was Never Solved», in: O. Steiger, Hg., *Property Economics: Property Rights, Creditor's Money and the Foundations of the Economy*, Marburg: Metropolis

Heinsohn, G./Steiger, O. (1996a), «Liquidity Premium: New Version», in: *IKSF-Discussion Papers* (Universität Bremen), Nr. 3, Mai, 10 S.

Heinsohn, G./Steiger, O. (1996b), «Liquidity Premium, Property and Collateral: Three Neglected Concepts in the Theory of a Monetary Economy», in: *IKSF Discussion Papers* (Universität Bremen), Nr. 5, September 1996, 26 S.

Heinsohn, G./Steiger, O. (1996c), «Nicht der Markt, das Eigentum ist der Motor», in: *Cash: Die Wirtschaftszeitung der Schweiz* (Zürich), Band 8, Nr. 44, 1. November, S. 32-34 (Gespräch mit W. Vontobel)

Heinsohn, G./Steiger, O. (1997a), «Liquidity Premium» (1996), in: D. Glasner, Hg., *Business Cycles and Depressions: An Encyclopedia*, New York: Garland, Sp. 397b-400b

Heinsohn, G./Steiger, O. (1997b), «The Paradigm of Property, Interest and Money, and Its Application to European Economic Problems: Mass Unemployment, Monetary Union and Transformation», in: *IKSF Discussion Papers* (Universität Bremen), Nr. 10, Juli (August), 47 S.

Heinsohn, G./Steiger, O. (1997c), «Kontroversen der Geldentstehung: Streit um die Anfänge des Geldes», in: *IKSF Discussion Papers* (Universität Bremen), Nr. 11, August, 66 S.

Heinsohn, G./Steiger, O. (1998a), «Kreislaufstörungen der Wirtschaft: Krisensymptome und Konstruktionsfehler der Ökonomie – Was unterscheidet die Börse von einem Schneeballsystem?», in: *Alternative Bank der Schweiz (ABS – Geschäftbericht 1997*, Olten (Schweiz): ABS, April, S. 2-8 (Gespräch mit T. Heilmann und H.P. Vieli)

Heinsohn, G./Steiger, O. (1998b), «Und wann platzt die Blase?», in: *Moneta: Zeitung für Geld und Geist* (Olten [Schweiz]), Nr. 2, 26. Juni, S. 4-5 (Gespräch mit T. Heilmann und H.P. Vieli – aktualisierte Fassung von Heinsohn/Steiger 1998a)

Heinsohn, G./Steiger, O. (1998c), «Eigentum als gesellschaftliche Innovation: Eigentum und die Geburt von Zins und Geld», in: M. Held, H.G. Nutzinger, Hg., *Eigentumsrechte verpflichten: Individuum, Gesellschaft und die Institution Eigentum*, Frankfurt am Main: Campus, 1998, S. 84-108

Heinsohn, G./Steiger, O. (1998d), «Brauchen wir eine neue Wirtschaftstheorie?», in: F. Chlumetzky-Schmid, Hrsg., *Zeit oder Geld? Laboratorium 98 zur Zukunft der Arbeit*, Dornbirn (Vorarlberg): Aktion Mitarbeit, 1998, S. 35-43 (Diskussion mit F. Malik unter Leitung von W. Burtscher)

Heinsohn, G./Steiger, O. (1998e), «Zeit oder Geld? Abschlußdiskussion», in: F. Chlumetzky-Schmid, Hg., *Zeit oder Geld? Laboratorium 98 zur Zukunft der Arbeit*, Dornbirn (Vorarlberg): Aktion Mitarbeit, S. 83-87 (Diskussion mit F. Malik, B. Marin, P.C. Martin G. Robol und I. Wagner unter Leitung von W. Burtscher)

Heinsohn, G./Steiger, O. (1999a), «Die Fehler der Transformationsberater», in: *Management Berater: Magazin für Consulting und Unternehmensführung* (Frankfurt am Main), Bd. 3, Nr. 8, August 1999, S. 37-39

Heinsohn, G./Steiger, O. (1999b), «Theorie der Eigentumsrechte und die real bills fallacy: Antworten auf unsere Kritiker», in: K. Betz, T. Roy, Hg., *Privateigentum und Geld: Kontroversen um den Ansatz von Heinsohn und Steiger*, Marburg: Metropolis, S. 311-339

Heinsohn, G./Steiger, O. (1999c), «Theorie der Eigentumsrechte und die real bills fallacy: Schlußbemerkung», in: K. Betz, T. Roy, Hg., *Privateigentum und Geld: Kontroversen um den Ansatz von Heinsohn und Steiger*, Marburg: Metropolis, S. 353-358

Heinsohn, G./Steiger, O. (2000a), «The Property Theory of Interest and Money», in: J. Smithin, Hg., *What Is Money?*, London: Routledge, S. 67-100; korrigierter und aktialisierter Reprint in: G.M. Hodgson, Hg., *Recent Developments in Institutional Economics*, Cheltenham, UK und Northampton, MA: Edward Elgar, 2003, S. 484-517

Heinsohn, G./Steiger, O. (2000b), «Kurze Grundlegung der Wirtschaftstheorie», in: C. Gerschlager, I. Paul-Horn, Hg., *Gestaltung des Geldes*, Marburg: Metropolis, S. 61-84

Heinsohn, G./Steiger, O. (2000b), «Geldnote, Anleihe und Aktie: Gemeinsamkeiten und Unterschiede dreier Wertpapiere», in: *IKSF Discussion Papers* (Universität Bremen), Nr. 22, September, 17 S.

Heinsohn, G./Steiger, O. (2000c), «Aktien – das Geld der Unternehmen? Oder: Warum man mit ‹Aktiengeld› so billig bezahlen kann», in: R. Vielhaber, Hg., *Die besten Anlagen 2001! Das Fuchs-Jahrbuch für Kapitalanleger*, Berlin: Verlag Fuchsbriefe, S. 135-142

Heinsohn, G./Steiger, O. (2000d), «Geld – Was macht es wertvoll? Streit um die Anfänge des Geldes» (1997), in: *Geldmuseum der Deutschen Bundesbank*, Infoterminal Bühne 2, Frankfurt a.M.: Geldmuseum der Deutschen Bundesbank, 2000, 36 audiovisuelle S. (Mitarbeit am von der Abteilung Notenbankgeschichte der Deutschen Bundesbank festgelegten und gestalteten Ausstellungstext)

Heinsohn, G./Steiger,O. (2000e), «Alternative Theories of the Rate of Interest: A Reconsideration» (1997), in: G. Meijer *et al.*, Hg., *The Maastricht ISINI-Papers,* Maastricht: Shaker Publishing, 2000, Bd. 3, S. 579-581

Heinsohn, G./Steiger,O. (2000f), «Alternative Theories of the Rate of Interest: A New Paradigm», in: *IKSF Discussion Papers* (Universität Bremen), Nr. 24, November, 36 S.

Heinsohn, G./Steiger, O. (2000g), «Warum eine Zentralbank nicht über ihr Geld verfügen kann», in: *Ethik und Sozialwissenschaften*, Band 11, Nr. 4, Dezember, Sp. 516 a–519 a

Heinsohn, G./Steiger, O. (2001), «Property Titles as the Clue to a Successful Transformation», in: H.-J. Stadermann, O. Steiger, Hg., *Eigentum, Freiheit und Haftung in der Geldwirtschaft*, Marburg: Metropolis, S. 203-220

Heinsohn, G./Steiger, O. (2002), *Eigentumstheorie des Wirtschaftens versus Wirtschaftstheorie ohne Eigentum: Ergänzungsband zur Neuauflage von «Eigentum, Zins und Geld»*, Marburg: Metropolis, 133 S.

Heinsohn, G./Steiger, O. (2003a), «Crash und Deflation: Zum Verständnis der aktuellen Wirtschaftslage in Deutschland und der Welt», geschrieben für: *Frühjahrstagung des Malik Management Zentrum St. Gallen (MZSG)*, März, mimeo., 20 S.

Heinsohn, G./Steiger, O. (2003b), «Rätsel Geld: Am Anfang war das Eigentum», in: U. Richter, R. von Heusinger, Red., «Das Rätsel Geld: Ungelöste Fragen», in: *Die Zeit*, Beilage «Geld Spezial», Nr. 45 vom 30. Oktober, S. 33-44 / 43

Heinsohn, G./Steiger, O. (2005), «Alternative Theories of the Rate of Interest: A Reconsideration», in: G. Fontana, R. Realfonzo, Hg., *The Monetary Theory of Production: Tradition and Perspectives (Essays Dedicated to and in Honour of Augusto Graziani)*, London und New York: Palgrave Macmillan, S. 67-81

Heinsohn, G./Steiger, O. (2006a), «Interest and Money: the Property Explanation», in: P. Arestis, M.C. Sawyer, Hg., *A Handbook of Alternative Monetary Economics*, Cheltenham, UK und Northampton, MA: Edward Elgar, Kapitel 30

Heinsohn, G./Steiger, O. (2006b), «Money, Markets and Property», in: A. Giacomin, M.C. Marcuzzo, Hg., *Money and Markets: A Doctrinial Approach*, London: Routledge

Heinsohn, G./Steiger, O. (2009), *Property, Interest and Money: Foundations of Economic Theory*, London: Routledge, in Vorbereitung

Heinsohn, U. (2001), «Eigentum und Entwicklung: Zum Zusammenhang zwischen Entwicklung und traditioneller sowie neuer Eigentumslosigkeit», in: H.-J. Stadermann, O. Steiger, Hg., *Eigentum, Freiheit und Haftung in der Geldwirtschaft*, Marburg: Metropolis, S. 295-335

Heinsohn, U. (2008), «What Is Economic Development?», in: O. Steiger, Hg., *Property Economics: Property Rights, Creditor's Money and the Foundations of the Economy*, Marburg: Metropolis

Heinsohn, U./Nocker, E. (2000), *Herrschaft und Wirtschaft: Besonderheiten der chinesischen Transformation dargestellt im geschichtlichen Vergleich zu Europa*, Dissertation an der Universität Bremen, März, 646 S.

Heusinger, R. von (2003), «Kapitalismus per Kettenbrief: Sparen hilft in der Krise nicht – Die Wirtschaft kann nur überleben, wenn immer neue Schulden gemacht werden», in: U. Richter, R. von Heusinger, Hg., «Das Rätsel Geld: Ungelöste Fragen», in: *Die Zeit*, Beilage «Geld Spezial», Nr. 45 vom 30. Oktober, S. 33-44 / 33

Heusinger, R. von (2004), «Verdammt zum Wachsen: Schrumpfen und Kapitalismus? Das passt nicht – Ein Gedankenexperiment», in: *Die Zeit*, Nr. 48 vom 18. November, S. 35

Herr, H. (1999), «Die Rolle des Eigentums im Transformationsprozeß von der Plan- zur Geldwirtschaft», in: K. Betz, T. Roy, Hg., *Privateigentum und Geld: Kontroversen um den Ansatz von Heinsohn und Steiger*, Marburg: Metropolis, S. 177-199

Hölscher, J. (1998), Review of «Gunnar Heinsohn, and Otto Steiger, ‹Eigentum, Zins und Geld. Ungelöste Rätsel der Wirtschaftswissenschaft›, Reinbek, Rowohlt, 544 pp., index», in: *Economic Systems* (Heidelberg), Band 22, Nr. 3, September, S. 321-323

Hungar, K. (2000), «Antike Wirtschaftskrisen und die Ökonomik des modernen Patriarchats der Brüder: Zu Heinsohn/Steigers Eigentumstheorie des Geldes», in: R. Kessler, E. Loos, Hg., *Eigentum: Freiheit und Fluch – Ökonomische und biblische Einwürfe (Auseinandersetzung mit den Thesen von Gunnar Heinsohn und Otto Steiger)*, Gütersloh: Chr. Kaiser, S. 145-161

Illig, H. (1996), «Besitz und Eigentum: Eine Heinsohn-Steiger-Rezension», in: *Zeitensprünge*, Band 7, S. 548

Illig, H. (2008), «Labor Pains Experienced in a Possible Shift of Paradigm», in: O. Steiger, Hg., *Property Economics: Property Rights, Creditor's Money and the Foundations of the Economy*, Marburg: Metropolis

Kessler, R./Loos, E., Hg. (2000), *Eigentum: Freiheit und Fluch – Ökonomische und biblische Einwürfe (Auseinandersetzung mit den Thesen von Gunnar Heinsohn und Otto Steiger)*, Gütersloh: Chr. Kaiser, 197 S.

Kirchhöfer, D. (2002), «Neue Lernkulturen im Spannungsfeld von staatlicher, öffentlicher und privater Verantwortung», in: I. Lohmann, R. Rilling, Hg., *Die verkaufte Bildung: Kritik und Kontroversen zur Kommerzialisierung von Schule, Weiterbildung, Erziehung und Wissenschaft*, Opladen: Leske + Budrich, S. 69-85

Klier, W. (2004), «Katastrophen aller Art: Die vielen Wissensgebiete des Forschers Gunnar Heinsohn», in: *Wiener Zeitung*, 20.-21. Februar, S. 7

Knittel, M./Sobczak, S./Spahn, H.-P. (2006), «Central Bank and Lender of Last Resort», in: P. Arestis, M.C. Sawyer, Hg., *A Handbook of Alternative Monetary Economics*, Cheltenham, UK und Northampton, MA: Edward Elgar, Kapitel 16, im Erscheinen

Köllmann, C. (1999a), «Die Theorie der Eigentumswirtschaft: Methodologische Anmerkungen zu Heinsohns und Steigers Theorierevolution», in: K. Betz, T. Roy, Hg., *Privateigentum und Geld: Kontroversen um den Ansatz von Heinsohn und Steiger*, Marburg: Metropolis, S. 251-283

Köllmann, C. (1999b), «Anmerkungen zu den Kritiken von Elke Muchlinski bzw. von Gunnar Heinsohn und Otto Steiger», in: K. Betz, T. Roy, Hg., *Privateigentum und Geld: Kontroversen um den Ansatz von Heinsohn und Steiger*, Marburg: Metropolis, S. 341-352

Köllmann, C. (1999c), «Definitionen des Geldes: Eine Kritik des Essentialismus in der Geldtheorie», in: H.-J. Stadermann, O. Steiger, Hg., *Herausforderung der Geldwirtschaft: Theorie und Praxis währungspolitischer Ereignisse*, Marburg: Metropolis, S. 107-129

Krüger, M. (1996), «Unwissende Ökonomen? Der Versuch einer neuen Volkswirtschaftslehre», in: *Handelsblatt/Der Tagesspiegel*, Literaturbeilage zur Frankfurter Buchmesse 1996, 2.-3. Oktober, S. S 13

Läufer, N.K.A. (1998), *The Heinsohn-Steiger Confusion on Interest, Money and Property*, Universität Konstanz: Fachbereich Wirtschaftswissenschaften, 26. Juni, mimeo., 11 S.

Lavoie, M. (2004), *L'économie postkeynésienne*, Paris : Éditions La Decouverte, S. 55

Lehmann-Waffenschmidt, M. (2006a), «Gunnar Heinsohn, ‹Privateigentum, Patriarchat, Geldwirtschaft: Eine sozialtheoretische Konstruktion zur Antike› (1984)», in: D. Herz, Hg., *Das Lexikon der ökonomischen Werke: 700 Autoren und ihre impulsgebenden Schriften*, Düsseldorf: Verlag Wirtschaft und Finanzen

Lehmann-Waffenschmidt, M. (2006b), «Gunnar Heinsohn und Otto Steiger, ‹Eigentum, Zins und Geld: Ungelöste Rätsel der Wirtschaftswissenschaft› (1996)», in: D. Herz, Hg., *Das Lexikon der ökonomischen Werke: 700 Autoren und ihre impulsgebenden Schriften*, Düsseldorf: Verlag Wirtschaft und Finanzen

Lehmann-Waffenschmidt, M. (2008), «The Appeal of Money for Economic Growth», in: O. Steiger, Hg., *Property Economics: Property Rights, Creditor's Money and the Foundations of the Economy*, Marburg: Metropolis

Lehmbecker, P. (2004), *Eine empirische Untersuchung über den Einfluss der Güte von zentralbankfähigen Sicherheiten bei der Geldemission auf die*

Geldwertstabilität, Diplomarbeit an der Universität Kiel, Dezember, 129 S.

Lehmbecker, P. (2005), «On the Effect of the Quality of Eligible Collateral on Price Stability: An Empirical Analysis», in: *IKSF Discussion Papers* (Universität Bremen), Nr. 33, Juli, 64 S.

Lohmann, I. (2002), «After Neoliberalism – Können nationale Bildungssysteme den ‹freien Markt› überleben?», in: I. Lohmann, R. Rilling, Hg., *Die verkaufte Bildung: Kritik und Kontroversen zur Kommerzialisierung von Schule, Weiterbildung, Erziehung und Wissenschaft*, Opladen: Leske + Budrich, S. 89-107

Lundquist, A. (2001), «Heinsohns og Steigers penge- og renteteori» (Heinsohns und Steigers Geld- und Zinstheorie), in: Ders., *Hoveder og høveder – en socialistisk og demokratisk kritik av det private samfund* (Kopf oder Zahl – eine sozialistische und demokratische Kritik der privaten Gesellschaft), Dissertation (Habilitation) an der Ålborg Universitet, Aalborg (Dänemark), Februar, S. 519-521 und 527

Maak, T. (1998), «Mehr Eigentum für alle? Besitz ist nicht gleich Eigentum», in: *Moneta: Zeitung für Geld und Geist* (Olten [Schweiz]), Nr. 2, 26. Juni, S. 2-3

Malik, F. (1996a), Kurzrezension von «G. Heinsohn/O. Steiger, ‹Eigentum, Zins und Geld›, Rowohlt 1996», in: *M.o.M.: Malik on Managment* (St. Gallen), Band 4, Nr. 8, August, S. 109

Malik, F. (1996b), «Die Zinstheorien sind falsch», in: *Cash: Die Wirtschaftszeitung der Schweiz* (Zürich), Band 8, Nr. 40. 4. Oktober, S. 11-13 (Gespräch mit W. Vontobel)

Malik, F. (1998a), «Warum wirtschaften wir eigentlich?», in: *M.o.M.: Malik on Management* (St. Gallen), Band 6, Nr. 8, August, S. 118-127

Malik, F. (1998b), «Sind die Wirtschaftstheorien falsch?», in: F. Chlumetzky-Schmid, Hg., *Zeit oder Geld? Laboratorium 98 zur Zukunft der Arbeit*, Dornbirn (Voralberg): Aktion Mitarbeit, S. 13-19 (auch als Video VHS 52 Min.)

Malik, F. (2003), «Die Krise ist eher eine Managementkrise als eine politische», in: *Aargauer Zeitung*, Beilage *AZ Weekend*, 11. Januar, S. 2 f. (Gespräch mit C. Bopp)

Martin, P.C. (1998a), «Neue Eigentümer braucht das Land – je mehr, desto besser», in: *Welt am Sonntag*, Nr. 39 vom 27. September, S. 50

Martin, P.C. (1998b), «Debitismus: Die Tauschtheorie ist falsch», in: Ders, *Die Krisenschaukel*, München: Langen Müller/Herbig, S. 75-108

Martin, P.C. (2008), «Power, the State and the Institution of Property», in: O. Steiger, Hg., *Property Economics: Property Rights, Creditor's Money and the Foundations of the Economy*, Marburg: Metropolis

Muchlinski, E. (1999), «Eigentumsprämie, Liquiditätsprämie und Property Rights: Methodologische Anmerkungen zu Heinsohns und Steigers ‹Theorierevolution› », in: K. Betz, T. Roy, Hg., *Privateigentum und Geld: Kontroversen um den Ansatz von Heinsohn und Steiger*, Marburg: Metropolis, S. 251-283

Niemitz, H.-U. (1997), «Besitz ja – Eigentum nein», in: *Frankfurter Allgemeine Zeitung*, Nr. 70 vom 24. März, S. 9

Niemitz, H.-U. (2000), «Das Konzept ‹Eigentum› und seine Rolle in der Diskussion um Chronologie, Evolutionismus, Ethik, Recht und Gesellschaftsvertrag», in: *Zeitensprünge*, Band 12, Nr. 2, Juni, S. 318-338

Niemitz, H.-U. (2001), «Geld – Ethik – mittelalterlicher Feudalismus: Zu drei Entwicklungen ohne Evolution», in: *Zeitensprünge*, Band 13, Nr. 4, Dezember, S. 691-723

Niemitz, H.-U. (2008), «Understanding the Difference Between Moral Standards and Ethics», in: O. Steiger, Hg., *Property Economics: Property Rights, Creditor's Money and the Foundations of the Economy*, Marburg: Metropolis

Niquet, B. (1999), «Ökonomen in der realen Welt: ratlos? Die gegenwärtige Wirtschaftskrise im Lichte divergierender theoretischer Ansätze», in: K. Betz, T. Roy, Hg., *Privateigentum und Geld: Kontroversen um den Ansatz von Heinsohn und Steiger*, Marburg: Metropolis, S. 227-249

Niquet, B. (2001), «Verpflichtung versus Liberalität: Die zweite kopernikanische Wende in der Nationalökonomie?», in: H.-J. Stadermann, O. Steiger, Hg., *Verpflichtungsökonomik: Eigentum, Freiheit und Haftung in der Geldwirtschaft*, Marburg: Metropolis, S. 163-173

Nutzinger, H.G. (2008), «The Property Approach of Heinsohn and Steiger: Some Questions from an Institutionalist Viewpoint», in: O. Steiger, Hg., *Property Economics: Property Rights, Creditor's Money and the Foundations of the Economy*, Marburg: Metropolis

Patzak, K. (1997), «Gegen das Credo der Ökonomie: Über das Standardwerk von Gunnar Heinsohn und Otto Steiger ‹Eigentum, Zins und Geld› », in: *Gegenwart: Kulturzeitschrift für Österreich und Umgebung* (Innsbruck), Nr. 34, 1. Juli (III. Quartal), S. 27-31

Paul, A.T. (2001), «Money and Crises: A Review», in: *Economic Sociology: European Electronic Newsletter*, Band 3, Nr. 1, Oktober, S. 3

Paul, A.T. (2004), *Die Gesellschaft des Geldes: Entwurf einer monetären Theorie der Moderne*, Wiesbaden: VS Verlag für Sozialwissenschaften, S. 143-167

Payandeh, M. (2004a), *Transformation der ukrainischen Wirtschaft 1991-1999: Ergebnisse und Perspektiven* (2000), Berlin: Logos, 75 S.

Payandeh, M. (2004b), *Konstitution und Erosion der sowjetischen Planungsökonomie und weitere Perspektiven des postsowjetischen Raums aus Sicht der Theorie der Eigentumswirtschaft*, Dissertation an der Universität Bremen, Juni, 263 S.

Payandeh, M. (2004c), Aufstieg und Fall der sowjetischen Planwirtschaft: Experiment einer Wirtschaft ohne Eigentum, Berlin: Logos, 124 S.

Payandeh, M. (2004d), *Wohin treiben die Nachfolgestaaten der Sowjetunion? Politik und Wirtschaft nach einer Dekade der Systemtransformation*, Berlin: Logos, 106 S.

Payandeh, M (2004e), *Weltwirtschaft: Eigentum, Rechtsstaatlichkeit, Prosperität versus Besitz, Willkürmacht, Unterentwicklung*, Berlin: Logos, 141 S.

Payandeh, M. (2005), «Currency Coopetition: Theoretischer Ordnungsrahmen für internationale Währungsbeziehungen im Spannungsfeld zwischenfesten und flexiblen Wechselkursen», in: D. Ehrig, U. Staroske, R. Stecking, Hg., *Angewandte Wirtschaftsforschung – Neuere empirische und theoretische Ansätze: Festschrift für Heinz Schaefer zum 65. Geburtstag*, Hamburg: Verlag Dr. Kovać, S. 287-309

Polling, M. (2000), «Zinstheorie von Heinsohn & Steiger: Kritik zur sogenannten Eigentumsprämie», in: *www.systemfehler.de/hs/polling.htm*, Juli (letzter Besuch: 15. August 2005)

Reeh, K. (1997), «L' économie: est-elle une organisation de reproduction, qui est naturelle et donc donnée ou politique et donc choisie? Une critique du livre ‹Propriété, intérêt et monnaie – énigmes irrésolues de la science économique› de Gunnar Heinsohn et Otto Steiger», geschrieben für: *Sociétal: Publication de la SEDEIS* (Paris), 10. Februar, mimeo, 6 S.

Riese, H. (1999), «Eigentum, Zins und Geld: Die Apokryphen des Gunnar Heinsohn und Otto Steiger», in: K. Betz, T. Roy, Hg., *Privateigentum und Geld: Kontroversen um den Ansatz von Heinsohn und Steiger*, Marburg: Metropolis, S. 145-155

Riese, H. (2000), «Replik: Anmerkungen und Antworten», in: *Ethik und Sozialwissenschaften*, Band 11, Nr. 4, Dezember, Sp. 544a –554b / § 16, Sp. 550a-b

Roth, W. (1997), «Rätsel der Wirtschaftswissenschaft – jetzt entschlüsselt von zwei Professoren in Bremen», in: *WDR 3* (Westdeutscher Rundfunk Köln, 3. Programm), 27. August, 19:50-20:00 (Sendemanuskript, 9 S.)

Roy, T. (1999), «Eigentum, Besitz und die *regulation by panic* in der Theorie von Heinsohn und Steiger», in: K. Betz, T. Roy, Hg., *Privateigentum und Geld: Kontroversen um den Ansatz von Heinsohn und Steiger*, Marburg: Metropolis, S. 157-175

Schmidt, C. (2003), Besprechung von «Heinsohn, Gunnar, u. Otto Steiger, ‹*Eigentum, Zins und Geld: Ungelöste Rätsel der Wirtschaftswissenschaft*›, zweite, durchgesehene Auflage, 2002», in: *Das Argument*, Nr. 252, S. 772-773

Schnee, J. (2004), «Eigentum, Zins und Geld», Besprechung von G. Heinsohn und O. Steiger, ‹Eigentum, Zins und Geld›, 2. Auflage 2002», sowie ‹Eigentumstheorie des Wirtschaftens *versus* Wirtschaftstheorie ohne Eigentum›, 2002», in: *Die Alternative: Zeitschrift der unabhängigen GewerkschafterInnen im ÖGB* (Österreichischer Gewerkschaftsbund, Wien), September, S. 24

Seiler, M./Trudel, D. (1998), *Geld und Nachhaltigkeit: Bedeutung alternativer Währungssysteme für ein Konzept einer ökologischen Gesellschaft*, Zürich: Eidgenössische Technische Hochschule (ETH), Semesterarbeit, Oktober, mimeo, 96 S.

Senf, B. (1998), «Die kopernikanische Wende in der Ökonomie? Eine Würdigung und Kritik des Buches ‹Eigentum, Zins und Geld› von Gunnar Heinsohn und Otto Steiger», in: *Zeitschrift für Sozialökonomie*, Band 35, Nr. 119, Dezember, S. 7-24

Siemer, E. (2003), *Vom sakralen Ursprung des christlichen Geldes zum Kapitalismus als Religion*, Diplomarbeit an der Universität Oldenburg, Februar, 132 S.

Simonis, S. (2005), *Look at Australia! Von der Suche nach einem alternativen Beschäftigungsmodell für die Eigentumsgesellschaft*, Dissertation an der Universität Bremen, Februar, 268 S.

Sloterdijk, P. (2005), *Innenraum des Kapitals: Für eine philosophische Theorie der Globalisierung*, Frankfurt am Main: Suhrkamp

Soto, H. de (2000), «Capital and Money», in: Ders., *The Mystery of Capital: Why Capitalism Triumphs in the West and Fails Everywhere Else*, London: Bantam Press, 243 S. / S. 54-58 und 218

Soto, H. de (2002), *Freiheit für das Kapital: Warum der Kapitalismus nicht weltweit funktioniert* (2000), Berlin: Rowohlt Berlin, 287 S. / S. 77-81 und 266

Soto, H. de (2008), «Dead Capital, Fluid Capital and Money», in: O. Steiger, Hg., *Property Economics: Property Rights, Creditor's Money and the Foundations of the Economy*, Marburg: Metropolis

Spahn, H.-P. (1998), Besprechung von «Heinsohn, G., O. Steiger, ‹Eigentum, Zins und Geld – Ungelöste Rätsel der Wirtschaftswissenschaft›. Reinbek (Rowohlt), 544 S.», 1996, in: *Jahrbücher für Nationalökonomie und Statistik*, Band 217, Nr. 2, S. 387-390

Spahn, H.-P. (1999), «Geldwirtschaft: Eine wirtschafts- und theoriegeschichtliche Annäherung», in: *Diskussionsbeiträge aus dem Institut für Volkswirtschaftslehre der Universität Hohenheim*, Nr. 181, September, 92 S.

Spahn, H.-P. (2001), «The Property Theory of Money and Interest», in: Ders., *From Gold to Euro: On Monetary Theory and the History of Currency Systems*, Berlin und Heidelberg: Springer (220 S.), S. 60-62

Spahn, H.-P. (2002), «Die Ordnung der Gesellschaft als Zahlungswirtschaft», in: C. Deutschmann, Hg., *Die gesellschaftliche Macht des Geldes*, Wiesbaden: Westdeutscher Verlag, S. 47-72

Spahn, H.-P. (2006), «Money as a Social Bookkeeping Device: From Mercantilism to General Eqilibrium Theory», in: A. Giacomin, M.C. Marcuzzo, Hg., *Money and Markets: A Doctrinial Approach*, London: Routledge, im Erscheinen

Stadermann, H.-J. (1999), «Wesentliche Eigenschaften der Währung und des Geldes: Eine Differenzierung der Währungsemissionen von Staatsbanken und Zentralbanken», in: K. Betz, T. Roy, Hg., *Privateigentum und Geld: Kontroversen um den Ansatz von Heinsohn und Steiger*, Marburg: Metropolis, S. 73-98

Stadermann, H.-J. (2001), «Das Eigentum», in: H.-J. Stadermann, O. Steiger, Hg., *Verpflichtungsökonomik: Eigentum, Freiheit und Haftung in der Geldwirtschaft*, Marburg: Metropolis, S. 105-129

Stadermann, H.-J. (2008), «Property as a Central Bank's Guide to Monetary Policy», in: O. Steiger, Hg., *Property Economics: Property Rights, Creditor's Money and the Foundations of the Economy*, Marburg: Metropolis

Stadermann, H.J./Steiger, O. (1999a), «James Steuart und die Theorie der Geldwirtschaft», in: H.-J. Stadermann, O. Steiger, Hg., *Herausforderung der Geldwirtschaft: Theorie und Praxis währungspolitischer Ereignisse*, Marburg: Metropolis, 1999, S. 19-49

Stadermann, H.J./Steiger, O. (1999b), «John Maynard Keynes und die Theorie der Geldwirtschaft», in: *IKSF Discussion Papers* (Universität Bremen), Nr. 19, April, 36 S.

Stadermann, H.J./Steiger, O., Hg. (2001a), *Verpflichtungsökonomik: Eigentum, Freiheit und Haftung in der Geldwirtschaft*, Marburg: Metropolis, 401 S.

Stadermann, H.J./Steiger, O. (2001b), «Nominalökonomik: Entwurf einer Theorie gegenseitiger nominaler Verpflichtungen», in: H.-J. Stadermann, O. Steiger, Hg., *Verpflichtungsökonomik: Eigentum, Freiheit und Haftung in der Geldwirtschaft*, Marburg: Metropolis, S. 81-104

Stadermann, H.-J./Steiger, O. (2001c), *Allgemeine Theorie der Wirtschaft – Erster Band: Schulökonomik*, Tübingen: Mohr Siebeck, 411 S.

Stadermann, H.-J./Steiger, O. (2006a), «James Steuart and the Theory of the Monetary Economy», in. J. Backhaus, Hg., *The Founders of Modern Economics: The Maastricht Lectures in Political Economy*, Cheltenham; UK und Northampton, MA: Edward Elgar

Stadermann, H.-J./Steiger, O (2006b), «John Maynard Keynes and the Theory of the Monetary Economy», in: J. Backhaus, Hg., *The Founders of Modern Economics: The Maastricht Lectures in Political Economy*, Cheltenham; UK und Northampton, MA: Edward Elgar

Steiger, O. (1996), «Eigentum und Zins, Verpfändung und Geld – Die Dynamik des Wirtschaftens», in: B. Bievert, M. Held, Hg., *Die Dynamik des Geldes: Über den Zusammenhang von Geld, Wachstum und Natur*, Frankfurt am Main: Campus, S. 128-161

Steiger, O. (1998), «Theorie der Krise: Konjunkturzyklen, Depression und Arbeitslosigkeit», in: F. Chlumetzky-Schmid, Hg., *Zeit oder Geld? Laboratorium 98 zur Zukunft der Arbeit*, Dornbirn (Vorarlberg): Aktion Mitarbeit, S. 29-33 (auch als Video VHS 43 Min.)

Steiger, O. (2001), «‹Nur Eigentum schafft Gerechtigkeit›: Wie entsteht Geld? Über die Notwendigkeit von Eigentum und Zins›»», in: *Die Woche* (Hamburg), Nr. 52, 21. Dezember, S. 26 f. (Gespräch mit N. Boeing und U.H. Müller)

Steiger, O. (2002), «Der Staat als ‹Lender of Last Resort› – oder: Die Achillesferse des Eurosystems», in: I Barens, M. Pickardt, Hg., *Die Rolle des Staates in der Ökonomie – Finanzwissenschaftliche Perspektiven: Festschrift für Otto Roloff zum 65. Geburtstag*, Marburg: Metropolis, S. 51-84

Steiger, O. (2004), «Eigentum und Recht und Freiheit: Meine Abschiedsvorlesung», in: *IKSF Discussion Papers* (Universität Bremen), Nr. 30, November, 73 S.

Steiger, O. (2005a), «Eigentum und Recht und Freiheit: Eine Triade und 66 Thesen», in W. Krieg, K. Galler, P. Stadelmann, Hg., *Richtiges und gutes Management: vom System zur Praxis – Festschrift für Fredmund Malik*, Bern: Haupt, S. 153-178

Steiger, O. (2005b), «Schuldnergeld: Der wunde Punkt in der keynesianische Staatstheorie des Geldes», in: G. Huber, H. Krämer, H.D. Kurz, Hg., *Einkommensverteilung, technischer Fortschritt und struktureller Wandel: Festschrift für Peter Kalmbach*, Marburg: Metropolis, S. 169-188

Steiger, O. (2006a), «Property Economics *versus* New Institutional Economics: Alternative Foundations of How to Trigger Economic Development», in: *Journal of Economic Issues*, Band 40, Nr. 1, März

Steiger, O. (2006b), «The Endogeneity of Money and the Eurosystem: A Contribution to the Theory of Central Banking», in: M. Setterfield, Hg., *Complexity, Endogenous Money and Macoeconomic Theory: Essays in Honor of Basil Moore*, Cheltenham, UK und Northampton; MA: Edward Elgar

Steiger, O. (2006c), «Hernando de Soto, ‹El otro sendero: La revolución informal› (1986)», in: D. Herz, Hg., *Das Lexikon der ökonomischen Werke: 700 Autoren und ihre impulsgebenden Schriften*, Düsseldorf: Verlag Wirtschaft und Finanzen

Steiger, O. (2006d), «Tom Bethell, ‹The Noblest Triumph: Property and Prosperity through the Ages› (1998)», in: D.Herz, Hg., *Das Lexikon der ökonomischen Werke: 700 Autoren und ihre impulsgebenden Schriften*, Düsseldorf: Verlag Wirtschaft und Finanzen

Steiger, O. (2006e), «Richard Pipes, ‹Property and Freedom› (1999)», in: D.Herz, Hg., *Das Lexikon der ökonomischen Werke: 700 Autoren und ihre impulsgebenden Schriften*, Düsseldorf: Verlag Wirtschaft und Finanzen

Steiger, O. (2006f [2004]), «Which Lender of Last Resort for the Eurosystem?», in: V. Chick, Hg., *The Challenge of Endogenous Money: Theory and Policy*, London und New York: Palgrave Macmillan, im Erscheinen (Vortrag auf der «Conference on Monetary Policy in a World with Endogenous Money and Global Capital», Freie Universität Berlin, 23.-25. März 2001; Vorabpublikation als *ZEI Working Paper* [Universität Bonn], Nr. B04-23, September 2004, 28 S.)

Steiger, O. (2006g), «Hernando de Soto, ‹The Myth of Capital: Why Capitalism Triumphs in the West and Fails Everywhere Else› (2000)», in: D.Herz, Hg., *Das Lexikon der ökonomischen Werke: 700 Autoren und ihre impulsgebenden Schriften*, Düsseldorf: Verlag Wirtschaft und Finanzen

Steiger, O. (2008a), Hg., *Property Economics: Property Rights, Creditor's Money and the Foundations of the Economy*, Marburg: Metropolis

Steiger, O. (2008b), «The Fundamental Flaw in New Institutional Economics: The Missing Distinction between Possession and Prosperity», in: O. Steiger, Hg., *Property Economics: Property Rights, Creditor's Money and the Foundations of the Economy*, Marburg: Metropolis

Steiger, O. (2008c), *Property Rights and Economic Development: Two Views*, Marburg: Metropolis

Steppacher, R. (1999), «Institutionelle Rahmenbedingungen: Eigentumsordnung und Märkte», in: H. Bieri, P. Moser, R. Steppacher, *Die Landwirtschaft als Chance einer zukunftsfähigen Schweiz oder Dauerproblem auf dem Weg zur vollständigen Ernährung?*, Zürich: Schweizer Vereinigung Industrie und Landwirtschaft (SIL), Schrift Nr. 135, S. 21-34

Steppacher, R. (2008), «Property, Mineral Resources and Sustainable Development», in: O. Steiger, Hg., *Property Economics: Property Rights, Creditor's Money and the Foundations of the Economy*, Marburg: Metropolis

Striegel, B. (2005a), *Über das Geld: Geschichte und Zukunft des Wirtschaftens* (2004), 2.Auflage Lütjenburg: Verlag für Sozialökonomie, 603 S.

Striegel, B. (2005b), «Was ist Geld und woher kommt der Zins? – Eine Eigentumstheorie des Geldes», in: *Zeitschrift für Sozialökonomie*, Band 42, Nr. 146, September, S. 24-33

Thadden, L. von (1999), «Zentralbank-Defekt vs. Zentralbanktheorie-Defekt?», in: K. Betz, T. Roy, Hg., *Privateigentum und Geld: Kontroversen um den Ansatz von Heinsohn und Steiger*, Marburg: Metropolis, S. 221-226

Theil, W. (2000), «Bürgerliches Recht, Geld und zinsinduzierte Geldknappheit: Ein Beitrag zur Heinsohn/Steiger-Riese-Kontroverse», in: *IKSF Discussion Papers* (Universität Bremen), Nr. 21, März, 50 S.

Theil, W. (2001), «Eigentum und Verpflichtung: Einige juristische Aspekte», in: H.-J. Stadermann, O. Steiger, Hg., *Verpflichtungsökonomik: Eigentum, Freiheit und Haftung in der Geldwirtschaft*, Marburg: Metropolis, S. 175-200

Thoma, K. (2005), *Geld ohne Bank, Bank ohne Geld oder Orthodoxie ohne Geldtheorie: Ein eigentumstheoretischer Beitrag zur Diskussion um elektronische Zahlungsmittel in der herrschenden Geldordnung*, Dissertation an der Universität Bremen, Mai, 307 S.

Thomasberger, C. (2001), «Freiheit und Verpflichtung: Der unverhoffte Aufstieg des Vermögensbesitzers und die Folgen», in: H.-J. Stadermann, O. Steiger, Hg., *Verpflichtungsökonomik: Eigentum, Freiheit und Haftung in der Geldwirtschaft*, Marburg: Metropolis, S. 133-161

Vielhaber, R. (1998a), «Die Banken, das Geld, die Krisen», in: *Fuchs-Devisen: Trends und Informationen über Währungen, Euromärkte, Außenhandelsfinanzierungen* (Bonn), Band 21, Frühjahr, 4 S. (Sonderdruck)

Vielhaber, R. (1998b), «Die große Geldkrise ist da: Hält das Weltfinanzsystem?», in: *Fuchsbriefe-Report* (Bonn), Oktober, 32 S.

Vieli, H.P. (1998): «Vernebelt in die Krise?», in: *Moneta: Zeitung für Geld und Geist* (Olten [Schweiz]), Nr. 2, 26. Juni, S. 1 f.

Vontobel, W. (1996a), «Neues Licht auf alte Probleme», in *Cash: Die Wirtschaftszeitung der Schweiz* (Zürich), Band 8, Nr. 44, 1. November, S. 1

Vontobel, W. (1996b), «Geldpolitik: Bitte umdenken!», in: *Cash: Die Wirtschaftszeitung der Schweiz* (Zürich), Band 8, Nr. 44, 1. November, S. 31

Personen (·)- und Sachregister